ORIGEM E EVOLUÇÃO DO DEVIDO PROCESSO LEGAL SUBSTANTIVO

O CONTROLE DA RAZOABILIDADE DAS LEIS DO SÉCULO XVII AO XXI

EDUARDO HENRIQUE DE OLIVEIRA YOSHIKAWA

ORIGEM E EVOLUÇÃO DO DEVIDO PROCESSO LEGAL SUBSTANTIVO

O CONTROLE DA RAZOABILIDADE DAS
LEIS DO SÉCULO XVII AO XXI

1ª edição – 2007

© Copyright by Eduardo Henrique de Oliveira Yoshikawa
© Copyright by Letras Jurídicas Distribuidora, Editora, Livraria e Representações Ltda. EPP

Capa: *Tempo & Arte*
Fonte da Capa: Eduardo Henrique de Oliveira Yoshikawa

Diagramação: *Dálet - Diagramação e Digitação Ltda-Me*

Revisão: *Eduardo Henrique de Oliveira Yoshikawa*

Editor Responsável: *Claudio P. Freire*

Dados Internacionais de Catalogação na Publicação (CIP)
(Câmara Brasileira do Livro, SP, Brasil)

Yoshikawa, Eduardo Henrique de Oliveira
Origem e evolução do devido processo legal substantivo : o controle da razoabilidade das leis do Século XVII ao XXI / Eduardo Henrique de Oliveira Yoshikawa. – São Paulo : Editora Letras Jurídicas, 2007.

ISBN 85-89917-19-3

Bibliografia.

1. Controle da razoabilidade das leis – História 2. Devido processo legal substantivo – História I. Título.

06-9588   CDU-347.91/.95

Índices para catálogo sistemático:

1. Devido processo legal substantivo : Origem e evolução : Direito   347.91/.95

Reservados a propriedade literária desta publicação e todos os direitos para Língua Portuguesa pela **LETRAS JURÍDICAS Distribuidora, Editora, Livraria e Representações Ltda. - EPP**

Tradução e reprodução proibidas, total ou parcialmente, conforme a Lei nº 9.610, de 19 de fevereiro de 1998.

LETRAS JURÍDICAS
Distribuidora, Editora, Livraria e Representações Ltda.
Rua Conde do Pinhal, 74 – 2º andar – Bairro Liberdade
CEP 01501-060 – São Paulo - SP
Telefone/Fax: (11) 3115-3569 – Celular (11) 9352-5354
Home page: **www.letrasjuridicas.com.br**
E-mail: **vendas@letrasjuridicas.com.br**

Impresso no Brasil

Nemo nascitur artifex
Sir Edward Coke, *First Part of the
Institutes of the Laws of England*

Out of old fields must spring and grow the new corn
Sir Edward Coke, *Preface, Part One of the Reports*

CONSELHO EDITORIAL – LETRAS JURÍDICAS

MEMBROS EFETIVOS

Agostinho dos Santos Giraldes
Carlos Fernando Mathias de Souza
Cintia de Faria Pimentel Marques
Denise Aparecida Moscardo Freire
Diogo Telles Akashi
Eduardo Salles Pimenta
Elizabete Goraieb
Flávio Tartucce
Ildeu de Souza Campos
Jose Carlos Magdalena
Julyver Modesto de Araujo
Luiz Fernando Gama Pellegrini
Maria Clara Osuna Diaz Falavigna
Maria Helena Marques Braceiro Daneluzzi
Maristela Basso
Mirian Gonçalves Dilguerian
Paulo Rubens Atalla

AGRADECIMENTOS

Ao Professor Alexandre de Moraes, que gentilmente aceitou escrever a Apresentação da presente obra.

Ao amigo André Luís Mota Novakoski e à minha irmã, Lygia Beatriz de Oliveira Yoshikawa, primeiros a ler o texto, pelos comentários e sugestões.

"When an act of Parliament is against common right and reason, or repugnant, or impossible to be performed, the common law will control it and adjudge such act to be void"
Sir Edward Coke, *Bonham's Case* (1610)

"O poder do legislativo tem seus limites restritos ao bem geral da sociedade. E não tem outro objetivo senão a preservação e, portanto, não poderá nunca destruir, escravizar ou intencionalmente empobrecer os cidadãos"
John Locke, *Segundo Tratado sobre o Governo* (1690)

"The parliament cannot make 2 and 2 5"
James Otis, *The Rights of the British Colonies* (1763)

"It is, without doubt, absolutely necessary, for securing the constitution of a state, to restrain the executive power: but it is still more necessary to restrain the legislative"
J. L. de Lolme, *The Constitution of England* (1784)

"A law that punished a citizen for an innocent action, or, in other words, for an act, which, when done, was on violation of no existing law; a law that destroys, or impairs, the lawful private contracts of citizens; a law that makes a man a Judge in his own cause; or a law that takes property from A and gives it to B: It is against all reason and justice, for a people to entrust a Legislature with such powers; and, therefore, it cannot be presumed that they have done it"
Justice Samuel Chase, *Calder v. Bull* (1798)

> "Though the will of the majority is in all cases to prevail, that will to be rightful must be reasonable"
> Thomas Jefferson (1801)

> "Da mesma forma que a força de um indivíduo não pode, legitimamente, atentar contra a pessoa, a liberdade, a propriedade de outro indivíduo, pela mesma razão a força comum não pode ser legitimamente usada para destruir a pessoa, a liberdade, a propriedade dos indivíduos ou dos grupos"
> Frédéric Bastiat, *A Lei* (1850)

> "No man's life, liberty or property are safe while the legislature is in session"
> Anônimo (1866)

> "The right of a State to regulate the conduct of its citizens is undoubtedly a very broad and extensive one, and not to be lightly restricted. But there are certain fundamental rights which this right of regulation cannot infringe. It may prescribe the manner of their exercise, but it cannot subvert the rights themselves"
> Justice Joseph P. Bradley, *Slaughterhouse Cases* (1873)

> "It must be conceded that there are such rights in every free government beyond the control of the State. A government which recognized no such rights, which held the lives, the liberty, and the property of its citizens subject at all times to the absolute disposition and unlimited control of even the most democratic depository of power, is after all but a despotism"
> Justice Samuel Freeman Miller, *Citizens' Savings & Loan Association v. Topeka* (1874)

> *"Arbitrary power, enforcing its edicts to the injury of the persons and property of its subjects, is not law, whether manifested as the decree of a personal monarch or of an impersonal multitude"*
> Justice Thomas Stanley Matthews, Hurtado v. California (1884)

> *"Absolute and arbitrary power over the lives, liberty and property of freemen exists nowhere in a republic, not even in the largest majority"*
> Constituição do Estado de Kentucky (1891)

> *"The legislature may not, under the guise of protecting public interests, arbitrarily interfere with private business, or impose unusual and unnecessary restrictions upon lawful occupations; in other words, its determination as to what is a proper exercise of its police powers is not final or conclusive, but is subject to the supervision of the courts"*
> Justice Henry Billings Brown, Lawton v. Steele (1894)

> *"It must, of course, be conceded that there is a limit to the valid exercise of the police power by the state. There is no dispute concerning this general proposition. Otherwise the 14th Amendment would have no efficacy and the legislatures of the states would have unbounded power, and it would be enough to say that any piece of legislation was enacted to conserve the morals, the health, or the safety of the people; such legislation would be valid, no matter how absolutely without foundation the claim might be. The claim of the police power would be a mere pretext, become another and delusive name for the supreme sovereignty of the state to be exercised free from constitutional restraint"*
> Justice Rufus Peckham, Lochner v. New York (1905)

"That the state may do much, go very far, indeed, in order to improve the quality of its citizens, physically, mentally and morally, is clear; but the individual has certain fundamental rights which must be respected"
Justice James McReynolds, *Meyer v. Nebraska* (1923)

"The guaranty of due process, as has often been held, demands only that the law shall not be unreasonable, arbitrary, or capricious, and that the means selected shall have a real and substantial relation to the object sought to be attained"
Justice Owen Josephus Roberts, *Nebbia v. New York* (1934)

"The discretion belongs to Congress, unless the choice is clearly wrong, a display of arbitrary power, not an exercise of judgement"
Justice Benjamin N. Cardoso, *Helvering v. Davis* (1937)

"A idéia de que não há limites aos poderes do legislador é, em parte, fruto da soberania popular e do governo democrático. Ela tem sido fortalecida pela crença de que, enquanto todas as ações do Estado forem autorizadas pela legislação, o Estado de Direito estará preservado. Mas isso equivale a interpretar de forma totalmente falsa o significado do Estado de Direito. Não tem este relação alguma com a questão da legalidade, no sentido jurídico, de todas as ações do governo. Elas podem ser legais, sem no entanto se conformarem ao Estado de Direito"
F. A. Hayek, *O Caminho da Servidão* (1944)

> *"Were due process merely a procedural safeguard it would fail to reach those situations where the definition of life, liberty or property was accomplished by legislation which by operating in the future could, given the fairest possible procedure in application to individuals, nevertheless destroy the enjoyment of all three"*
> Justice John Harlan, *Poe v. Ullman* (1961)

APRESENTAÇÃO

A presente obra de Eduardo Henrique de Oliveira Yoshikawa é fruto da somatória de profunda pesquisa jurídica, imensa curiosidade histórica e grande senso de visão dos importantes acontecimentos históricos no mundo jurídico com reflexos para toda a Sociedade.

O autor analisa detalhadamente a origem e a evolução do devido processo legal substantivo, tendo como ponto de partida o caso *Bonham* e a própria atuação de um nos mais renomados juristas de todos os tempos, *Sir Edward Coke*.

Essa importante análise prossegue com a evolução da possibilidade do controle da produção legislativa por meio da razoabilidade.

A partir de uma rápida, porém completa, biografia de Edward Coke o autor situa o leitor no Estado Inglês no final da Era Tudor e início da Era Stuart, apontando, igualmente, o pensamento político no Século XVII e seus reflexos para a Constituição Inglesa.

Essa localização histórica é de vital importância para entendermos o nascedouro, no Direito Inglês, das primeiras idéias de flexibilização da onipotência legislativa do Parlamento e do desligamento gradual do Judiciário em relação ao Monarca.

As relações controvertidas entre Edward Coke e o Rei James I, que apesar da desconfiança nomeou-o Juiz Presidente do *King's Bench*, em 1613, cuja suspensão e demissão não tardou (1616), bem como a liderança de Edward Coke, no Parlamento, para a edição da *Petition of Right*, demonstram a importância do contexto histórico na criação e mutação jurídica.

Nesse contexto histórico, o autor analisa o surgimento da teoria da *constituição antiga* (*ancient constitution*) ou da *constituição gótica* (*gothic constitution*) e a importante atuação de Edward Coke para afirmar a prevalência da *common law* e do direito consuetudinário.

Na seqüência da obra, estuda o *Caso Bonham* e a criação do controle da razoabilidade da leis, em julgamento ocorrido na *Court of Common Pleas* em 1610, reforçando a excelência da pesquisa e do desenvolvimento da idéia de Eduardo Henrique de Oliveira Yoshikawa, ao realizar uma análise crítica da afirmação de Edward Coke sobre a possibilidade de afastamento (ou nulidade) da aplicação de uma lei aprovada pelo Parlamento inglês, quando houver clara afronta à *common law* e à própria razão.

A existência de controle judicial para garantir a efetividade das normas protetoras dos direitos fundamentais, que teriam supremacia sobre as demais já era presente no Direito Inglês, como tive oportunidade de salientar em minha obra *Jurisdição Constitucional e Tribunais Constitucionais*, citando inclusive Cappelletti, que salientou: "quem devia garantir, afinal de contas, a supremacia da *common law* contra os arbítrios do Soberano, de um lado, e do Parlamento, de outro? É esta a indagação essencial; e a resposta de Coke era firme e decidida: aquele controle, aquela garantia eram função dos juízes" (Necesidad y legitimidad de la justicia constitucional. In: Vários autores. *Tribunales constitucionales europeus y derechos fundamentales*. Madri: Centro de Estudios Constitucionales, 1984. p. 59). Ainda no dizer de Cappelletti, "na Inglaterra antes da revolução gloriosa de 1688, Lord Coke, em algumas célebres resoluções, proclamou a nulidade das leis que repugnavam a *common law and reason*" (p. 600).

O autor prossegue analisando os reflexos dessa decisão em relação à supremacia do Parlamento, bem como em relação à colônias inglesas na América do Norte, e, posteriormente, nos Estados Unidos, inclusive, dedicando um capítulo ao "Caso Boham e o Judicial Review".

A idéia de supremacia jurisdicional por meio do controle de constitucionalidade foi consagrada no célebre caso Marbury v. Madison (1 Cranch 137 (1803), em histórica decisão da Suprema Corte americana, relatada por seu *Chief Justice* John Marshall, que ingressou na Corte Suprema como *Chief Justice*, tendo sido nomeado pelo Presidente J. Adams, em 1801, e exerceu sua função jurisdicional até 1835.

A utilização do princípio da razoabilidade e a defesa do devido processo legal substantivo são analisadas com maestria pelo autor, inclusive situando o atual estágio dessa aplicação pelo Supremo Tribunal Federal no Direito Brasileiro.

A excelência da obra e a farta indicação bibliográfica possibilitarão ao estudioso do Direito uma completa visão sobre a evolução desses importantes temas jurídicos, possibilitando maiores reflexões sobre a necessidade de proteção aos princípios constitucionais e aos direitos e garantias fundamentais.

São Paulo, novembro de 2006.

ALEXANDRE DE MORAES
Doutor em Direito do Estado e Livre-Docente
em Direito Constitucional (USP)
Professor Associado do Departamento de
Direito do Estado da Faculdade de Direito da USP

SUMÁRIO

1. INTRODUÇÃO 21
2. *SIR* EDWARD COKE 27
3. O ESTADO INGLÊS NO FINAL DA ERA TUDOR E INÍCIO DA ERA STUART (INÍCIO DO SÉCULO XVII) 37
4. PENSAMENTO POLÍTICO NO SÉCULO XVII 53
5. A CONSTITUIÇÃO INGLESA 63
6. O CASO *BONHAM* E A CRIAÇÃO DO CONTROLE DA RAZOABILIDADE DAS LEIS 87
7. A REVOLUÇÃO GLORIOSA E A SUPREMACIA DO PARLAMENTO 127
8. A INFLUÊNCIA DO CASO *BONHAM* NAS COLÔNIAS INGLESAS DA AMÉRICA DO NORTE 147
9. O CASO *BONHAM* E O *JUDICIAL REVIEW* (CONTROLE DE CONSTITUCIONALIDADE) 159
10. O RESSURGIMENTO DO CONTROLE DA RAZOABILIDADE DAS LEIS NO DIREITO NORTE-AMERICANO (SÉCULOS XVIII-XXI) 173
11. INTRODUÇÃO E DESENVOLVIMENTO DO DEVIDO PROCESSO LEGAL SUBSTANTIVO NO DIREITO BRASILEIRO 225

12. CONCLUSÃO..239
APÊNDICE – LISTA DE CASOS 245
BIBLIOGRAFIA 251

1
INTRODUÇÃO

Com algumas exceções, são pouco freqüentes, na doutrina nacional, quaisquer referências a *Sir* EDWARD COKE[1], considerado por muitos, nos Estados Unidos e Inglaterra, o maior dos juristas ingleses[2].

---

[1] Há controvérsia a respeito da pronúncia correta do sobrenome. Segundo a maioria dos autores, pronuncia-se *cook* ("cuque"). BIRKENHEAD, contudo, relata que a segunda esposa de COKE, para irritá-lo, utilizava tal pronúncia (*Fourteen English Judges*. London: Cassell and Company, 1926. p. 34), o que pode sugerir que a correta seria "colque".

[2] Para *Sir* JAMES FITZJAMES STEPHEN, COKE foi "um segundo pai do Direito, cujos escritos prescindiam de confirmação" (HILL, Christopher. *Origens Intelectuais da Revolução Inglesa*. São Paulo: Martins Fontes, 1992. p. 306). Segundo WILLIAM HOLDSWORTH, "o que Shakespeare foi para a literatura, Coke foi para o direito da Inglaterra" (*Some Makers of English Law*. Cambridge: Cambridge University Press, 1966. p. 132). CHARLES GRAY o considerava o maior jurista da história inglesa (BERMAN, Harold J. "The origins of historical jurisprudence: Coke, Selden, Hale (Sir Edward Coke, John Selden, Sir Matthew Hale). *Yale Law Journal*, volume 103, issue 7, May 1, 1994, p. 1665) e LORD ACTON o mais famoso (*Essays in the History of Liberty*. Indianapolis: Liberty Fund, 1985. p. 92). ROSCOE POUND refere-se a ele como "a grande luz do nosso sistema legal" (SIEGAN, Bernard H. "Protecting Economic Liberties". *Chapman Law Review*, volume 6, number 1, Spring 2003, p. 46). BLACKSTONE era seu admirador e o considerava um homem de infinita sabedoria em sua profissão (SIEGAN, Bernard H. *Property Rights From Magna Carta to the Fourteenth Amendment*. New Brunswick: Transaction Publishers, 2001.

COKE costuma ser lembrado por ser o autor da Petição de Direitos (*Petition of Right*), que reafirmou os princípios da Magna Carta (1215), tornando-se uma das grandes Declarações de Direitos[3] da história da humanidade. Menos freqüente, especialmente nas obras mais recentes, e normalmente sintética[4], é a menção a outro episódio,

---

p. 30). Em uma de suas biografias, COKE é descrito como "o direito inglês personificado" (BOWEN, Catherine Drinker. *The Lion and the Throne*. Boston: Little, Brown and Company, 1957. p. ix). COKE foi considerado a 11ª pessoa mais influente da história do direito anglo-americano (MCWHIRTER, Darien A.*The Legal 100 – A Ranking of the Individuals Who Have Most Influenced the Law*. Toronto: Citadel Press, 1998) e a 282ª pessoa mais importante (entre 1000) do último milênio (GOTTLIEB, Agnes H. *et alii. 1,000 Years, 1,000 People: Ranking the Men and Women Who Shaped the Millenium*. New York: Kodansha America, 1998. p. 84). É de sua autoria a célebre frase: "A casa de um homem é seu castelo" ("*A man's house is his castle*").

[3] As Declarações de Direitos são uma criação anglo-americana (para alguns anglo-franco-americana). Por tal razão, repele PAULINO JACQUES, com veemência, a tentativa de JELLINEK de atribuir a sua paternidade ao luteranismo. Cf. *Curso de Direito Constitucional*. 5. ed. Rio de Janeiro: Forense, 1967. p. 215.

[4] Cf. ACCIOLI, Wilson. *Instituições de Direito Constitucional*. Rio de Janeiro: Forense, 1978. pp. 50-51; BARBOSA, Rui. *Atos Inconstitucionais*. Campinas: Russell, 2003. pp. 23-24; BARBOSA, Ruy. *Commentarios à Constituição Federal Brasileira*. v. I. São Paulo: Saraiva, 1932. p. 12; BITTENCOURT, C. A. Lúcio. *O Controle Jurisdicional da Constitucionalidade das Leis*. 2. ed. Rio de Janeiro: Forense, 1968. p. 21; BUZAID, Alfredo. *Da Ação Direta de Declaração de Inconstitucionalidade no Direito Brasileiro*. São Paulo: Saraiva, 1958. p. 19; BUZAID, Alfredo. *Do Mandado de Segurança*. v. I. São Paulo: Saraiva, 1989. p. 8; CASTRO, Carlos Roberto Siqueira. *O Devido Processo Legal e os Princípios da Razoabilidade e da Proporcionalidade*. 3. ed. Rio de Janeiro: Forense, 2005. p. 15; CAVALCANTI, Themistocles Brandão. *Do Controle da Constitucionalidade*. Rio de Janeiro: Forense, 1966. p. 49; CLÈVE, Clemerson Merlin. *A Fiscalização Abstrata da Constitucionalidade no Direito Brasileiro*. 2. ed. São Paulo: RT, 2000. p. 59; COÊLHO, Sacha Calmon Navarro. *O Controle da Constitucio-*

nalidade das Leis e do Poder de Tributar na Constituição de 1988. 3. ed. Belo Horizonte: Del Rey, 1999. pp. 49-50; DINIZ, Marcio Augusto de Vasconcelos. *Controle de Constitucionalidade e Teoria da Recepção*. São Paulo: Malheiros, 1995. p. 31; DÓRIA, Antonio Roberto Sampaio. *Direito Constitucional Tributário e "Due Process of Law"*. 2. ed. Rio de Janeiro: Forense, 1986. p. 21; FERREIRA FILHO, Manoel Gonçalves. *Estado de Direito e Constituição*. 2. ed. São Paulo: Saraiva, 1999. p. 10; FONSECA, Antonio Cezar Lima da. "Declaração de Inconstitucionalidade". São Paulo, *Revista Trimestral de Direito Público*, n. 5, 1994, p. 195; FRANCO, Afonso Arinos de Melo. *Curso de Direito Constitucional Brasileiro*. v. 1. Rio de Janeiro: Forense, 1958. p. 66; JACQUES, Paulino. *Curso de Direito Constitucional*. 5. ed. Rio de Janeiro: Forense, 1967. p. 178; LIMA, Maria Rosynete Oliveira Lima. *Devido Processo Legal*. Porto Alegre: Fabris, 1999. p. 38; LOUREIRO JUNIOR. *Da Constitucionalidade das Leis*. São Paulo: [s.n.], 1949. p. 27; MORO, Sergio Fernando. *Jurisdição Constitucional como Democracia*. São Paulo: RT, 2004. p. 20; MOTTA FILHO, Cândido. *O Conteúdo Político das Constituições*. Rio de Janeiro, [s.n.], 1951. p. 130; PALU, Oswaldo Luiz. *Controle de Constitucionalidade*. 2. ed. São Paulo: RT, 2001. p. 114; PALU, Oswaldo Luiz. *Controle dos Atos de Governo pela Jurisdição*. São Paulo: RT, 2004. p. 136; PINTO FERREIRA. *Da Constituição*. 2. ed. Rio de Janeiro: José Konfino, 1956. p. 79; PINTO FERREIRA. *Princípios Gerais do Direito Constitucional Moderno*. v. 1. 4. ed. São Paulo: Saraiva, 1962. p. 91; TEIXEIRA, J. H. Meirelles. *Curso de Direito Constitucional*. Rio de Janeiro: Forense Universitária, 1991. p. 172 e 376; VALLADÃO, Haroldo. *História do Direito Especialmente do Direito Brasileiro*. 4. ed. Rio de Janeiro: Freitas Bastos, 1980. p. 57; VIEIRA, Oscar Vilhena. *Direitos Fundamentais: uma leitura da jurisprudência do STF*. São Paulo: Malheiros, 2006. pp. 475-476; VIEIRA, Oscar Vilhena. *Supremo Tribunal Federal – Jurisprudência Política*. 2. ed. São Paulo: Malheiros, 2002. p. 50. Surpreendentemente, há duas obras a respeito do devido processo legal que não mencionam o caso *Bonham*: PEREIRA, Ruitemberg Nunes. *O Princípio do Devido Processo Legal Substantivo*. Rio de Janeiro: Renovar, 2005 e SILVEIRA, Paulo Fernando. *Devido Processo Legal*. 3. ed. Belo Horizonte: 2001. Como exceção, a monografia de LETÍCIA DE CAMPOS VELHO MARTEL, dedica inéditas 6 (seis) páginas ao caso (*Devido Processo Legal Substantivo: Razão Abstrata, Função e Características de Aplicabilidade*. Rio de Janeiro: Lumen Juris, 2005. pp. 23-29). Também merece menção a obra de LENIO LUIZ STRECK, a de igual, se não maior relevância, ocorrido durante a longa e notável carreira[5] de COKE, quando ocupava o cargo de Juiz Presidente do *Court of Common Pleas*. Trata-se da decisão proferida no julgamento do caso *Dr. Thomas Bonham v. The College of Physicians* (daqui em diante referido como caso *Bonham*), em que COKE, em seu voto, deixou de aplicar uma lei votada pelo Parlamento, reputando-a nula, por ser contrária ao direito e à razão:

> "E consta dos nossos livros que em muitos casos o *common law* controla os atos do Parlamento e algumas vezes os julga nulos, porque quando um ato do Parlamento é contra o *common law* e a razão, contraditório ou impossível de ser executado, o *common law* o controlará e julgará nulo tal ato" (tradução livre)[6].

De fato, é evidente a importância do caso *Bonham*, ao qual atribuímos a origem do devido processo legal subs-

---

qual, entre seus muitos méritos, menciona não apenas o caso *Bonham*, como outras decisões proferidas por COKE (nos casos dos *Writs of Prohibition* e das *Proclamations*), reveladores do seu "projeto constitucional" (*Jurisdição Constitucional e Hermenêutica*. 2. ed. Rio de Janeiro: Forense, 2004. pp. 303-307).

[5] Membro do Parlamento (1589, 1593, 1621, 1624, 1625 e 1628), *Speaker of the House* (1592-1593), *Solicitor General* (1592-1594), *Attorney General* (1594-1606), Presidente do *Court of Common Pleas* (1606-1613), Presidente do *King's Bench* (1613-1616), membro do *Privy Council*. Cf., *infra*, Capítulo 2.

[6] "*And it appearth in our Books, that in many Cases, the common law doth controll Acts of Parliament, and sometimes shall adjudge them to be void: for when na Act of Parliament is against Common right and reason, or repugnant, or impossible to be performed, the common law will controll it, and adjudge such Act to be void*" (SHEPPARD, Steve (ed.). *The Selected Writings of Sir Edward Coke*. v. I. Indianapolis: Liberty Fund, 2003. p. 275). A íntegra da decisão, em português, pode ser encontrada no livro de ROSCOE POUND (*Liberdade e Garantias Constitucionais*. 2. ed. São Paulo: Ibrasa, 1976. pp. 138-141).

Origem e Evolução do Devido Processo Legal Substantivo

tantivo[7] (muito antes, portanto, da sua adoção pelo direito norte-americano, apontado pela doutrina americana[8] e brasileira como o berço do *substantive due process*) e a que outros atribuem a origem do *judicial review* (controle de constitucionalidade)[9], discussão que apresentamos ao leitor brasileiro, para que tire suas próprias conclusões, com o propósito de contribuir para uma melhor compreensão do instituto e, consequentemente, para a sua aplicação em nosso país.

Para atingir tal objetivo, consideramos indispensável, em primeiro lugar, tecer algumas considerações a respeito

---

[7] Por "devido processo legal substantivo" (tradução da expressão *substantive due process of law* que, se não é a mais correta, é a mais utilizada no Brasil) entendemos, como talvez já tenha noção o leitor, a garantia constitucional de que "a lei não deve ser desarrazoada, arbitrária ou caprichosa e que os meios escolhidos devem ter uma relação substancial e razoável com o objetivo perseguido" ("*a law shall not be unreasonable, arbitrary, or capricious and that the means selected shall have a reasonable and substantial relation to the object being sought*"), conforme definição fornecida por BLACK (*Black's Law Dictionary*. 5.ed. St. Paulo: West Publishing Co., 1979. p. 449). O teste de razoabilidade, de acordo com a lição de JUAN CIANCIARDO (*El Principio de Razonabilidad*. Buenos Aires: Editorial Ábaco, 2004), envolve o exame da adequação da lei ao fim buscado pelo legislador (*i.e.*, se existe um fim, não proibido constitucionalmente e socialmente relevante), da sua necessidade (*i.e.*, a inexistência de outros meios menos gravosos ou restritivos ao direito igualmente eficazes) e da sua proporcionalidade em sentido estrito (*i.e.*, se a medida guarda uma relação razoável com o fim que se procura alcançar).

[8] A exceção é o mestre EDWARD S. CORWIN, que em uma de suas obras reconhece, *en passant*, que o dictum de COKE em *Bonham* prenuncia os testes de razoabilidade com base nos quais os tribunais norte-americanos efetuam o controle da constitucionalidade das leis (*The "Higher Law" Background of American Constitutional Law*. 14. ed. Ithaca and London: Cornell University Press, 1995. p. 44).

[9] Cf., *infra*, Capítulo 9.

de COKE e de sua época, dando ênfase ao exame do Estado inglês e do pensamento político na transição do século XVI para o XVII (Capítulos 2 a 4), bem como do que se convencionou denominar "Constituição Inglesa" (Capítulo 5), antes e depois de COKE. Em seguida (Capítulo 6), examinaremos, em detalhe, o caso *Bonham* (as circunstâncias fáticas do caso, a decisão do Tribunal, a sua interpretação pela doutrina anglo-americana, as explicações históricas e políticas para a decisão, os fundamentos jurídicos invocados por COKE e a sua concepção do direito inglês). Depois, discorreremos a respeito do abandono da doutrina *Bonham* na Inglaterra (Capítulo 7) e a sua transposição para os Estados Unidos (Capítulo 8), país em que, num primeiro momento, inspiraria o *judicial review* (Capítulo 9), para depois ressurgir, no século XIX, sob a denominação "devido processo legal substantivo", como limitação ao poder legislativo do Congresso e das Assembléias Legislativas estaduais (Capítulo 10). Finalmente, trataremos do controle da razoabilidade das leis no direito brasileiro, antes e após a Constituição Federal de 1988, mencionando os principais casos em que foi o devido processo legal substantivo foi utilizado pelo Supremo Tribunal Federal (Capítulo 11).

2
SIR EDWARD COKE

Antes de examinar a Inglaterra e o pensamento político no início do século XVII, o caso *Bonham* e a influência que ele teria na Inglaterra e nas colônias inglesas da América do Norte nos anos vindouros, entendemos ser indispensável discorrer, ainda que brevemente, a respeito da figura ímpar de *Sir* EDWARD COKE. Em que pese o presente livro seja muito mais uma "biografia" da decisão do que do juiz[10]

---

[10] Para maiores detalhes a respeito da vida e obra de COKE recomenda-se a leitura dos seguintes livros e artigos: AUMANN, F.R. "Lord Coke, the Compleat Student of the Common Law". *Kentucky Law Journal*, volume 18, 1929, pp. 65-69; BEAUTÉ, Jean. *Un Grand Juriste Anglais: Sir Edward Coke 1552-1634*. Paris: Presses Universitaires de France, 1975 (única em francês); BIRKENHEAD, Earl of. *Fourteen English Judges*. London: Cassell and Company, 1926; BOYER, Allen D. *Sir Edward Coke and the Elizabethan Age*. Stanford: Stanford University Press, 2003; GEST, John Marshall. "The Writings of Sir Edward Coke". *Yale Law Journal*, volume 18, 1908, pp. 504-532; HOLDSWORTH, William. "Sir Edward Coke". *Cambridge Law Journal*, volume 5, 1933, pp. 332-346; HOLDSWORTH, William. *Some Makers of English Law*. Cambridge: Cambridge University Press, 1966; HOSTETTLER, John. *Sir Edward Coke: A Force for Freedom*. Chichester: Barry Rose Law Publishers Ltd., 1997; JAMES, Charles Warburton. *Chief Justice Coke: His Family & Descendants at Holkham*. London: Country Life Ltd., 1929; JOHNSON, Cuthbert William. *The Life of Sir Edward Coke*. 2.v. London: Henry Colburn, 1837; LIONBERGER, I. H. "Lord Coke". *Saint Louis Law Review*, volume 4, 1919, pp. 10-17; LYON, Hastings and BLOCK, Herman. *Edward Coke: Oracle of the Law*. Littleton: Fred B. Rothman & Co., 1992; MULLETT, Charles F. "Coke and the American Evolution". *Economica*, number 38,

que a prolatou, o caráter e demais qualidades pessoais de COKE (as "circunstâncias" de que fala ORTEGA Y GASSET), influíram, a nosso ver decisivamente[11], no julgamento e conseqüentemente no nascimento do devido processo legal substantivo.

EDWARD COKE nasceu no condado de Norfolk, em 1552, em uma família cuja origem poderia ser traçada até o século XIII. Seu pai, ROBERT COKE, fora um advogado (*barrister*) de sucesso, o que permitiu que a família gozasse de boa situação econômica mesmo após a sua morte em 1561. Sua mãe, WINIFRED KNIGHTLEY, também era filha

---

November 1932, pp. 457-471; RANDALL JR, Charles H. "Sir Edward Coke and the Privilege against Self-Incrimination". *South Carolina Law Quarterly*, volume 8, 1956, pp. 417-453; ROSCOE, Henry. *Eminent British Lawyers*. London: Longman, Rees, Orme, Brown, and Green, 1831; SHEPPARD, Steve (ed.). *The Selected Writings of Sir Edward Coke*. 3.v. Indianapolis: Liberty Fund, 2003; THE SOCIETY FOR THE DIFFUSION OF USEFUL KNOWLEDGE. *Sir Edward Coke*. London: Baldwin and Cradock, 1828; THORNE, Samuel E. *Sir Edward Coke 1552-1952*. Selden Society Lecture. London: Bernard Quaritch, 1957; USHER, Roland G. "Sir Edward Coke". *Saint Louis Law Review*, volume 15, 1929, pp. 325-332; WATT, Francis. "Lord Coke as a Person". *Juridical Review*, volume XXVII, number 3, 1915, pp. 250-266; WHITE, Stephen D. *Sir Edward Coke and the Grievances of the Commonwealth*. Manchester: Manchester University Press, 1979; WOOLRYCH, Humphry W. *The Life of the Right Honourable Sir Edward Coke*. South Hackensack: Rothman Reprints Inc., 1972. Deve-se advertir o leitor, porém, que embora a atuação profissional de COKE tenha lhe rendido, a nosso ver justamente, qualificativos como "oráculo do *common law*", que conferem ao jurista um caráter quase sagrado, ele é descrito por muitos como um homem "particularmente difícil" (*uniquely difficult*) (KENYON, J. P. Stuart England. 2. ed. London: Penguin Books, 1990. p. 90).

[11] Cf. FORTIER, Mark. "Equity and ideas: Coke, Ellesmere, and James I (major legal conflicts in 1616 England involving Chief Justice Edward Coke, King James I and Lord Ellesmere)". *Renaissance Quarterly*, volume 51, issue 4, December 22, 1998, p. 1256.

de um advogado e possuía, ela própria, alguns livros de direito (algo surpreendente para a época).

Precoce, COKE ingressou em 1566 no *Trinity College*, na Universidade de Cambridge (à qual ele se referia como *alma mea mater*). Em 1571 iniciou o estudo do direito, primeiro no *Clifford's Inn* (um dos *Inns of Chancery*) e no ano seguinte no *Inner Temple* (um dos *Inns of Court*)[12], no qual logo ganharia notoriedade por seu conhecimento do direito.

Em 1578, COKE é admitido a advogar (*called to the Bar*), após um período de estágio (*probation*) de seis anos, inferior ao usual (oito anos).

Eleito, pela primeira vez, para a Câmara dos Comuns em 1589, COKE seria escolhido *Speaker of the House* (Presidente da Câmara dos Comuns) em 1593. Um ano antes, fora nomeado *Solicitor General* (Subprocurador Geral) por ELIZABETH I.

Porém, somente a partir do momento em que assume o cargo de *Attorney General* (Procurador Geral), também

---

[12] Nas universidades, como Cambridge e Oxford, os alunos aprendiam direito canônico e direito romano (PIPES, Richard. *Propriedade e Liberdade*. Rio de Janeiro: Record, 2001. p. 161), o chamado direito civil (utilizado apenas nos tribunais eclesiásticos e alguns tribunais de exceção). O *common law*, porém, era ensinado nos *Inns of Chancery* (escolas preparatórias) e, principalmente, nos *Inns of Court* (que funcionavam como escolas, fraternidades e associações de advogados), localizados em Londres, aos quais os primeiros se encontravam vinculados. Os mais importantes *Inns of Court*, em número de quatro, e os respectivos *Inns of Chancery*, eram os seguintes: *Inner Temple* (*Clifford's Inn* e *Lyon's Inn*) e *Middle Temple* (*Strand Inn* e *New Inn*), assim denominados por estarem localizados na área do antigo convento dos Templários, *Gray's Inn* (*Staple Inn* e *Barnard's Inn*) e *Lincoln's Inn* (*Furnival's Inn* e *Thavies' Inn*). Assim, "não era necessário ser licenciado em direito por uma universidade para vir a ser *solicitor* (solicitador), *barrister* ou *judge*" (GILISSEN, John. *Introdução Histórica ao Direito*. 2. ed. Lisboa: Fundação Calouste Gulbenkian, 1995. p. 211).

pretendido pelo filósofo e cortesão FRANCIS BACON (os dois se tornariam rivais pelas próximas três décadas[13]), que contava com o apoio do Conde de ESSEX (favorito de ELIZABETH I), é que COKE ganha importância histórica.

Como *Attorney General*, nos reinados de ELIZABETH I (1558-1603) e JAIME I (1603-1625), COKE notabilizou-se, segundo alguns, pela extrema dureza e agressividade[14] com que conduziu os processos movidos em face dos acusados de praticar crimes contra a Coroa. Em 1601 obteve a condenação à morte do Conde de ESSEX[15], considerado culpado

---

[13] Cf. BIRKENHEAD, Earl of. *Fourteen English Judges*. London: Cassell and Company, 1926. pp. 28-31; ROSCOE, Henry. *Eminent British Lawyers*. London: Longman, Rees, Orme, Brown, and Green, 1831. pp. 6-8. Há quem diga, inclusive, que COKE teria se casado com *Lady* HATTON (uma jovem e rica viúva), sua segunda esposa, apenas para afrontar BACON, que também a cortejava (BACON buscava um casamento que resolvesse seus problemas econômicos). Coincidência ou não, COKE e sua segunda esposa não tiveram um casamento feliz (TURNER, Jesse. "Concerning Divers Notable Stirs Between Sir Edward Coke and his Lady". *American Law Review*, volume 51, 1917, pp. 883-902).

[14] A atuação de COKE, porém, não parece reprovável segundo os padrões da época, ainda que eles atualmente pareçam repulsivos (BIRKENHEAD, Earl of. *Fourteen English Judges*. London: Cassell and Company, 1926. p. 37). Segundo o historiador inglês Lord MACAULAY, citado por ANTONIA FRASER, um julgamento por alta traição era "simplesmente um assassinato precedido do pronunciamento de certa lengalenga e a apresentação de algumas pantomimas". Logo, como pondera a autora, devemos nos precaver contra um excesso de "indignação anacrônica": "Eram essas as regras de um julgamento de traição na época, procedimentos muito literalmente destinados a ser um julgamento espetáculo, daqueles em que se demonstraria em público a culpa dos prisioneiros" (*A Conspiração da Pólvora – Terror e Fé na Revolução Inglesa*. Rio de Janeiro: Record, 2000. p. 259). Idêntica é a opinião de ROSCOE POUND (*Liberdade e Garantias Constitucionais*. 2. ed. São Paulo: Ibrasa, 1976. p. 35).

[15] ROBERT DEVEREUX (1566-1601), cortesão e militar.

Origem e Evolução do Devido Processo Legal Substantivo 31

do crime de traição, após uma mal-sucedida tentativa de golpe contra ELIZABETH I[16]. Também como acusador, conseguiu a condenação à morte do escritor e explorador *Sir* WALTER RALEIGH[17], bem como dos envolvidos na chamada Conspiração da Pólvora[18] (*Gunpowder Plot*), tentativa frustrada de alguns nobres católicos de assassinar JAIME I.

A atuação de COKE como *Attorney General* Geral levou JAIME I a nomeá-lo cavaleiro (em inglês, *knight*, daí o uso do pronome de tratamento *Sir*), em 1603, e Juiz Presidente do *Court of Common Pleas*[19], em 1606, cargo no qual, quatro anos mais tarde, redigiria a decisão do Tribunal no caso *Bonham*.

Como juiz, primeiro no *Court of Common Pleas* (e depois como Presidente do *King's Bench*), COKE notabilizou-se por

---

[16] Antes disso, COKE já havia processado o Conde de ESSEX, responsabilizando-o pelo fracasso de uma operação militar na Irlanda e requerendo o confisco de seus bens e a sua prisão perpétua, mas os juízes aplicaram uma penalidade mais branda.

[17] RALEIGH, porém, somente seria executado em 1618, após um segundo julgamento, depois de permanecer mais de uma década preso na Torre de Londres. Cf. KNAPPMAN, Edward W. (ed.). *Great World Trials*. Detroit: Visible Ink Press, 1997. pp. 52-56.

[18] Cf. FRASER, Antonia. *A Conspiração da Pólvora – Terror e Fé na Revolução Inglesa*. Rio de Janeiro: Record, 2000; KNAPPMAN, Edward W. (ed.). *Great World Trials*. Detroit: Visible Ink Press, 1997. pp. 57-61.

[19] Optamos por não traduzir os nomes dos Tribunais ingleses (*v.g.*, *Court of Common Pleas* como Tribunal das Queixas Comuns e *King's Bench* como Tribunal do Banco do Rei), vez que a versão em português soa artificial e pouco contribui para a compreensão da natureza e atribuições dos órgãos.

sua independência[20], incorruptibilidade[21] e pela intransigente defesa da judicatura (os tribunais do *common law*[22])

---

[20] Ao final da *Fourth Institute,* COKE fornece o seguinte conselho aos juízes, que permanece válido até os dias atuais: *"And you, Honourable and Reverend Judges and Justices, that do or shall sit in the High Tribunals and Courts or seats of Justice, as aforesaid, fear not to do right to all, and to deliver your opinions justly according to the laws: for fear is nothing but a betraying of the succours that reason should afford. And if you shall sincerely execute justice, be assured of three things: First, though some may maligne you, yet God will give you his blessing. Secondly, that though thereby you may offend great men and Favourites, yet you shall have the favourable kindness of the Almighty, and be his Favourites. And lastly, that in so doing against all scandalous complaints and pragmatical devices against you, God will defend you with a shield: For thou Lord wilt give a blessing unto the righteous, and with thy favourable kindnesse wilt thou defend him with a shield"* (apud LYON, Hastings and BLOCK, Herman. *Edward Coke: Oracle of the Law.* Littleton: Fred B. Rothman & Co., 1992. p. 167). Tradução livre: "E vocês, nobres e veneráveis juízes, que têm ou venham a ter assento nos tribunais ou nas varas da Justiça, como já afirmado, não temam fazer justiça a todos, e proferir suas decisões de acordo com as leis, pois o temor nada mais é do que uma traição à ajuda fornecida pela razão. E se vocês realmente distribuírem justiça, tenham certeza de três coisas. Primeiro, que embora alguns possam difamá-los, ainda assim Deus os abençoará. Segundo, que não obstante por tal razão vocês possam contrariar os poderosos e seus protegidos, vocês terão a benevolência do Todo-Poderoso, e serão Seus protegidos. E finalmente, que ao assim procederem diante das infames denúncias e ardis que forem urdidos contra vocês, Deus os protegerá: o Senhor abençoará os justos e Sua benevolência, como um escudo, os cobrirá".

[21] Cf. GEST, John Marshall. "The Writings of Sir Edward Coke". *Yale Law Journal,* volume 18, 1908, p. 515; HOSTETTLER, John. *Sir Edward Coke: A Force for Freedom.* Chichester: Barry Rose Law Publishers Ltd., 1997. p. 94; ROSCOE, Henry. *Eminent British Lawyers.* London: Longman, Rees, Orme, Brown, and Green, 1831. p. 39.

[22] *Court of King' Bench* (ou simplesmente *King's Bench*), *Court of Common Pleas* e *Court of Exchequer,* transformados em um só Tribunal (o *Supreme Court of Judicature*) em 1873.

Origem e Evolução do Devido Processo Legal Substantivo 33

contra o Rei[23], os tribunais eclesiásticos e de eqüidade[24] e o Parlamento, numa época em que os juízes ainda não dispunham das garantias de vitaliciedade, inamovibilidade e irredutibilidade de vencimentos[25].

---

[23] Que fique claro, porém, que COKE não era um inimigo da autoridade ou da prerrogativa real (BIRKENHEAD, Earl of. *Fourteen English Judges*. London: Cassell and Company, 1926. p. 37 e 40). Como descobririam os realistas, após a Restauração, para COKE o *common law* vinculava e protegia tanto o Rei (*v.g.*, contra o Parlamento) quanto seus súditos (MCILWAIN, Charles Howard. *The High Court of Parliament and its Supremacy*. New Haven: Yale University Press, 1910. p. 78). Tanto a prerrogativa real quanto os direitos dos súditos faziam parte do *common law* (JUDSON, Margaret A. *The Crisis of the Constitution: An Essay in Constitutional and Political Thought in England, 1603-1645*. New Brunswick: Rutgers University Press, 1988. p. 34).

[24] Cf. BAKER, John. "The Common Lawyers and the Chancery: 1616". In: *Law, Liberty, and* Parliament: *Selected Essays on the Writings of Sir Edward Coke*. Edited by Allen D. Boyer. Indianapolis: Liberty Fund, 2004. pp. 254-281; BEAUTÉ, Jean. *Un Grand Juriste Anglais: Sir Edward Coke 1552-1634*. Paris: Presses Universitaires de France, 1975. pp. 87-97; DAWSON, John P. "Coke and Ellesmere Disinterred: The Attack on the Chancery in 1616". *Illinois Law Review of Northwestern University*, volume 36, 1941, pp. 127-152; FORTIER, Mark. "Equity and ideas: Coke, Ellesmere, and James I (major legal conflicts in 1616 England involving Chief Justice Edward Coke, King James I and Lord Ellesmere)". *Renaissance Quarterly*, volume 51, issue 4, December 22, 1998, p. 1255-1275; JONES, W. J. "The Crown and the Courts in England, 1603-1625". In: *Law, Liberty, and* Parliament: *Selected Essays on the Writings of Sir Edward Coke*. Edited by Allen D. Boyer. Indianapolis: Liberty Fund, 2004. pp. 282-301.

[25] "A vitaliciedade, a inamovibilidade e a irredutibilidade dos vencimentos não visam encorajar os juízes a serem juízes, mas a conter as reações dos potentados contra os juízes desarmados, a desarmar os armados da força, que faz a lei, e da força que distribui mercês, ou desfere golpes a seu salvo, abusando do poder em que se achem postos" (DÓRIA, A. de Sampaio. *Comentários à Constituição de 1946*. v. 3. São Paulo: Max Limonad, 1960. p. 420).

Apesar de tantos atritos e desavenças, JAIME I houve por bem nomeá-lo Juiz Presidente do *King's Bench* (cargo equivalente, no Brasil, ao de Ministro Presidente do Supremo Tribunal) em 1613, na suposição de que tornar-se-ia mais dócil às pretensões da Coroa[26].

O tempo mostraria o equívoco de tal suposição[27] (o temperamento e a devoção religiosa ao *common law*[28], seu primeiro e último amor[29], tornariam inevitável a sua demissão[30]).

Em 1616, por manobra de BACON, COKE sofreu acusações por sua conduta no *King's Bench* (*i.e.*, por ter se recusado

---

[26] Na realidade, parece ter sido precisamente em razão de tais atritos que COKE fora nomeado, por sugestão de Bacon, pois no *King's Bench* acreditava-se que seriam mais escassas as oportunidades de conflito com a Coroa (BIRKENHEAD, Earl of. *Fourteen English Judges*. London: Cassell and Company, 1926. p. 7), vez que tal Tribunal tinha por atribuição defender os direitos do Rei e não o dos súditos, como era o caso do *Court of Common Pleas* (HOLDSWORTH, William. *Some Makers of English Law*. Cambridge: Cambridge University Press, 1966. p. 116). Segundo alguns, porém, a sugestão partiu de BACON para que o então *Attorney General* (*Sir* HENRY HOBART) assumisse o lugar de COKE no *Court of Common Pleas* e ficasse vago o seu cargo, por ele cobiçado (MCWHIRTER, DARIEN A. The Legal 100 – A Ranking of the Individuals Who Have Most Influenced the Law. Toronto: Citadel Press, 1998. pp. 71-72; BIRKENHEAD, Earl of. *Fourteen English Judges*. London: Cassell and Company, 1926. p. 16). Não se pode afirmar se esta versão é verdadeira, mas o fato é que COKE aceitou o novo cargo (de maior dignidade e menor remuneração) e BACON foi nomeado *Attorney General* em 1613.

[27] Cf. MAITLAND, F. W. *The Constitutional History of England*. Cambridge: Cambridge University Press, 1965. p. 270.

[28] HOLDSWORTH fala em "fanatismo" (*Some Makers of English Law*. Cambridge: Cambridge University Press, 1966. p. 117).

[29] Cf. PINE, L. G. *Tales of the British Aristocracy*. London: Burke Publishing Co., 1956. p. 189.

[30] Cf. KENYON, J. P. *Stuart England*. 2. ed. London: Penguin Books, 1990. pp. 90-91.

a atender aos interesses do Rei), sendo suspenso (para corrigir erros constantes de seus *Reports*, entre eles o relato do caso *Bonham*) e depois afastado (por ter reconhecido apenas a existência de cinco pequenas incorreções) do cargo de Presidente do *King's Bench* e do Conselho Privado do Rei, do qual era um dos membros (ao qual retornaria no ano seguinte).

COKE ainda atuaria, por alguns anos, como promotor especial na *Star Chamber*[31], e integraria o *Privy Council* (Conselho Privado), antes de ser reeleito para o Parlamento do ano de 1620, data em que tem início a terceira e talvez mais admirável parte de sua carreira[32] e que selaria a aliança entre o *common law* e o Parlamento[33].

Uma vez no Parlamento COKE participaria, em 1621, do *impeachment* de BACON, que resultou na sua remoção do cargo de Chanceler (para não enfrentar julgamento por corrupção, BACON renunciou, nunca mais retornando à vida pública).

Alguns anos depois, sob a sua liderança[34] seria redigida a Petição de Direitos (*Petition of Right*), considerada a mais explícita afirmação dos princípios garantidores da liberdade na Inglaterra até àquela data.

---

[31] A *Star Chamber* era um tribunal de exceção, sob a influência direta do Rei, ao qual não se aplicavam as garantias processuais dos tribunais regulares e cuja competência era indeterminada, pois podia avocar "todos os casos possíveis em que se descobrisse resistência ao poder político" (STERN, Alfredo. *História da Revolução Inglesa*. [s.l.]: [s.n.], [s.d.]. pp. 710-711).

[32] Cf. SCHWARTZ, Bernard. *The Roots of Freedom: A Constitutional History of England*. New York: Hill and Wang, 1967. p. 123.

[33] Cf. HOLDSWORTH, William. *Some Makers of English Law*. Cambridge: Cambridge University Press, 1966. p. 131.

[34] Segundo TITE, Coke podia dominar a Câmara dos Comuns com sua personalidade e conhecimento (*Impeachment and Parliamentary Judicature in Early Stuart England*. London: The Athlone Press, 1974. p. 43).

Entre suas obras, destacam-se as *Institutes of the Laws of England* (Instituições do Direito da Inglaterra) e os *Reports*[35-36], ambos publicados, em parte, após a sua morte[37], e que passaram a ser aceitos com força de lei[38], conferindo ao seu autor "uma posição de autoridade na interpretação das leis que nenhum teólogo protestante alcançara na interpretação das Escrituras"[39].

---

[35] Cf. BAKER, J. H. "Coke's Notebooks and the Sources of his Reports". *Cambridge Law Journal*, volume 30, number 1, April 1972, pp. 59-86; PLUCKNETT, Theodore F. T. "The Genesis of Coke's Reports". *Cornell Law Quarterly*, volume 27, 1942, pp. 190-213.

[36] "Os *arestos* ingleses são colecionados em *records* e em *reports*: os *records* são as compilações das deliberações e sentenças dos tribunais, especialmente das jurisdições reais, compilações estas que remontam à mais alta antiguidade e são muito volumosas; os *reports* não têm por objeto dar o texto oficial dos julgamentos, mas destacam, nos negócios tratados perante os tribunais, os pontos de fato, e de direito úteis para precisar a jurisprudência. Esta incumbência era dada a funcionários públicos especiais, nomeados e retribuídos para isso, e que consignavam, nos *Yearbooks* ou anuários, os seus *reports*. Nos últimos anos de Henrique VIII desapareceram os *reports* oficiais e a jurisprudência passou a ser compilada por juristas sem mandato público, entre os quais se contam jurisconsultos célebres, tais como DYER, PLOWDEN, COKE e outros" (ALMEIDA JÚNIOR, João Mendes de. *Direito Judiciário Brasileiro*. 5. ed. Rio de Janeiro: Freitas Bastos, 1960. p. 456).

[37] Dos quatro volumes das *Institutes*, apenas o primeiro, dedicado ao direito de propriedade (um comentário à obra do jurista *Littleton*), foi publicado em vida (1628). O segundo foi publicado em 1642 e o terceiro e o quarto em 1644. Os *Reports*, em número de treze, começaram a ser publicados em 1600. Os onze primeiros vieram à lume até 1615 e os últimos apenas postumamente (1655 e 1658), razão pela qual, segundo HOLDSWORTH, nunca tiveram a mesma autoridade (*Some Makers of English Law*. Cambridge: Cambridge University Press, 1966. p. 122).

[38] Cf. HILL, Christopher. *Origens Intelectuais da Revolução Inglesa*. São Paulo: Martins Fontes, 1992. p. 330.

[39] HILL, Christopher. *Origens Intelectuais da Revolução Inglesa*. São Paulo: Martins Fontes, 1992. p. 344.

3
O ESTADO INGLÊS NO FINAL DA ERA TUDOR E INÍCIO DA ERA STUART (INÍCIO DO SÉCULO XVII)

No início do século XVII não existiam na Inglaterra os poderes Executivo, Legislativo e Judiciário como os conhecemos atualmente, no mundo ocidental (incluída a própria Inglaterra)[40].

Em primeiro lugar, havia a Coroa, "corporificada" na figura do monarca. Diz-se "corporificada", porquanto o Rei era considerado como indivíduo e não como titular de um cargo, fundamento com base no qual reconheceu o *King's Bench* no *Calvin's Case* (1608)[41] que sendo JAIME VI da Escócia e JAIME I da Inglaterra uma só e a mesma pessoa (e não duas pessoas distintas), seus súditos escoceses nascidos após a ascensão ao trono inglês tinham os mesmos direitos dos súditos ingleses de possuírem terras na Inglaterra[42].

---

[40] Se atualmente predomina a separação de poderes (ou funções), o que caracterizava a Inglaterra na transição da Idade Média para a Idade Moderna era a fusão de poderes indefinidos (MCILWAIN, Charles Howard. *The High Court of Parliament and its Supremacy*. New Haven: Yale University Press, 1910. p. 119).

[41] Cf. 7 *Reports* 1a

[42] Cf. WORMUTH, Francis D. *The Origins of Modern Constitutionalism*. New York: Harper & Brothers, 1949. p. 38. Ou seja, os escoceses

O Rei, segundo BLACKSTONE[43], era a cabeça, o começo e o fim (*caput, principium, et finis*) do "corpo político" do reino. "Entre suas funções, cabiam-lhe, com pouca ou nenhuma dúvida quanto à sua validade, poderes para legislar[44],

---

nascidos após 1603 não poderiam ser considerados estrangeiros na Inglaterra.

[43] Cf. KURLAND, Philip B. e LERNER, Ralph (ed.). *The Founders' Constitution.* v. 2. Indianapolis: Liberty Fund, 1987. p. 24.

[44] Inicialmente, a elaboração da lei era um ato do Rei, ao qual os Lordes e Comuns apenas manifestavam o seu consentimento (KEIR, David Lindsay. *The Constitutional History of Modern Britain.* 9. ed. New York: Norton Library, 1969. p. 46; MAITLAND, F. W. *The Constitutional History of England.* Cambridge: Cambridge University Press, 1965. p. 184). Com o passar do tempo, porém, tal consentimento tornou-se obrigatório, até inverterem-se os papéis (o Rei aprova, através do *royal assent*, os statutes aprovados pelo Parlamento). Durante o período de transição (séculos XV-XVII), porém, o Rei continuou a legislar, sem a aprovação do Parlamento, a respeito de determinadas matérias, através das chamadas proclamações (*proclamations*), cuja utilização, inclusive, foi expressamente autorizada por um estatuto de HENRIQUE VIII do ano de 1539 (*lex regia*), revogado apenas no reinado de EDUARDO VI (1547-1553), que lhes atribuía força de lei (DICEY, A. V. *Introduction to the Study of the Law of the Constitution.* Indianapolis: Liberty Fund, 1982. p. 11; STUBBS, William. *The Constitutional History of England.* v. I. 4. ed. Oxford: Clarendon Press, 1883. p. 619). Nos *Reports*, porém, COKE afirma que o Rei não poderia, através de proclamações, criar novos crimes ou tornar ilícita uma conduta permitida pelo *common law*, pois tal equivaleria a alterá-lo, o que não poderia ser feito sem o Parlamento (SHEPPARD, Steve (ed.). *The Selected Writings of Sir Edward Coke.* v. I. Indianapolis: Liberty Fund, 2003. pp. 487-488), o que sugere que não era ilimitada e indiscriminada a sua utilização, ao menos no início do século XVII. Além das proclamações, o Rei podia expedir ordenações (*ordinances*) para suplementar as leis (MCILWAIN, Charles Howard. *The High Court of Parliament and its Supremacy.* New Haven: Yale University Press, 1910. p. 316), o que, grosso modo, corresponde ao atual poder regulamentar dos Chefes do Poder Executivo.

Origem e Evolução do Devido Processo Legal Substantivo

supervisionar a administração, organizar a defesa nacional, regular assuntos sociais e econômicos, exercer jurisdição suplementar à dos Tribunais do *common law*" (tradução livre)[45].

Se o poder do Rei não era absoluto, encontrava na prática poucas limitações (especialmente após a Reforma Protestante, que o tornou a suprema autoridade religiosa do reino[46]) além da prudência do monarca em não abusar de sua prerrogativa[47].

---

[45] *"Among its functions it possessed, with little or no doubt as to their legal validity, powers to legislate, to supervise administration, to organize national defense, to regulate social and economic affairs, to exercise a jurisdiction supplementing that of the courts of common law"* (KEIR, David Lindsay. *The Constitutional History of Modern Britain*. 9. ed. New York: Norton Library, 1969. p. 45).

[46] *"It was impossible to raise the King's pretensions against the Pope without also raising them against the people"* (MCILWAIN, Charles Howard. *The High Court of Parliament and its Supremacy*. New Haven: Yale University Press, 1910. p. 346). Tradução livre: "Era impossível elevar as pretensões do Rei em face do Papa sem também elevá-las em face do povo".

[47] Prerrogativa é nome atribuído ao conjunto dos direitos e poderes discricionários da Coroa (ADAMS, John. *The Revolutionary Writings of John Adams*. Selected and with a Foreword by C. Bradley Thompson. Indianapolis: Liberty Fund, 2000. p. 90), ou, em outras palavras, os poderes, direitos e imunidades que distinguiam o Rei de um indivíduo comum (KEIR, David Lindsay. *The Constitutional History of Modern Britain*. 9. ed. New York: Norton Library, 1969. p. 10). A prerrogativa real dividia-se em: ordinária ou legal, sujeita ao controle do *common law* e do Parlamento (*disputable*); e extraordinária ou absoluta, não sujeita a qualquer espécie de controle (*indisputable*). Embora não seja possível delimitar claramente uma espécie da outra (em muitos casos a discussão se encontrava no limite entre o direito e a teologia), entende-se que a primeira envolvia os direitos e liberdades dos súditos (o *meum* e o *tuum*, segundo expressão da época) enquanto a segunda dizia respeito a questões como a declaração de guerra

"*Rex est lex*" (o Rei é a lei)⁴⁸ e "*the King can do no wrong*" (o Rei não responde por seus atos)⁴⁹ são duas expressões que bem revelam a posição do monarca na época (ao contrário do que ocorrera no continente, a partir da conquista

---

e a emissão de moeda, conforme distinção adotada por COKE em discursos proferidos no Parlamento em 1621 (SHEPPARD, Steve (ed.). *The Selected Writings of Sir Edward Coke*. v. III. Indianapolis: Liberty Fund, 2003. p. 1199 e 1201). Em outras palavras, a prerrogativa extraordinária se aplicava a assuntos não disciplinados pelo *common law*, quer por razões geográficas (*v.g.*, ocorridos fora do território inglês, em alto-mar ou nas colônias), quer por razões institucionais (*v.g.*, relativos à Igreja, antes da Reforma) (BURGESS, Glenn. *The Politics of the Ancient Constitution: An Introduction to English Political Thought, 1603-1642*. University Park, Pennsylvania: The Pennsylvania State University Press, 1993. p. 142). Segundo tal entendimento, a prerrogativa extraordinária não era controlada pelo direito (WORMUTH, em sua obra *The Royal Prerogative*, a equipara às *political questions* do direito norte-americano), pois se encontrava fora do *common law*, embora estivesse nele compreendido, no sentido de que os limites entre prerrogativa e *common law* eram definidos pelo próprio direito (BURGESS, Glenn. *The Politics of the Ancient Constitution: An Introduction to English Political Thought, 1603-1642*. University Park, Pennsylvania: The Pennsylvania State University Press, 1993. p. 167). Atualmente, a prerrogativa sobrevive em áreas como relações exteriores (celebração de tratados e nomeação de diplomatas), emissão de passaportes, concessão de graça, atribuição de títulos e honras (especialmente títulos de nobreza) e proclamação de feriados, entre outras (SOSSIN, Lorne. "The Rule of Law and the Justiciability of Prerogative Powers: A Comment on Black v. Chrétien". *McGill Law Journal*, volume 47, 2002, p. 440), e é exercida pelo monarca, diretamente, ou por delegação ao Primeiro-Ministro inglês ou ao Chefe de Governo dos demais países membros da *Commonwealth* (delegação que não era admitida na época de COKE).

⁴⁸ Cf. MAITLAND, F. W. *The Constitutional History of England*. Cambridge: Cambridge University Press, 1965. p. 299.

⁴⁹ Cf. ASHTON, Robert. *Reformation and Revolution 1558-1660*. London: Paladin Books, 1984. p. 39.

Origem e Evolução do Devido Processo Legal Substantivo 41

normanda em 1066 a história da Inglaterra revela o progressivo fortalecimento do poder central).

"No início do século XVII, as pessoas concordavam que o Rei era ungido por Deus, Seu vigário ou tenente na terra, responsável por administrar a justiça divina aos homens. Essa convicção era proclamada freqüente e eloquentemente pelos pregadores anglicanos, mas também era difundida por advogados e líderes da oposição no Parlamento" (tradução livre)[50].

Além do Rei, havia o Parlamento (ou, como se verá a seguir, "parlamentos", no plural), que nessa época atinge o seu segundo estágio evolutivo, tornando-se "parceiro" da Coroa:

> "A história constitucional britânica registra o avanço do parlamento de quando este era um servidor da coroa (do século XI ao século XV), passando a ser seu parceiro (do século XVI ao início do século XVII) e, finalmente, seu senhor (a partir da década de 1640)"[51].

Deveras, por volta do século XIII o Parlamento (do francês *parlement*, isto é, discussão), era apenas uma reunião de

---

[50] "*In the early part of the seventeenth century, men agreed that the king was God's anointed, His vicar or lieutenant on earth, responsible for administering divine justice to man. This belief was proclaimed most often and most eloquently by Anglican preachers, but it was also set forth by lawyers and by leaders of the parliamentary opposition*" (JUDSON, Margaret A. *The Crisis of the Constitution: An Essay in Constitutional and Political Thought in England, 1603-1645*. New Brunswick: Rutgers University Press, 1988. p. 17).

[51] Cf. PIPES, Richard. *Propriedade e Liberdade*. Rio de Janeiro: Record, 2001. p. 152. À evolução do *status* do Parlamento (servidor, parceiro e senhor da Coroa) corresponde a alteração da sua função predominante (tribunal, legislatura e órgão governamental), ressaltada por MCILWAIN (*The High Court of Parliament and its Supremacy*. New Haven: Yale University Press, 1910. p. 93).

nobres convocados[52] pelo Rei para tratar de assuntos de Estado, encontrando seu antecedente mais próximo na *curia regis* (conselho real dos reis normandos). "Sua função não era legislar, mas opinar sobre leis em uso e julgar"[53] (o rei ainda não havia delegado totalmente aos juízes o poder de julgar). Considerados o tempo e os recursos consumidos para participar de tais reuniões, no início o comparecimento era visto muito mais como uma obrigação incômoda do que como uma prerrogativa.

Ainda no século XIII, pela primeira vez a Coroa convoca cavaleiros (*knights*), representantes dos condados (*shires*) e burgueses, representantes dos burgos (*boroughs*), conjuntamente chamados comuns[54] (em oposição aos lordes temporais – nobres – e espirituais – bispos), para opinar sobre as leis e votar a cobrança de tributos, na qualidade de mandatários do povo. "Em 1341, já se sentavam separados os dois corpos"[55] (lordes e comuns).

A partir de então, os parlamentos tornaram-se parte integrante do Governo, em que pese fossem convocados *ad hoc* e não regularmente, o que somente ocorreria no início do século XVIII.

---

[52] É nesse sentido que se deve compreender a afirmação de THOMAS PAINE segundo a qual "as duas Câmaras do Parlamento nasceram do que é chamado *Coroa* em virtude de patente ou favor" (Direitos do Homem. Bauru: Edipro, 2005. p. 76).

[53] Cf. PIPES, Richard. *Propriedade e Liberdade*. Rio de Janeiro: Record, 2001. p. 158.

[54] Para POLLARD, contudo, os comuns eram convocados não para decidir, mas para concordar com as decisões (MOTTA FILHO, Cândido. *O Conteúdo Político das Constituições*. Rio de Janeiro: [s.n.], 1951. p. 104).

[55] Cf. BITTAR, Orlando. *Obras Completas de Orlando Bittar – Estudos de Direito Constitucional e Direito do Trabalho*. v. 1. Rio de Janeiro: Renovar, 1996. p. 14.

Origem e Evolução do Devido Processo Legal Substantivo 43

Apesar de, segundo alguns autores[56], a partir do século XV ter-se aceito que um ato do Rei, para adquirir força de lei (*statute*), deveria ser aprovado pelos Lordes e pelos Comuns[57], parece ser exagerada a posição atribuída no final do século XVI por THOMAS SMITH ao Parlamento: "O mais alto e absoluto poder do Reino da Inglaterra está no Parlamento"[58] (tradução livre).

De fato, tal descrição não parece corresponder à realidade, ainda que se entenda por "Parlamento", como é o entendimento clássico (*v.g.*, em BLACKSTONE e DICEY), o

---

[56] Cf. PIPES, Richard. *Propriedade e Liberdade*. Rio de Janeiro: Record, 2001. p. 160.

[57] Atualmente ocorre o contrário, como já ressaltado, e a anuência do Rei (*royal assent*) é tácita (BITTAR, Orlando. *Obras Completas de Orlando Bittar – Estudos de Direito Constitucional e Direito do Trabalho*. v. 2. Rio de Janeiro: Renovar, 1996. p. 27), ou seja, uma mera formalidade. A. V. DICEY vai além e afirma que conforme a prática constitucional (as *conventions of the constitution*), o Rei é obrigado a conceder o *royal assent*, isto é, não tem poder de veto (como o Presidente dos Estados Unidos ou do Brasil) (*Introduction to the Study of the Law of the Constitution*. Indianapolis: Liberty Fund, 1982. p. cxlii). Na realidade, o processo legislativo, a partir do século XX, praticamente restringe-se à Câmara dos Comuns, pois a Câmara dos Lordes deixa de apreciar as leis e atos relacionados a finanças (direito financeiro e tributário) e pode quando muito retardar por algum tempo a aprovação dos atos legislativos pertinentes às demais matérias (LASKI, Harold J. *Parliamentary Government in England*. New York: The Viking Press, 1947. p. 91).

[58] "The most high and absolute power of the realme of Englande, is in the Parliament" (SMITH, Thomas. *De Republica Anglorum*. London: Henrie Midleton, 1583). Para MCILWAIN, contudo, o autor se refere ao Parlamento como Tribunal (cf., *infra*, nota 358), em comparação com os demais Tribunais, e não como órgão legislativo (*The High Court of Parliament and its Supremacy*. New Haven: Yale University Press, 1910. p. 129)

"Rei-em-Parlamento" (*King-in-Parliament*), "corpo híbrido"[59] consistente na reunião do Rei, dos Lordes e dos Comuns[60]. No início do século XVII, durante o reinado de JAIME I (1603-1625), quando foi julgado o caso *Bonham* (1610), e mesmo depois[61], permanecia inalterada a tradição constitucional inglesa, segundo a qual cabia apenas ao Rei convocar um Parlamento[62], bem como, a seu critério, colocá-lo em recesso, dissolvê-lo ou mantê-lo em funcionamento (por tempo indeterminado)[63]. Como, então, o

---

[59] Cf. LLOYD, Dennis. *A Idéia de Lei*. São Paulo: Martins Fontes, 1985. p. 147.

[60] Afirmar que o Parlamento é composto do Rei, dos Lordes e dos Comuns, contudo, não resolve o problema fundamental a respeito da fonte da sua autoridade ou, mais especificamente, da sua autoridade legislativa. Para alguns as leis eram elaboradas apenas pelo Rei, ainda que com o conselho e consentimento dos Lordes e Comuns reunidos em Parlamento (teoria realista); para outros, as leis eram elaboradas pelo Rei, Lordes e Comuns, conjuntamente, na qualidade de representantes de todo o reino (teoria parlamentarista) (GOLDSWORTHY, Jeffrey. *The Sovereignty of Parliament*. Oxford: Oxford University Press, 1999. p. 63). Tendo em vista que o Rei tinha a prerrogativa de suspender a execução das leis e dispensar súditos do seu cumprimento (mas não de suspender o *common law* e dispensar súditos do cumprimento de suas regras), não há como se aceitar a teoria parlamentarista, pois isto equivaleria a admitir que o Rei, sozinho, poderia desfazer o que havia sido criado pelo Parlamento, do qual era apenas uma das partes integrantes, contrariando, assim, a premissa original.

[61] CARLOS I governou doze anos sem convocar o Parlamento e CARLOS II convocou um Parlamento, composto de seus aliados (*tories* ou conservadores), que duraria de 1661 a 1679.

[62] Em 1660 e 1689, entretanto, é o Parlamento que convoca o Rei, porque não havia Rei (CARLOS II se encontrava exilado e JAIME II havia fugido).

[63] "Nenhum Parlamento poderia reunir-se sem ser convocado pelo soberano, nem permanecer em reunião após ser dissolvido" (CHURCHILL,

"poder supremo do reino" poderia pertencer ao Parlamento, se a sua existência dependia inteiramente da vontade do monarca?[64]
Não é outra a opinião de F. W. MAITLAND:

"Deve ter sido difícil conceber que o poder soberano se encontrava investido em uma assembléia parlamentar. Considere-se o quanto essa assembléia depende, para a sua constituição, para a sua própria existência, da vontade do Rei. Ela surge quando ele a convoca, ela desaparece quando ele assim determina. O Rei cria lordes temporais e nomeia bispos à sua vontade, constitui novos burgos para enviar representantes a um parlamento. Ao final, esse órgão não é apenas uma emanação do poder real? O Rei age bem ao consultar o Parlamento, mas será isto mais do que uma obrigação moral, uma regra de boa política?" (tradução livre)[65].

Não obstante, é inegável que a importância e autoridade do Parlamento cresceram significativamente sob os

---

Winston S. *História dos Povos de Língua Inglesa*. v. II. São Paulo: IBRASA, 1960. p. 129).

[64] Em outras palavras, onde está o "Rei-em-Parlamento", onde está o supremo poder do reino, durante o intervalo entre a dissolução de um Parlamento e a convocação de outro? (MCILWAIN, Charles Howard. *The High Court of Parliament and its Supremacy*. New Haven: Yale University Press, 1910. p. 381).

[65] "*It must have been a hard feat to conceive of sovereignty as vested in parliamentary assembly. Consider how very much that assembly depends for its constitution, for its very existence, on the king's will. It comes when he calls it, it disappears when he bids it go; he makes temporal lords as he pleases, he makes what bishops he pleases, he chartes new boroughs to send representatives. After all, is not this body but an emanation of the kingly power? The king does well to consult a parliament – but is this more than a moral obligation, a dictate of sound policy?*" (MAITLAND, F. W. *The Constitutional History of England*. Cambridge: Cambridge University Press, 1965. p. 298).

Tudors⁶⁶, nos reinados de HENRIQUE VIII⁶⁷ (1509-1547) e de ELIZABETH I⁶⁸ (1558-1603), situação com a qual se deparou JAIME I ao assumir o trono inglês.

E tal ocorreu, basicamente, por razões econômicas, que obrigaram os monarcas a convocar Parlamentos cada vez com mais freqüência:

> "A distribuição de riqueza entre a coroa e seus súditos desempenhava um papel decisivo, visto que o declínio do poder real acompanha a retração dos bens reais e dos rendimentos derivados destes⁶⁹. A riqueza da coroa inglesa minguava porque os seus gastos com as guerras, as extravagâncias da corte, a assistência aos pobres dos domínios reais⁷⁰ e a inflação excediam a sua renda. O decréscimo de sua renda privada forçou

---

⁶⁶ Cf. KEIR, David Lindsay. *The Constitutional History of Modern Britain*. 9. ed. New York: Norton Library, 1969. p. 99. Há que se ressaltar, no entanto, que o crescimento da importância do Parlamento sob os Tudors foi resultado, em grande parte, de uma estratégia para convertê-lo em instrumento do poder real (CORWIN, Edward S. *The "Higher Law" Background of American Constitutional Law*. 14. ed. Ithaca and London: Cornell University Press, 1995. p. 40). Assim, se cresceu o poder do Parlamento, também cresceu, e talvez ainda mais, o poder da Coroa (GOUGH, J. W. *Fundamental Law in English Constitutional History*. Littleton: Fred B. Rothman & Co., 1985. p. 68).

⁶⁷ Cf. PIPES, Richard. *Propriedade e Liberdade*. Rio de Janeiro: Record, 2001. p. 166.

⁶⁸ Cf. CHURCHILL, Winston S. *História dos Povos de Língua Inglesa*. v. II. São Paulo: IBRASA, 1960. p. 119.

⁶⁹ Entre 1558 e 1603 os rendimentos da Coroa representavam 28,83% da renda nacional, percentual que caiu para 12,24% entre 1625-1640 e para 6,97% entre 1686-1688. Cf. PIPES, Richard. *Propriedade e Liberdade*. Rio de Janeiro: Record, 2001. p. 180.

⁷⁰ Além de seus gastos pessoais, o Rei deveria suportar todas as despesas do Estado que, atualmente, são custeadas por impostos, idéia sintetizada na máxima *"the king should live of his own"* (STUBBS, William. *The Constitutional History of England*. v. I. 4. ed. Oxford: Clarendon Press, 1883. p. 543).

a coroa a contar cada vez mais com rendimentos provenientes de alfândega e de taxações.

Este empobrecimento teve importantes conseqüências políticas, pois as taxas alfandegárias[71] e a maioria dos impostos requeriam sanção parlamentar. 'A Coroa tornou-se cada vez mais pobre e, quando compelida a recorrer ao Parlamento, tinha de se render aos direitos constitucionais em troca de fundos'. 'A soleira na qual os reis repetidamente tropeçavam era o dinheiro. Eles exigiam altas somas do povo, o povo exigia deles liberdade e reformas. Este é o fio condutor, se existe algum que corre pela história parlamentar inglesa'"[72].

Durante o reinado de HENRIQUE VIII (e início do reinado de ELIZABETH I), muito embora a Coroa tenha se apoderado, entre 1536 e 1552, de "vastas propriedades dos mosteiros e conventos, cujo montante, num cálculo geral (sem dados estatísticos precisos), atingia pelo menos um quarto da superfície do país"[73], a distribuição de terras entre a nobreza[74] e a sua alienação (venda ou cessão) para custear guerras, como a travada com a França (1543-1551), exauriam os recursos do tesouro.

Por volta de 1562, "ao menor aceno de guerra a Coroa era obrigada a pedir, de chapéu na mão, fundos ao Parlamento"[75], situação que se agravou nos reinados seguintes.

---

[71] Com exceção do imposto de importação sobre o vinho (*tonnage*) e o imposto de exportação sobre a lã (*poundage*), cuja cobrança fora autorizada em caráter perpétuo a Ricardo II (1397) e seus sucessores.

[72] Cf. PIPES, Richard. *Propriedade e Liberdade*. Rio de Janeiro: Record, 2001. pp. 152-153.

[73] Cf. STONE, Lawrence. *Causas da Revolução Inglesa 1529-1642*. Bauru: EDUSC, 2000. p. 119.

[74] Cf. HILL, Christopher. *Origens Intelectuais da Revolução Inglesa*. São Paulo: Martins Fontes, 1992. p. 264.

[75] Cf. STONE, Lawrence. *Causas da Revolução Inglesa 1529-1642*. Bauru: EDUSC, 2000. p. 120.

Por exemplo, à época de Jaime I a situação financeira da Coroa deteriorou-se consideravelmente, pois ele "parecia gastar tanto em tempo de paz quanto Isabel [Elizabeth] o fizera em tempos de guerra"[76].

Para conseguir recursos, JAIME I, além de vender terras e títulos de nobreza[77], chegou inclusive a propor a abolição da *Court of Wards and Liveries* (Corte de Tutelas) em troca de uma renda anual de 200.000 libras concedida pelo Parlamento[78].

Com o passar do tempo, o "preço" exigido pelo Parlamento tornou-se cada vez maior. A elite pretendia influir em assuntos como relações exteriores, guerra e paz, religião e economia, participando mais ativamente do Governo[79].

Como exemplo da sua crescente importância, pode-se citar, por exemplo, que de um modo geral foi o Parlamento, e não a Coroa, o responsável pela aprovação de leis que exigiam o pagamento de tributo para que pudesse ser professada a fé católica (as chamadas leis anti-católicas)[80].

O Parlamento, porém, não possuía apenas função legiferante (aliás, até a época dos Tudor essa sequer era sua

---

[76] Cf. HILL, Christopher. *O Eleito de Deus: Oliver Cromwell e a Revolução Inglesa*. São Paulo: Companhia das Letras, 1988. p. 25.

[77] Cf. KENYON, J. P. *Stuart England*. 2. ed. London: Penguin Books, 1990. p. 52; PIPES, Richard. *Propriedade e Liberdade*. Rio de Janeiro: Record, 2001. p. 168.

[78] Cf. HILL, Christopher. *O Eleito de Deus: Oliver Cromwell e a Revolução Inglesa*. São Paulo: Companhia das Letras, 1988. p. 26.

[79] Cf. JUDSON, Margaret A. *The Crisis of the Constitution: An Essay in Constitutional and Political Thought in England, 1603-1645*. New Brunswick: Rutgers University Press, 1988. p. 220.

[80] Cf. FRASER, Antonia. *A Conspiração da Pólvora – Terror e Fé na Revolução Inglesa*. Rio de Janeiro: Record, 2000. p. 141; KENYON, J. P. *Stuart England*. 2. ed. London: Penguin Books, 1990. p. 41

função predominante[81]). Antes da aprovação do *Constitutional Reform Act* em 2005, que criou a *Supreme Court of Justice*, a Câmara dos Lordes detinha competência para julgar, em última instância[82], recursos[83] em causas civis e criminais. Além disso, cabia à Câmara dos Lordes o julgamento do *impeachment* dos altos funcionários (*high officers*) do reino[84], após a sua acusação pela Câmara dos Comuns[85].

Finalmente, também não se pode falar na existência, à época, de um Poder Judiciário.

Até a metade do século XVII, "quando o termo poder judiciário era empregado, era como sinônimo de poder executivo e não para indicar uma terceira função estatal" (tradução livre)[86]. E as razões para isso são evidentes.

---

[81] Cf. MCILWAIN, Charles Howard. *The High Court of Parliament and its Supremacy*. New Haven: Yale University Press, 1910. p. 109. O Parlamento era um Tribunal (o *High Court of Parliament*), como o eram os Tribunais do *common law*. Embora não fosse possível demarcar com precisão a competência de cada um (p. 120), o Parlamento, não obstante, podia reformar decisões do *King's Bench*, razão pela qual era o mais elevado Tribunal do reino ("*the highest common law court of the land*"). Ainda segundo MCILWAIN, as atribuições judiciais do Parlamento foram transferidas para outros Tribunais, a partir dos Tudor, devido à sua curta duração e ao longo e variável intervalo de convocação (p. 132).

[82] É um "tribunal final de apelação", segundo *Sir* Ivor Jennings (*A Constituição Britânica*. Brasília: Editora Universidade de Brasília, 1981. p. 71).

[83] O recurso de apelação à Câmara dos Lordes equivalia à cassação francesa e aos recursos especial e extraordinário brasileiros (DAVID, René. *O Direito Inglês*. São Paulo: Martins Fontes, 2000. p. 64).

[84] Cf. VILE, M. J. C. *Constitutionalism and the Separation of Powers*. 2. ed. Indianapolis: Liberty Fund, 1998. p. 60.

[85] Cf. TITE, Colin G. C. *Impeachment and Parliamentary Judicature in Early Stuart England*. London: The Athlone Press, 1974.

[86] "When the term judicial power was used, it was as a synonym for executive power rather than as a third function of government"

Os juízes eram funcionários da Coroa, nomeados pelo Rei[87], cuja permanência no cargo dependia unicamente da boa vontade do monarca (*durante beneplacito*) e não do bom desempenho de suas funções (*quamdiu se bene gesserint*) de modo que, em caso de conflito entre poderes, estavam praticamente "obrigados" a decidir em favor da Coroa[88].

Na época de JAIME I, inclusive, tornou-se comum o Rei indagar aos juízes, em casos de interesse da Coroa, qual a sua opinião a respeito do litígio, conduta que, evidentemente, tinha o propósito de intimidar os julgadores[89], prática contra a qual insurgiu-se COKE[90], o que resultou em sua exoneração[91] do cargo de Presidente do *King's Bench*:

(WORMUTH, Francis D. *The Origins of Modern Constitutionalism*. New York: Harper & Brothers, 1949. p. 61). BLACKSTONE, por exemplo, considerava Poderes do Estado (*branches of government*) apenas o Executivo e o Legislativo (JENKINS, David. "From Unwritten to Written: Transformation in the British Common-Law Constitution". *Vanderbuilt Journal of Transnational Law*, volume 36, number 3, May 2003, p. 882).

[87] A nomeação de juízes integrava a prerrogativa real.

[88] Cf. CHURCHILL, Winston S. *História dos Povos de Língua Inglesa*. v. II. São Paulo: IBRASA, 1960. p. 130.

[89] "Na corte, vendiam-se cargos e honrarias abertamente, e juízes eram demitidos por se recusarem a dar os vereditos desejados pelo governo" (HILL, Christopher. *Origens Intelectuais da Revolução Inglesa*. São Paulo: Martins Fontes, 1992. p. 21).

[90] COKE, muito à frente de seu tempo, defendia a independência dos juízes (KENYON, J. P. *Stuart England*. 2. ed. London: Penguin Books, 1990. p. 91).

[91] De acordo com CHRISTOPHER HILL, todavia, outro foi o motivo do afastamento de COKE: "O motivo real da destituição de Coke em 1616 foi sua recusa em permitir que Buckingham embolsasse a renda do cargo de escrivão-mor dos processos no *King's Bench*, cargo que estava sendo desocupado justamente para esse fim. Coke disse que o dinheiro deveria ser aproveitado para elevar o baixo salário dos juízes" (*Origens Intelectuais da Revolução Inglesa*. São Paulo: Martins Fontes, 1992. p. 328).

"Com todos os doze juízes de joelhos perante o todo-poderoso monarca, Jaime exigiu que cada um deles jurasse jamais contrariar a sua vontade em caso semelhante. Cada um deles prestou tal juramento, até que chegou a vez de Coke, o qual, segundo o registro oficial, disse apenas que 'quando a ocasião se apresentasse, ele faria o que um juiz deveria fazer'"[92].

A vitaliciedade e, conseqüentemente, a independência dos juízes[93] seria introduzida apenas com o *Act of Settlement* (Lei de Sucessão) de 1701[94].

---

[92] "With all twelve judges on their knees before the all-powerful monarch, James demanded that each of them swear in turn never again in such a case to flout his will. Each so swore, until it came finally to the turn of Chief Justice Coke, who (according to the official report) said only that 'when that case should be, he would do that should be fit for a judge to do'" (BERMAN, Harold J. "The origins of historical jurisprudence: Coke, Selden, Hale (Sir Edward Coke, John Selden, Sir Matthew Hale). *Yale Law Journal*, volume 103, issue 7, May 1, 1994, p. 1666).

[93] A independência do Poder Judiciário, aliás, é o único aspecto em que se pode falar na doutrina da separação dos poderes na Inglaterra. Cf. DENNING, Alfred. *The Changing Law*. London: Stevens & Sons Limited, 1953. p. 4. Todavia, há quem duvide de tal independência. MARTIN SHAPIRO (*Courts: A Comparative and Political Analysis*. Chicago: The University of Chicago Press, 1981. p. 69), por exemplo, afirma que a idéia de independência do judiciário inglês é incompatível com a teoria da supremacia do Parlamento, dominante no direito constitucional inglês a partir do século XVIII (conforme se verá no Capítulo 7). A crítica, *data venia*, parece-nos improcedente. A supremacia do Parlamento é incompatível com a atribuição do *status* de Poder ao Judiciário, não com a independência funcional dos juízes, que é obtida através das garantias já nomeadas, reconheça-se ou não ao Judiciário igual importância e dignidade à do Legislativo. Cf. STEVENS, Robert. "The Independence of the Judiciary: The Case of England". *Southern California Law Review*, volume 72, 1999, pp. 597-624.

[94] Cf. WORMUTH, Francis D. *The Origins of Modern Constitutionalism*. New York: Harper & Brothers, 1949. p. 194.

4
PENSAMENTO POLÍTICO NO SÉCULO XVII[95]

Sob a dinastia Tudor[96] (especialmente HENRIQUE VIII e ELIZABETH I), o absolutismo do monarca era, segundo muitos, mais uma aspiração do que uma realidade, pois encontrava limitações em instituições e tradições políticas medievais, como o Parlamento e o *common law*[97]. Além disso, segundo LAWRENCE STONE nem o Rei nem seus

---

[95] "Cada vez que se analisa o Estado como ordem jurídica, transparece a filiação dessa ordem jurídica a um pensamento dominante, não podendo ser considerada tal ordem senão dentro dessa idéia" (MOTTA FILHO, Cândido. *O Conteúdo Político das Constituições*. Rio de Janeiro, [s.n.], 1951. p. 10). Para um exame mais aprofundado do pensamento político inglês no século XVII recomenda-se a leitura na íntegra das seguintes obras: BURGESS, Glenn. *The Politics of the Ancient Constitution: An Introduction to English Political Thought, 1603-1642*. University Park, Pennsylvania: The Pennsylvania State University Press, 1993 e JUDSON, Margaret A. *The Crisis of the Constitution: An Essay in Constitutional and Political Thought in England, 1603-1645*. New Brunswick: Rutgers University Press, 1988.

[96] HENRIQUE VII (1485-1509), HENRIQUE VIII (1509-1547), EDUARDO VI (1547-1553), MARIA I (1553-1558) e ELIZABETH I (1555-1603).

[97] Cf. STONE, Lawrence. *Causas da Revolução Inglesa 1529-1642*. Bauru: EDUSC, 2000. p. 116-117. Por exemplo, embora Elizabeth tenha escrito cartas aos juízes dizendo-lhes o que queria que fizessem e perguntando porque não o haviam feito, não insistia mais quando os juízes sustentavam a lei e se recusavam a ceder (POUND, Roscoe. *Liberdade e Garantias Constitucionais*. 2. ed. São Paulo: Ibrasa, 1976. p. 27).

ministros dedicaram-se exclusivamente à tarefa de consolidar o poder real[98].

Com a morte de ELIZABETH I e a ascensão ao trono da dinastia Stuart[99], porém, teria início uma defesa explícita do absolutismo real. JAIME I acreditava no direito divino dos reis e escreveu um tratado (*True Law of Free Monarchies*, de 1598) defendendo-o. Para JAIME I "os reis estavam 'acima da lei', porque eles faziam as leis e eram responsáveis por suas ações apenas perante Deus"[100].

A elevação da retórica absolutista, no entanto, além de não coadunar com a realidade e ser francamente impopular[101], não veio em boa hora[102], eis que no início do século XVII aparecia, pela primeira vez, uma "oposição formal,

---

[98] Idem, ibidem.
[99] ELIZABETH I faleceu em 1603 sem deixar herdeiros, razão pela qual o trono da Inglaterra passou a JAIME VI da Escócia (depois JAIME I da Inglaterra), filho de Maria Rainha dos Escoceses, sobrinha-neta de HENRIQUE VIII. Teve início, assim, a dinastia dos Stuart, que além de JAIME I (1603-1625), teve CARLOS I (1625-1649), CARLOS II (1660-1685) e JAIME II (1685-1688).
[100] Cf. PIPES, Richard. *Propriedade e Liberdade*. Rio de Janeiro: Record, 2001. p. 168.
[101] Cf. CHURCHILL, Winston S. *História dos Povos de Língua Inglesa*. v. II. São Paulo: IBRASA, 1960. p. 129.
[102] Ainda que a filosofia de Jaime I não fosse diferente, em substância, da professada por Elizabeth e a Câmara dos Comuns possa simplesmente ter utilizado a imprudência e a falta de tato de Jaime I como pretexto para atacá-lo, como afirma LAWRENCE STONE (*Causas da Revolução Inglesa 1529-1642*. Bauru: EDUSC, 2000. p. 172). Como pondera MCILWAIN, apesar de não ter sido por eles criado (os últimos Parlamentos de Elizabeth I já haviam se mostrado refratários e críticos quanto a determinados assuntos), o conflito entre a Coroa e o Parlamento foi agravado pelos Stuart (*Constitutionalism Ancient and Modern*. Ithaca: Cornell University Press, 1958. p. 130).

constituída por homens que chegaram ao Parlamento com a firme determinação de desafiar a Coroa sobre uma vasta gama de questões"[103], ao contrário do que ocorrera durante o reinado de ELIZABETH, em que as disputas restringiam-se a questões pontuais.

Diante do discurso absolutista de Jaime I, que pressionado pela crise fiscal (= falta de dinheiro) procurava cobrar tributos sem a anuência do Parlamento, passou-se a indagar se o Rei estava ou não sujeito à lei e a quem competia interpretá-la, questões para as quais, segundo CHURCHILL, procurou-se resposta durante quase todo o século XVII, "sob o ponto-de-vista histórico, legal, teórico e prático"[104].

Para LASKI, igualmente, a limitação do poder monárquico foi o tema principal do pensamento político inglês do século XVII[105].

A resposta a tais indagações, contudo, deveria ser original, eis que as idéias políticas e filosóficas com base nas quais se procurou, até o século XVI, limitar o poder real, haviam-se tornado obsoletas.

Deveras, se durante a Idade Média prevaleceu o entendimento de que o direito positivo, proclamado pelo monarca, deveria se conformar com o direito natural[106], de origem

---

[103] Cf. STONE, Lawrence. *Causas da Revolução Inglesa 1529-1642*. Bauru: EDUSC, 2000. p. 168.
[104] Cf. CHURCHILL, Winston S. *História dos Povos de Língua Inglesa*. v. II. São Paulo: IBRASA, 1960. p. 124.
[105] Cf. MOTTA FILHO, Cândido. *O Conteúdo Político das Constituições*. Rio de Janeiro, [s.n.], 1951. p. 31. No mesmo sentido: BURGESS, Glenn. *The Politics of the Ancient Constitution: An Introduction to English Political Thought, 1603-1642*. University Park, Pennsylvania: The Pennsylvania State University Press, 1993. p. 139.
[106] Cf. WORMUTH, Francis D. *The Origins of Modern Constitutionalism*. New York: Harper & Brothers, 1949. p. 34.

divina[107], de modo que o poder real encontrava uma limitação, tanto teórica quanto prática, no poder da Igreja Católica, tal argumento caiu por terra com a Reforma Protestante de HENRIQUE VIII, que rompeu os laços da igreja inglesa com Roma e transformou o monarca na suprema autoridade temporal e espiritual do reino[108].

Não podendo mais recorrer aos céus, voltaram-se os opositores do absolutismo para a História e o Direito, os quais, no caso da Inglaterra, sempre estiveram ligados[109], em busca de argumentos que pudessem ser utilizados para limitar o poder real.

É nesse contexto que surge a teoria da "constituição antiga" (*ancient constitution*) ou "constituição gótica" (*gothic constitution*) e se destaca a atuação de Sir EDWARD COKE.

"De acordo com essa teoria, instituições representativas, seja a nível local, como o júri, ou a nível nacional, como o Parlamento, eram parte da herança teutônica da Bretanha, trazida às ilhas pelos Saxões e não corrompida pelas tendências escravizantes do Mediterrâneo (algumas vezes

---

[107] Cf. JENKINS, David. "From Unwritten to Written: Transformation in the British Common-Law Constitution". *Vanderbuilt Journal of Transnational Law*, volume 36, number 3, May 2003, p. 875.

[108] Cf. COXE, Brinton. *An Essay on Judicial Power and Unconstitutional Legislation*. New York, Da Capo Press, 1970. p. 160. BERNARD SCHWARTZ vai além, e afirma que a legislação que implementou a Reforma seria uma demonstração da doutrina da supremacia do Parlamento (*The Roots of Freedom: A Constitutional History of England*. New York: Hill and Wang, 1967. p. 97) interpretação com a qual, como se verá mais adiante, não podemos concordar. É inegável, não obstante, o caráter revolucionário da Reforma, eis que sujeitou a Igreja ao Rei, "o que um século antes ter-se-ia considerado contrário ao primeiro capítulo da Magna Carta" (POUND, Roscoe. *Liberdade e Garantias Constitucionais*. 2. ed. São Paulo: Ibrasa, 1976. p. 25).

[109] É o caráter histórico do *common law*, a respeito do qual se discorrerá mais adiante.

ela era conhecida como 'a constituição gótica'). Até onde se poderia investigar o nebuloso passado saxão, os direitos do povo inglês eram conhecidos, reconhecidos e respeitados, reis haviam sido eleitos (até mesmo Guilherme o Conquistador) e a vontade do povo era manifestada através de assembléias; na Witan anglo-saxã, em lendárias reuniões populares convocadas pelos reis normandos (por exemplo, por Henrique I em Salisbury em 1116) e finalmente no Parlamento. Os direitos dos súditos livres diante da lei e do Rei foram confirmadas pelos normandos, estendidas pelos angevinos e reafirmadas de forma resplandecente na Magna Carta. A Magna Carta, de fato, tornou-se objeto de culto nos séculos dezesseis e dezessete" (tradução livre)[110].

Em outras palavras, recorrendo-se a argumentos históricos, procurava-se demonstrar "que o *common law*, e a constituição em sua configuração atual, têm sido essencialmente os mesmos desde a época anterior à conquista normanda" (tradução livre)[111].

---

[110] "*According to this theory, representative institutions, whether on a local level, as with the jury, or a national level, as with Parliament, were part of the Teutonic inheritance of Britain, conveyed to these islands by the Saxons, and uncorrupted by the slavish tendencies of the Mediterranean (it was sometimes known as 'The Gothic Constitution'). As far back into the misty Saxon past as men could delve, the rights of the English people had been known, ascertained and respected, kings had been elected (even William the Conqueror), and the people's will had been expressed in popular assemblies; in the Anglo-Saxon Witan, in fabled mass gatherings called by the Norman kings (for instance, by Henry I at Salisbury in 1116), and finally in Parliament. The rights of free-born subjects before the law and the King had been confirmed by the Normans, extended by the Angevins, and reaffirmed most resplendently in Magna Carta. Magna Carta, in fact, became something of a cult in the sixteenth and seventeenth centuries*" (KENYON, J. P. *Stuart England*. 2. ed. London: Penguin Books, 1990. pp. 37-38).

[111] "*... the common law, and the constitution as it now stood, had been essentially the same since pre-Conquest times...*" (REID, John Phillip. *The*

"Sob este enfoque o direito inglês era um corpo de normas em constante e ininterrupta evolução, que se encontrava permanentemente em harmonia com o seu contexto" (tradução livre)[112].

Segundo JOHN SELDEN[113], o direito[114] da época não era idêntico ao do passado, mas ainda assim poderia ser considerado o mesmo, como um barco, que por força de consertos freqüentes já não possui nenhuma de suas primeiras peças ou como uma casa, na qual, após muitos reparos, nada sobrevive dos materiais originais (*ut nihil ex pristina materia supersit*), os quais, não obstante, são reputados os mesmos[115].

A idéia da "constituição antiga", apesar de frágil do ponto de vista histórico (segundo JOHN PHILLIP REID[116], historiadores a ela se referem como "incorreta", "pseudo-histórica" e "mitológica"), era utilizada como padrão (*standard*) para confrontar as ações do governo[117], como se fosse um precedente judicial.

Ancient Constitution and the Origins of Anglo-American Liberty. Dekalb: Northern Illinois University Press, 2005. p. 13).

[112] "In this view English law was a body of rules in constant unbroken evolution, and at any given time was in perfect accord with its context" (BURGESS, Glenn. *The Politics of the Ancient Constitution: An Introduction to English Political Thought, 1603-1642*. University Park, Pennsylvania: The Pennsylvania State University Press, 1993. pp. 6-7).

[113] Político e jurista inglês (1584-1654).

[114] O comentário de BURGESS a respeito do texto de Selden usa a palavra *customs* (= costumes), que preferimos substituir por "direito" (= *common law*) para melhor compreensão do pensamento do autor.

[115] Cf. BURGESS, Glenn. *The Politics of the Ancient Constitution: An Introduction to English Political Thought, 1603-1642*. University Park, Pennsylvania: The Pennsylvania State University Press, 1993. p. 7.

[116] Cf. *The Ancient Constitution and the Origins of Anglo-American Liberty*. Dekalb: Northern Illinois University Press, 2005. p. 6.

[117] Idem, ibidem.

COKE, por sua vez, foi um dos responsáveis pela criação de uma "mentalidade legalista" (da qual a crença em uma "constituição antiga" era um dos símbolos) ou "constitucionalismo aristocrático"[118], que se tornaria, no futuro, uma das bases intelectuais da Revolução Inglesa:

> "A segunda base intelectual da Revolução foi o direito consuetudinário. É notável a quantidade de debates no Parlamento, no começo do século XVII, travados em termos legais ou com referências a precedentes legais. As grandes questões constitucionais do dia eram decididas em *test case* sucessivos – o caso de Bates, o caso dos Cinco Cavaleiros, o caso do Ship Money – e foi depois de ter perdido em todos eles que a oposição recorreu à legislação radical para mudar as regras fundamentais do direito. Este legalismo intensivo foi tão penetrante quanto o puritanismo em seus efeitos sobre a mentalidade do começo do século XVII"[119].

Não é por outra razão que afirmou Jaime I que "desde sua acessão à Coroa os juristas de condição popular têm sido os que em todos os Parlamentos têm pisado da maneira mais despudorada na sua Prerrogativa"[120].

"Sem o apoio dos advogados, o Parlamento seria visto apenas como um grupo de revolucionários procurando derrubar a ordem estabelecida" (tradução livre)[121].

---

[118] A expressão é de LAWRENCE STONE (*Causas da Revolução Inglesa 1529-1642*. Bauru: EDUSC, 2000. p. 218).

[119] Cf. STONE, Lawrence. *Causas da Revolução Inglesa 1529-1642*. Bauru: EDUSC, 2000. p. 186.

[120] Cf. STONE, Lawrence. *Causas da Revolução Inglesa 1529-1642*. Bauru: EDUSC, 2000. p. 187.

[121] "*Without the support of the lawyers, the Parliament would have appeared only as revolutionaries seeking to tear down the established order*" (SCHWARTZ, Bernard. *The Roots of Freedom: A Constitutional History of England*. New York: Hill and Wang, 1967. p. 124). De fato, relata

Realmente, COKE teve, sem sombra de dúvida, um papel de destaque na luta contra o abuso das prerrogativas da Coroa, tanto pelos cargos que ocupou, quanto pela defesa da existência de limites jurídicos ao poder real em suas obras, as quais, por isso mesmo, foram durante muito tempo censuradas e publicadas apenas após a sua morte, por ordem do Longo Parlamento.

Por exemplo, afirmou COKE que "o rei não tem nenhuma prerrogativa a não ser aquela que as leis do país lhe asseguram"[122] e que "a *common law* demarcou de tal forma os limites da prerrogativa do rei que ele não pode tomar ou prejudicar a herança de ninguém"[123], declarações a respeito das quais teve de se explicar perante o Conselho Privado, em 1616, e que desmentem que o jurista fosse favorável à tese do absolutismo real defendida por JAIME I[124].

MARTIN SHAPIRO que, por ocasião da Revolução Inglesa, embora todos os tipos de indivíduos pudessem ser encontrados tanto entre realistas quanto entre parlamentaristas, a maior parte dos advogados aliou-se ao Parlamento (*Courts: A Comparative and Political Analysis*. Chicago: The University of Chicago Press, 1981. p. 99). É correto, assim, falar em uma "aliança orgânica" entre os advogados e o Parlamento (STRECK, Lenio Luiz. *Jurisdição Constitucional e Hermenêutica*. 2. ed. Rio de Janeiro: Forense, 2004. p. 303).

[122] "The King hath no Prerogative, but that which the Law of the Land allows him" (SHEPPARD, Steve (ed.). *The Selected Writings of Sir Edward Coke*. v. I. Indianapolis: Liberty Fund, 2003. p. 489). Salvo melhor juízo, nesta passagem COKE refere-se apenas à prerrogativa ordinária ou legal (cf., *supra*, nota 47).

[123] Idem, ibidem. Porque o Rei "não pode alterar nenhuma parte do *common law*, ou das leis escritas, ou dos costumes do reino" ("*cannot change any part of the common law, or statute law, or the customs of the realm*") (apud MCILWAIN, Charles Howard. *Constitutionalism Ancient and Modern*. Ithaca: Cornell University Press, 1958. p. 87).

[124] Cf. BERMAN, Harold J. "The origins of historical jurisprudence: Coke, Selden, Hale (Sir Edward Coke, John Selden, Sir Matthew

---

Hale)". *Yale Law Journal*, volume 103, issue 7, May 1, 1994, p. 1664. A afirmação, atribuída à COKE, de que o monarca é o supremo legislador (*supreme lawgiver*), conflita, a nosso ver, com as idéias do jurista a respeito da natureza do *common law*, que adiante serão objeto de análise mais aprofundada.

5
A CONSTITUIÇÃO INGLESA

O que é uma constituição? A Inglaterra, no início do século XVII, possuía uma constituição? Para compreender a importância do caso *Bonham*, há que se responder previamente a tais indagações.

Entendida como forma de organização do poder político[125], pode-se dizer que todo e qualquer Estado, desde a antiguidade (*v.g.*, as cidades-estado gregas, Roma, etc.), possui uma constituição[126]. Nesse sentido, a ausência de uma constituição corresponderia à anarquia[127].

---

[125] É o conceito sociológico de constituição, segundo PINTO FERREIRA: "O *conceito sociológico* da constituição, ou a *constituição no sentido material*, significa a própria organização do Estado, as instituições políticas e jurídicas, ainda não corporificadas em uma carta. Nesse sentido todos os Estados têm uma constituição, simbolizada nas tradições, usos e costumes políticos, que regulam a transmissão do poder, a criação e funcionamento dos seus órgãos" (*Da Constituição*. 2. ed. Rio de Janeiro: José Konfino, 1956. p. 24). No mesmo sentido, alude JORGE MIRANDA a "Constituição em sentido institucional", enquanto institucionalização jurídica do poder (*Teoria do Estado e da Constituição*. Rio de Janeiro: Forense, 2002. pp. 323-324).

[126] Cf. BELZ, Herman. *Living Constitution or Fundamental Law? – American Constitutionalism in Historical Perspective*. Lanham: Roman & Littlefield Publishers, Inc., 1998; COOLEY, Thomas. *Princípios Gerais de Direito Constitucional dos Estados Unidos da América do Norte*. 2. ed. São Paulo: RT, 1982. p. 57.

[127] Cf. FRANCO, Afonso Arinos de Melo. *Curso de Direito Constitucional Brasileiro*. v. 1. Rio de Janeiro: Forense, 1958. p. 59.

Não é em tal sentido, pois, que utilizamos o termo. O vocábulo "constituição", inclusive por razões históricas, encontra-se intrinsecamente vinculado à idéia de governo constitucional, de Estado de Direito, devendo ser reservado, destarte, apenas e tão-somente para o corpo ou conjunto de regras que, além de organizarem politicamente o Estado[128], "impõe eficazes restricções a tal exercício [dos poderes soberanos], com o fim de proteger os direitos e os privilégios pessoaes, abrigando-os contra qualquer arbitrariedade de poder"[129].

---

[128] "A Constituição é algo *antecedente* a um governo e o governo é tão-só a criatura de uma Constituição. A Constituição de um país não é a deliberação legislativa de seu governo, mas do povo que constitui seu governo" (PAINE, Thomas. *Direitos do Homem*. Bauru: Edipro, 2005. p. 57). "A Constituição não é feita pelo Estado. Ao contrário, o Estado é fruto da Constituição. O Estado, em conseqüência, é pessoa jurídica, criada e regida pelo Direito Constitucional, que o precede. Por isso, todo seu funcionamento haverá de atender ás disposições constitucionais" (SUNDFELD, Carlos Ari. *Fundamentos de Direito Público*. 4. ed. 7. tir. São Paulo: Malheiros, 2006. p. 41). "O Estado **não tem** uma Constituição, mas a Constituição é que **tem**, ou admite, o Estado" (GORDILLO, Agustín. *Princípios Gerais de Direito Público*. São Paulo: RT, 1977. p. 98).

[129] Cf. COOLEY, Thomas. *Princípios Gerais de Direito Constitucional dos Estados Unidos da América do Norte*. 2. ed. São Paulo: RT, 1982. p. 57. A respeito da necessidade da limitação do poder, pede-se licença para transcrever a seguinte observação de HAYEK: "A limitação efetiva do poder é o problema mais importante da ordem social. O governo é indispensável à formação dessa ordem somente para dar a todos proteção contra a coerção e a violência praticadas pelos demais. Mas tão logo reivindica e obtém, para conseguir esse propósito, o monopólio da coerção e da violência, converte-se também na principal ameaça à liberdade individual" (*Direito, Legislação e Liberdade*. v. III. São Paulo: Visão, 1985. p. 133). Como observou JOSÉ GUILHERME MERQUIOR o poder tem uma "inerente propensão à violência" (*A Natureza do Processo*. São Paulo: Nova Fronteira, 1982. p. 119).

Origem e Evolução do Devido Processo Legal Substantivo 65

Em termos semelhantes, assim se manifestou NELSON SANDANHA[130]:

"A idéia essencial do constitucionalismo moderno se acha na submissão da ação estatal a uma norma positiva que deve vincular a existência mesma dos poderes e garantir a subsistência de previsões e certezas para o convívio com o poder".

E também CÂNDIDO MOTTA FILHO[131]:

"Quem percorre a história do constitucionalismo verifica que efetivamente a constituição surge como uma solução jurídica destinada a limitar o poder pelo direito".

Como ponderou HERMAN BELZ, "na tradição política ocidental o governo constitucional é definido pela existência de formas e procedimentos que limitem o exercício do poder" (tradução livre)[132].

O conceito de constituição como nós o entendemos, pois, é relativamente recente, inexistindo algo semelhante na Inglaterra dos Tudor e Stuart (ou anteriormente).

Com efeito, segundo relata o mesmo HERMAN BELZ[133], a palavra "constituição", na Inglaterra, somente passou a

---

[130] Cf. *O Estado Moderno e o Constitucionalismo*. São Paulo: Bushatsky, 1976. p. 83.
[131] Cf. MOTTA FILHO, Cândido. *O Conteúdo Político das Constituições*. Rio de Janeiro, [s.n.], 1951. p. 59.
[132] "*In the Western political tradition constitutional government is defined by forms and procedures that limit the exercise of power*" (*Living Constitution or Fundamental Law? – American Constitutionalism in Historical Perspective*. Lanham: Rowman & Littlefield Publishers, Inc., 1998. p. 16).
[133] Cf. *Living Constitution or Fundamental Law? – American Constitutionalism in Historical Perspective*. Lanham: Rowman & Littlefield Publishers, Inc., 1998. p. 2.

ser utilizada a partir do século XVII[134] e descrevia a estrutura e composição do corpo político, possuindo apenas implicitamente uma conotação normativa[135].

Ora, uma constituição é essencialmente, e não implicitamente, normativa, pois é a fonte de validade[136] do ordenamento jurídico, como demonstraram EDUARDO GARCÍA DE ENTERRÍA e TOMÁS-RAMÓN FERNÁNDEZ, a propósito da Constituição Espanhola de 1978:

"Deste modo torna-se perfeitamente claro que a Constituição passou a ser uma norma jurídica.

---

[134] No mesmo sentido: MCILWAIN, Charles Howard. *Constitutionalism Ancient and Modern*. Ithaca: Cornell University Press, 1958. p. 24; WORMUTH, Francis D. *The Royal Prerogative*. Ithaca: Cornell University Press, 1939. p. 47

[135] Segundo o autor a concepção normativa da palavra "constituição" apareceria, no século seguinte, nas colônias norte-americanas: "Colonial usage gave the word a normative connotation, proscribing or limiting the exercise of government power for certain purposes, and prescribing forms and procedures for the exercise of government power" (*Living Constitution or Fundamental Law? – American Constitutionalism in Historical Perspective*. Lanham: Roman & Littlefield Publishers, Inc., 1998. p. 2). Tradução livre: "Os usos coloniais atribuíram à palavra uma conotação normativa, proibindo ou limitando o exercício do poder estatal para certos propósitos e determinando formas e procedimentos para o seu exercício".

[136] A supremacia da Constituição, como lembra AGUSTÍN GORDILLO é jurídica, e não moral ou ética (*Princípios Gerais de Direito Público*. São Paulo: RT, 1977. p. 94) e significa que a sua validade não depende da sua conformidade com um direito supralegal (pré-estatal ou supra-estatal), ao contrário do que defendeu OTTO BACHOF (*Normas Constitucionais Inconstitucionais?* Coimbra: Almedina, 1994). Isto não impede, porém, que uma constituição escrita incorpore, em seu texto, princípios de direito suprapositivo, os quais, em tal hipótese, passam a gozar da mesma estatura (não superior) dos demais dispositivos constitucionais.

E não uma norma qualquer, mas, precisamente, a norma suprema, que pode exigir que lhe prestem contas todas as demais, a que condiciona a validade de todas elas.
(...)
A Constituição se afirma, pois, a si mesma, como uma efetiva norma jurídica e em tal sentido a disposição derrogatória terceira declara derrogadas por ela <<quantas disposições se oponham ao estabelecido nesta Constituição>>. Tanto as normas passadas como as futuras devem conformar-se, pois, à Constituição para manter ou adquirir validade" (tradução livre)[137].

"A Constituição opera força normativa, vinculando, sempre, positiva ou negativamente, os Poderes Públicos"[138].

A limitação jurídica do poder pelo direito e o caráter normativo da constituição são as duas faces de um mesmo fenômeno[139], assim como o são a limitação do poder e o respeito aos direitos fundamentais[140].

---

[137] *"De este modo queda ya perfectamente claro que la Constitución ha pasado a ser una norma jurídica. Y no cualquier norma, sino, precisamente, la norma suprema, la que puede exigir cuentas a todas las demás, la que condiciona la validez de todas éstas. (...). La Constitución se afirma, pues, a sí misma como una efectiva norma jurídica y em tal sentido la disposición derogatoria tercera declara derogada por ella <<cuantas disposiciones se opongan a lo establecido en esta Constitución>>. Tanto las normas pasadas como las futuras deben acomodarse, pues, a la Constitución para mantener o adquirir su validez"* (Curso de Derecho Administrativo. t. I. 7. ed. Madrid: Civitas, 1995. pp. 95-96).

[138] Cf. CLÈVE, Clemerson Merlin. *A Fiscalização Abstrata da Constitucionalidade no Direito Brasileiro.* 2. ed. São Paulo: RT, 2000. p. 22.

[139] Sem razão, pois, DERLY BARRETO E SILVA FILHO, para quem a Constituição não é "apenas" uma limitação jurídica ao poder político, mas "também" um instrumento dotado de força normativa (*Controle dos Atos Parlamentares pelo Poder Judiciário.* São Paulo: Malheiros, 2003. p. 16). Não há como ser uma coisa sem ser também a outra.

[140] Como se infere da 10ª Emenda à Constituição dos Estados Unidos ("Os poderes não delegados aos Estados Unidos pela Constituição,

Onde não há limites não há constituição[141].

Em suma, a constituição deve não apenas originar e organizar o poder (*fundamental law*), como também ser a lei suprema do país (*higher law*)[142].

É o que, na teoria de HANS KELSEN[143], corresponde, respectivamente, aos conceitos de constituição em sentido material e formal:

---

nem por ela negados aos Estados, são reservados aos Estados ou ao povo"), tudo o que, sob a forma de direitos e liberdades, não se reserva ao indivíduo (ou ao povo), transfere-se, automaticamente, ao Estado (ou por ele tende a ser usurpado). Quanto maior é o poder do Estado, menores são os direitos e liberdades individuais.

[141] "Que papel desempenha uma constituição que torna possível um governo onipotente?" (HAYEK, Friedrich A. *Direito, Legislação e Liberdade*. v. I. São Paulo: Visão, 1985. p. xi). Como conseqüência, "o legislador nunca é totalmente livre, ainda quando a Constituição nada tenha disposto sobre o assunto a ser regulado" (SUNDFELD, Carlos Ari. "Princípio da Impessoalidade e Abuso do Poder de Legislar". São Paulo, *Revista Trimestral de Direito Público*, n. 5, 1994, p. 160). "No Estado de Direito, nenhuma atividade pode estar isenta do controle, muito menos a estatal" (BARACHO, José Alfredo de Oliveira. *Processo Constitucional*. Rio de Janeiro: Forense,1984. p. 67).

[142] A expressão *higher law* pode eventualmente ser utilizada, por alguns autores, para designar o que, para nós, corresponde aos conceitos somados de *higher law* e *fundamental law*. É o que parece ocorrer no caso de JAMES M. BUCHANAN: *"There are 'laws' that lay down the rules within which ordinary 'laws' are made. The political constitution is the first set of laws here, the higher laws, the basic rules for political order and political decision making"* (Choice, Contract, and Constitutions. Indianapolis: Liberty Fund, 2001. p. 44). Tradução livre: "Existem 'leis' que estabelecem as regras de produção das 'leis' ordinárias. A constituição política é o primeiro conjunto dessas leis, as leis superiores, as regras básicas da ordem e da tomada de decisões políticas".

[143] Cf. *Teoria Geral do Direito e do Estado*. São Paulo: Martins Fontes, 1995. p. 130.

"A constituição no sentido formal é certo documento solene, um conjunto de normas jurídicas que pode ser modificado apenas com a observância de prescrições especiais cujo propósito é tornar mais difícil a modificação dessas normas. A constituição no sentido material consiste nas regras que regulam a criação das normas jurídicas gerais, em particular a criação de estatutos".

Ora, não obstante no direito inglês medieval se encontrasse referência à idéia de "lei fundamental", que autores como HERMAN BELZ[144] aproximam do conceito moderno de Constituição, não se poderia atribuir à Magna Carta (e por conseguinte aos demais documentos fundamentais[145]) a qualificação de *higher law*, eis que ela não era considerada inalterável[146], segundo nos dá notícia J. W. GOUGH:

---

[144] Relata HERMAN BELZ que o vocábulo "constituição" era utilizado para fazer referência ao direito fundamental (*fundamental law*), compreendendo os costumes imemoriais (*immemorial custom*) e os princípios da razão, justiça e equidade (*reason, justice and equity*) que constituíam o direito natural (*Living Constitution or Fundamental law? – American Constitutionalism in Historical Perspective*. Lanham: Rowman & Littlefield Publishers, Inc., 1998. p. 2).

[145] Magna Carta (1215), *Petition of Right* (1628), *Habeas Corpus Act* (1679), *Bill of Rights* (1689), *Act of Settlement* (1701), *Act of Union with Ireland* (1800), *Act of Union with Scotland* (1907) e *Parliament Act* (1911).

[146] Não é inerente ao conceito de constituição a possibilidade de alteração do texto constitucional, como defenderam PAULINO JACQUES (*Curso de Direito Constitucional*. 5. ed. Rio de Janeiro: Forense, 1967. p. 276), PINTO FERREIRA (*Da Constituição*. 2. ed. Rio de Janeiro, 1956. p. 98) e J. H. MEIRELLES TEIXEIRA (*Curso de Direito Constitucional*. Rio de Janeiro: Forense Universitária, 1991. p. 106). Muito pelo contrario, a impossibilidade de modificação (= imutabilidade) conferiria à constituição maior permanência e estabilidade, eis que as alterações do texto constitucional podem expressar a idéia de que "atribui-se maior valor às exigências de índole fática do que à ordem normativa vigente", o que tende a debilitar a sua força normativa

"no século quatorze, os juristas não tratavam a Magna Carta como uma lei fundamental inalterável, e apesar de confirmada em termos gerais, partes consideráveis dela há muito haviam sido rejeitadas por promulgações posteriores, considerando-se válidas tais rejeições. Com efeito, se a Magna Carta fosse

---

(HESS, Konrad. *A Força Normativa da Constituição*. Porto Alegre: Fabris, 1991. p. 22). Nada impede, todavia, que a própria constituição, excepcionalmente (é uma faculdade extraordinária, segundo CARL SCHMITT), autorize e discipline o processo de sua modificação. Para que a possibilidade de alteração não resulte na descaracterização da constituição como *higher law*, contudo, deve o próprio texto constitucional, alternativa ou concomitantemente: (a) vedar a alteração ou supressão de dispositivos determinados da Constituição ou relativos a certas matérias; (b) exigir um quórum qualificado, maior do que o necessário para a aprovação das leis ordinárias (com base na qual se estabelece, de forma um tanto artificial, que a alteração do texto constitucional foi realizada não pela legislatura, mas por um "poder constituinte derivado" que na realidade não existe). A possibilidade de emenda do texto constitucional, portanto, não é, ao contrário do que defendeu HERMAN BELZ, um reforço à superioridade da constituição, mas uma concessão, fruto do entendimento de que eventos futuros podem tornar necessária a sua adaptação ou revelar equívocos que mereçam ser corrigidos. Deve ser vista com reservas, pois, a afirmação de que "não é possível que uma constituição seja absolutamente imutável" (CASTRO, Araújo. *A Constituição de 1937*. Ed. fac-similar. Brasília: Senado Federal, 2003. p. 41). O texto de uma constituição escrita pode, sim, ser imutável, quer por não ter sido previsto o seu processo de alteração, quer por ter sido ele expressamente proibido (DICEY, A. V. *Introduction to the Study of the Law of the Constitution*. Indianapolis: Liberty Fund, 1982. pp. 79-80), o que, todavia, não significa que não se possa implementar algum grau de alteração (mutação constitucional) por meio da interpretação das normas constitucionais, como revela a praxe da Suprema Corte Norte-Americana, ressalva com a qual se compatibiliza nossa posição com a idéia de que a imutabilidade constitucional "colide com a vida, que é mudança, movimento, renovação, progresso, rotatividade" (BONAVIDES, Paulo. *Curso de Direito Constitucional*. 16. ed. São Paulo: Malheiros, 2005. p. 196).

mesmo uma lei fundamental, por que era necessário confirmá-la tão frequentemente?" (tradução livre)[147].

A propósito, é conveniente desmistificar[148] a concepção romântica que, modernamente (e por obra de COKE[149]), se

---

[147] "...in the fourteenth century, lawyers did not treat the Charter as unalterable fundamental law, and thought it was confirmed in general terms, considerable portions of it had long been repealed by previous enactments, and these repeals were regarded as valid. After all, if Magna Carta were truly fundamental law, why was it necessary to confirm it so frequently?" (*Fundamental law in English Constitutional History*. Littleton: Fred B. Rothman & Co., 1985. p. 16).

[148] Sem, contudo, adotar uma visão simplista que amesquinha o valor da Magna Carta como instrumento de luta contra o exercício arbitrário do poder. Cf. DIREITO, Carlos Alberto Menezes. *O Estado Moderno e os Direitos do Homem*. Rio de Janeiro: Freitas Bastos, 1968. p. 217; STEWART, Cynthia. *The evolution and interpretation of due process of law*. Ann Arbor: UMI/ProQuest, 2005. pp. 16-17.

[149] "A posição de Coke é incomparável na história constitucional da Inglaterra. Em 1642, é ele quem dá uma nova e decidida interpretação sobre a Carta Magna. De acordo com ela, as limitações legais ao poder do rei, contidas na Magna Carta, não são conseqüências de um simples convênio entre o rei e o feudalismo, nem representam uma vitória das baronias inglesas. A Carta é, para Coke, uma lei destinada à proteção de todo homem livre" (MOTTA FILHO, Cândido. *O Conteúdo Político das Constituições*. Rio de Janeiro, [s.n.], 1951. p. 60). Tal como um alquimista, COKE transubstanciou a Magna Carta em algo que ela não era, "de um documento medieval de franquias pessoais dos barões do Reino em uma peça transcendente para a história constitucional inglesa" (BITTAR, Orlando. *Obras Completas de Orlando Bittar – Estudos de Direito Constitucional e Direito do Trabalho*. v. 1. Rio de Janeiro: Renovar, 1996. p. 498), chegando a afirmar que o documento não se submete a nenhum soberano ("*Magna Charta is such a fellow, that he will have no sovereign*"). Em sentido contrário manifestou-se o eminente EDWARD S. CORWIN, para quem COKE apenas resgatou uma tradição anterior, que não foi por ele inventada (CORWIN, Edward S. *The "Higher Law" Background of American*

tem da Magna Carta, documento apresentado ao Rei JOÃO I (mais conhecido, em português, como JOÃO-SEM-TERRA) pelos barões ingleses no ano de 1215[150], por meio do qual o monarca se comprometia, em termos gerais, a não desrespeitar os direitos dos súditos (= nobres[151]) ingleses.

"O que a Magna Carta se tornou é realmente muito diferente dos objetivos imediatos dos barões em Runnymede" (tradução livre)[152], observou com precisão o *Justice* FELIX FRANKFURTER.

Segundo THOMAS PAINE a Magna Carta "se limitou a compelir o governo a renunciar a uma parte de suas pretensões. Não criou, nem conferiu poderes ao governo da forma que faz uma Constituição"[153].

Para CARL SCHMITT, a Magna Carta era um "convênio de uma aristocracia feudal com um senhor territorial"[154].

Constitutional Law. 14. ed. Ithaca and London: Cornell University Press, 1995. p. 30).

[150] O resumo dos fatos que resultaram na assinatura da Magna Carta podem ser encontrados na obra de RUITEMBERG NUNES PEREIRA (*O Princípio do Devido Processo Legal Substantivo*. Rio de Janeiro: Renovar, 2005. pp. 40-44).

[151] A Magna Carta não foi uma "manifestação da idéia de direitos fundamentais inatos, mas da afirmação de direitos corporativos da aristocracia feudal em face do seu suserano" (CANOTILHO, J. J. Gomes. *Direito Constitucional e Teoria da Constituição*. 7. ed. Coimbra: Almedina, 2003. p. 382).

[152] *"What Magna Carta has become, is very different indeed from the immediate objects of the barons at Runnymede"* (apud SCHWARTZ, Bernard. *The Roots of Freedom: A Constitutional History of England*. New York: Hill and Wang, 1967. p. 20). É como se existissem duas Cartas: a feudal e a do século XVII (HAINES, Charles Grove. *The American Doctrine of Judicial review*. 2. ed. New York: Russell & Russell, 1959. p. 35).

[153] Cf. *Direitos do Homem*. Bauru: Edipro, 2005. p. 170.

[154] Cf. PINTO FERREIRA. *Da Constituição*. 2. ed. Rio de Janeiro: José Konfino, 1956. p. 43.

Origem e Evolução do Devido Processo Legal Substantivo 73

Entre nós, também PAULINO JACQUES[155] manifestou-se em termos semelhantes:

"Mera transação política entre o rei e os barões, sob pressão destes, não podia a *Magna Charta* deixar de ignorar os direitos do povo em geral (burgueses e camponeses), que não passavam de vassalos dos barões. Esse documento foi escrito em latim e, só 300 anos após, traduzido para o inglês".

Entre os autores ingleses e norte-americanos também predomina a tese da natureza contratual da Magna Carta, quer como "tratado" (*treaty*)[156], quer como "acordo" (*agreement*)[157] entre o Rei e os barões (embora a sua redação sugerisse tratar-se de uma liberalidade ou ato unilateral).

Ora, se a Magna Carta não passou, em essência, de uma promessa[158] do Rei à nobreza[159], é evidente que ela não

---

[155] Cf. *Curso de Direito Constitucional.* 5. ed. Rio de Janeiro: Forense, 1967. p. 30.

[156] Cf. STUBBS, William. *The Constitutional History of England.* v. I. 4. ed. Oxford: Clarendon Press, 1883. p. 569.

[157] Cf. CORWIN, Edward S. *The "Higher Law" Background of American Constitutional Law.* 14. ed. Ithaca and London: Cornell University Press, 1995. p. 31; SCHWARTZ, Bernard. *The Roots of Freedom: A Constitutional History of England.* New York: Hill and Wang, 1967. p. 16; SIEGAN, Bernard H. *Property Rights From Magna Carta to the Fourteenth Amendment.* New Brunswick: Transaction Publishers, 2001. p. 8.

[158] É provavelmente com base no caráter convencional da Magna Carta que alguns autores, como LOCKE, passaram a defender a idéia de constituição como um contrato entre o povo e o governante, concepção que foi superada, posteriormente, pela de ROUSSEAU (= contrato social firmado pelos indivíduos, entre si) e a de BARTHELEMY ET DUEZ (= suprema declaração unilateral de vontade do povo) (JACQUES, Paulino. *Curso de Direito Constitucional.* 5. ed. Rio de Janeiro: Forense, 1967. p. 21).

[159] Promessa que não foi honrada, pois o Rei JOÃO I, com base em uma bula emitida pelo Papa INOCÊNCIO III, revogou as liberdades que

anulou a soberania do monarca, como pretendeu BODIN, tendo demonstrado CARL SCHMITT[160] o absurdo de tal concepção, pois pretender, por exemplo, que o Rei deve fazer-se autorizado por seus súditos, equivaleria a afirmar que soberano é ora a nobreza (ou o povo), ora o monarca.

Logo, nem a Magna Carta, nem os demais documentos fundamentais representavam uma restrição jurídica ao exercício do poder pelo soberano[161].

"Em caso de conflito era difícil, do ponto de vista histórico, legal e emocional, negar a autoridade final do Rei" (tradução livre)[162].

Fenômeno semelhante é encontrado no direito francês, em que a distinção entre "leis do rei" (*lois du roi*) e "leis

---

havia concedido e repudiou as restrições que o documento lhe impunha, apenas três meses depois da sua assinatura (a Magna Carta, porém, seria confirmada em 1225, no reinado do filho de JOÃO, HENRIQUE III, e inúmeras vezes nos séculos vindouros).

[160] Cf. MACEDO JR., Ronaldo Porto. *Carl Schmitt e a Fundamentação do Direito*. São Paulo: Max Limonad, 2001. p. 117.

[161] Em sentido contrário manifestou-se ROSCOE POUND: "O esquema fundamental que a organização política da lei comum construiu desde então consubstanciou-se na Magna Carta. Não era simplesmente a primeira tentativa de estabelecer em termos jurídicos o que se converteu nas idéias diretoras do governo constitucional. Estabeleceu-as sob a forma de limitações ao exercício da autoridade, não de concessões destinadas a libertar a ação humana da autoridade. Formulou-as com proposições jurídicas, de sorte a poderem tornar-se, como de fato se tornaram, parte da lei ordinária da terra que se invocasse como qualquer outro preceito jurídico no curso ordinário de litígio regular" (*Liberdade e Garantias Constitucionais*. 2. ed. São Paulo: Ibrasa, 1976. p. 17). É a visão que COKE imprimiu à Magna Carta, como já tivemos a oportunidade de salientar.

[162] "*In case of conflict it was difficult, historically, legally, and emotionally, for anyone to deny the ultimate authority of the King*" (HILL, Christopher. *The Century of Revolution 1603-1714*. 2. ed. Wokingham: Van Nostrand Reinhold: 1986. p. 53).

do reino" (*lois du royaume*), referida por NELSON SANDA-NHA[163], segundo o mesmo autor, "não significou propriamente uma limitação concreta nem funcional ao poder do rei", o que seria condição *sine qua non* para se lhes atribuir um caráter constitucional.

"A limitação que afecta o Príncipe não é de natureza essencialmente jurídica, mas sobretudo ético-religiosa (no caso do estamento eclesiástico) ou social (no caso do estamento nobiliárquico)"[164].

Em síntese, "o indivíduo não tinha para onde se voltar se uma regra positiva instituída pelo rei, contrariasse os princípios da lei natural"[165].

Confirmando tal entendimento, pode-se citar que o uso da tortura, apesar de proibido pela Magna Carta, conforme reconhecido por COKE na *Third Institute of the Laws of England* ("Não há lei que autorize torturas nesta terra"), aumentou, apoiado na prerrogativa real, sob os Tudor e Stuart[166], inclusive em alguns processos em que ele atuou como acusador[167].

---

[163] Cf. *O Estado Moderno e o Constitucionalismo*. São Paulo: Bushatsky, 1976. p. 93.

[164] Cf. NOVAIS, Jorge Reis. *Contributo para uma Teoria do Estado de Direito*. Coimbra: Faculdade de Direito da Universidade de Coimbra, 1987. p. 25.

[165] Cf. POUND, Roscoe. *Liberdade e Garantias Constitucionais*. 2. ed. São Paulo: Ibrasa, 1976. p. 11.

[166] Cf. FRASER, Antonia. *A Conspiração da Pólvora – Terror e Fé na Revolução Inglesa*. Rio de Janeiro: Record, 2000. pp. 216-217; MCILWAIN, Charles Howard. *Constitutionalism Ancient and Modern*. Ithaca: Cornell University Press, 1958. p. 119.

[167] Obviamente que se pode afirmar que a tortura, apesar de praticada, era ilícita (contrária ao direito). Não há, contudo, como sustentar ser correta tal afirmação, eis que o Rei, como visto, poderia utilizar a sua prerrogativa para dispensar seus súditos do cumprimento das leis, inclusive aquelas que confirmaram a Magna Carta. Na falta de

A constituição inglesa, destarte, nunca foi uma verdadeira constituição, pois lhe faltam as características de uma lei suprema do país (*"higher law"*), inalterável pelo Rei ou pelo Parlamento.

E não porque, como sustenta parcela da doutrina, a constituição inglesa seja não-escrita[168] ou o seja apenas em parte (a Magna Carta, por exemplo, é um documento escrito), afirmação que é tão freqüente quanto incorreta.

O equívoco da identificação das constituições não-escritas com as constituições flexíveis (de que é conseqüência a identificação das constituições escritas com as rígidas[169]), atribuída por PINTO FERREIRA[170] a JAMES BRYCE, foi bem salientado por MCBAIN, também citado pelo ilustre constitucionalista do Recife: "Uma constituição não-escrita pode ou não ser flexível; uma constituição escrita pode ou não ser rígida" (tradução livre)[171].

---

uma constituição, tornava-se incerta (do ponto de vista jurídico) a solução para conflitos entre o poder real (e, posteriormente, do Parlamento) e os direitos dos súditos.

[168] Em sentido contrário manifestou-se GOFFREDO TELLES JUNIOR, para quem a constituição inglesa é uma constituição escrita: "As chamadas *Constituições não escritas* (como a Constituição da Inglaterra) são Constituições *escritas*. Mas são formadas de leis esparsas e de normas costumeiras – de *leis* que são *escritas*, como todas as leis; e de *normas costumeiras*, que também se acham consagradas *por escrito*, nas decisões dos Tribunais e na doutrina dos grandes autores" (*Iniciação na Ciência do Direito*. São Paulo: Saraiva, 2001. p. 129).

[169] A existência de uma constituição escrita, de um documento, porém, evidentemente favorece tanto a sua rigidez como a sua defesa (= controle de constitucionalidade), como reconheceriam os colonos norte-americanos (desde que, evidentemente, já exista ou se crie algum mecanismo de controle).

[170] Cf. *Da Constituição*. 2. ed. Rio de Janeiro: José Konfino, 1956. p. 55

[171] *"An unwritten constitution may or may not be flexible; a written constitution may or may not be rigid"* (Da Constituição. 2. ed. Rio de Janeiro:

E se sob os Normandos, Plantagenetas, Lancaster, York, Tudor e Stuart, bem como durante a ditadura de CROMWELL[172], não existia uma constituição, tal situação, com todo o respeito devido aqueles que possam sustentar o contrário, permaneceu inalterada após a Revolução Gloriosa, a qual, como se verá a seguir, consagrou a supremacia do Parlamento.

É o que assevera JAMES BRYCE, em seu *American Commonwealth*:

"Na Inglaterra o que se denomina leis constitucionais, como a Magna Carta, o *Bill of Rights*, a Lei de Sucessão e as Leis de União com a Escócia e a Irlanda, são puras leis ordinárias, que

---

José Konfino, 1956. p. 55). No mesmo sentido: SILVA, José Afonso da. *Curso de Direito Constitucional Positivo*. 15. ed. São Paulo: Malheiros, 1998. p. 44. MCBAIN, porém, errava ao considerar que a flexibilidade ou rigidez das constituições deveria ser aferida "na prática": se ela é alterada freqüentemente, é flexível; se nunca ou raramente é alterada, é rígida. Não causa espanto, pois, que MCBAIN, partindo de um critério tão injurídico, tenha chegado à incorreta conclusão de que a "constituição" inglesa é rígida.

[172] O *Instrument of Government* não era, como erroneamente pretendem alguns, uma constituição, eis que fundado, não no Direito, mas na força. A transferência do poder, desde a invasão e conquista da Inglaterra, de GUILHERME O CONQUISTADOR a seus sucessores e, com a execução de CARLOS I, ao Lorde Protetor CROMWELL, autor do *Instrument of Government*, não altera a sua natureza tirânica: "Todo poder exercido sobre uma nação tem que possuir alguma origem. Tem que ser delegado ou assumido. Não há outras origens. Todo poder delegado é confiança e todo poder assumido é usurpação. O tempo não altera a natureza de um ou outro" (PAINE, Thomas. *Direitos do Homem*. Bauru: Edipro, 2005. p. 162). Ademais, como salientado por MANOEL GONÇALVES FERREIRA FILHO, "sua eficácia foi duvidosa, pois o período em que vigorou é marcado pelo protetorado, isto é, pela ditadura de Cromwell (e por breve período de seu filho)" (*Estado de Direito e Constituição*. 2. ed. São Paulo: Saraiva, 1999. p. 75).

o parlamento poderia revogar a qualquer momento, do mesmo modo como pode revogar uma lei de viação ou reduzir o imposto sobre o fumo" (tradução livre)[173].

Como ponderou CHARLES HOWARD MCILWAIN[174], a doutrina da soberania ou supremacia parlamentar "não oferece melhor remédio contra um Parlamento opressivo do que a teoria do direito divino oferecera contra um rei despótico, que se limitava a 'suspiros e lágrimas'".

Em que pese se reconheça que a opinião pública, "num país onde a tradição e o espírito democrático são uma poderosa realidade"[175], exerce um certo controle sobre o Parlamento (o que também ocorre nos países que adotam o *judicial review*, como os Estados Unidos), não é menos ver-

---

[173] "What are called in England constitutional statutes, such as Magna Carta, the Bill of Rights, the Act of Settlement, the Acts of Union with Scotland and Ireland, are merely ordinary laws, which could be repealed by Parliament at any moment in exactly the same way as it can repeal a highway act or lower the duty on tobacco" (*The American Commonwealth*. v. I. Indianapolis: Liberty Fund, 1995. p. 215).

[174] "It offered no more remedy against an oppressive parliament then the theory of divine right had offered against a despotic king, and that was only 'sighs and tears'" (*The American Revolution: A Constitutional Interpretation*. Ithaca: Great Seal Books, 1961. p. 158). A distinção proposta por DICEY entre soberania política (do povo) e legal (do Parlamento), embora explique porque o Parlamento pode agir "como bem entender" (JENKINS, David. "From Unwritten to Written: Transformation in the British Common-Law Constitution". *Vanderbuilt Journal of Transnational Law*, volume 36, number 3, May 2003, p. 870), não resolve o problema da ausência de quaisquer limites à sua atuação, que poderia resultar na eliminação da soberania política do povo (por exemplo, prorrogando indefinidamente os mandatos dos membros da Câmara dos Comuns).

[175] Cf. DAVID, René. *Os Grandes Sistemas do Direito Contemporâneo*. 3. ed. São Paulo: Martins Fontes, 1998. p. 345.

Origem e Evolução do Devido Processo Legal Substantivo 79

dade que tal controle não é jurídico[176] e, muitas vezes, pode revelar-se absolutamente ineficaz[177].

De fato, inexistindo qualquer limite jurídico à atuação do Rei ou do Parlamento e esgotada a possibilidade de solução política para eventual impasse (mais restrita no primeiro caso, pois o Rei não é eleito), resta ao povo, caso não haja recuo[178] do "soberano", apenas o recurso ao uso da força[179] para evitar o exercício arbitrário do poder[180].

---

[176] Segundo PONTES DE MIRANDA é uma rigidez psicológica, baseada na cultura e convicções do povo ("Defesa, Guarda e Rigidez das Constituições". In: *Revista de Direito Administrativo – Seleção Histórica*. Rio de Janeiro: Renovar, 1995. p. 72). A respeito dos limites não-jurídicos à soberania do Parlamento recomenda-se a leitura de J. H. MEIRELLES TEIXEIRA (*Curso de Direito Constitucional*. Rio de Janeiro: Forense Universitária, 1991. pp. 172-178).

[177] De acordo com *Sir* ALFRED DENNING enquanto o Parlamento for vigilante, a imprensa livre e o Judiciário independente, não pode haver um Estado totalitário na Inglaterra (*The Changing Law*. London: Stevens & Sons Limited, 1953. p. 18). O que fazer, todavia, se o Parlamento, que é soberano, editar leis restringindo a liberdade da imprensa e retirando a independência dos juízes?

[178] Provocado pelo "temor de resistência por meio da força" (COOLEY, Thomas. *Princípios Gerais de Direito Constitucional dos Estados Unidos da América do Norte*. 2. ed. São Paulo: RT, 1982. p. 58).

[179] É o direito de revolução. Cf. FERREIRA FILHO, Manoel Gonçalves. *Curso de Direito Constitucional*. 27. ed. São Paulo: Saraiva, 2001. p. 26; VIEIRA, Oscar Vilhena. *A Constituição e sua Reserva de Justiça*. São Paulo: Malheiros, 1999. p. 49.

[180] O controle da razoabilidade das leis pelo Poder Judiciário, portanto, representa uma alternativa institucional, e conseqüentemente menos traumática, do ponto de vista político, do que o recurso à revolução, pois é ingenuidade (ou cinismo) imaginar, como pretenderam alguns (*v.g.*, o Justice DOUGLAS em *Williamson v. Lee Optical*, 348 U.S. 183 (1956), que em todos os casos é viável aguardar eleições legislativas para que o povo escolha novos representantes para revogar leis injustas ou opressivas. Ademais, no caso de leis desfavoráveis

O que, por mau hábito[181], se convencionou chamar de constituição inglesa[182] não passa, portanto, de uma tradição de autolimitação[183] do exercício do poder, primeiro pelo monarca e depois pelo Parlamento[184], até os dias atuais, o que em tudo e por tudo difere de uma verdadeira

---

a minorias, que trazem em si uma "suspeita" de inconstitucionalidade (MORO, Sérgio Fernando. *Legislação Suspeita? Afastamento da Presunção de Constitucionalidade da Lei*. Curitiba: Juruá, 1998. pp. 71-72), tal solução é altamente improvável: "Na democracia a maioria elege seus representantes e, caso esteja descontente com eles, deve sacá-los do poder. Isso, porém, não é válido para a minoria" (VIEIRA, Oscar Vilhena. *A Constituição e sua Reserva de Justiça*. São Paulo: Malheiros, 1999. p. 215).

[181] Pois não se pode atribuir a coisas tão díspares uma mesma denominação: "Não basta adotarmos a palavra; temos também que estabelecer para ela um significado padrão" (PAINE, Thomas. *Direitos do Homem*. Bauru: Edipro, 2005. p. 57).

[182] Expressão consagrada, aparentemente, por MONTESQUIEU (*O Espírito das Leis*. 4. ed. São Paulo: Saraiva, 1996. p. 164).

[183] Cf. DOUGLAS, William O. *Uma Carta Viva de Direitos*. 2. ed. São Paulo: Ibrasa, 1976. p. 76; SCHWARTZ, Bernard. *Direito Constitucional Americano*. Rio de Janeiro: Forense, 1966. p. 44. HERMAN BELZ alude a uma obrigação moral do Parlamento de proteger os direitos e liberdades dos ingleses (*Living Constitution or Fundamental Law? – American Constitutionalism in Historical Perspective*. Lanham: Rowman & Littlefield Publishers, Inc., 1998. p. 18), que não é diferente, em substância, do juramento (*oath*) feito pelo monarca absoluto de governar justamente, pelo qual era responsável apenas perante Deus (BERMAN, Harold J. "The origins of historical jurisprudence: Coke, Selden, Hale (Sir Edward Coke, John Selden, Sir Matthew Hale). *Yale Law Journal*, volume 103, issue 7, May 1, 1994, p. 1662).

[184] "A lei pela qual o Parlamento inglês outorgou poder a si mesmo de ter assento por sete anos demonstra que não há Constituição na Inglaterra. Poderia, por força da mesma autoridade arbitrária ter determinado para o mandato qualquer outro número maior de anos, ou o tornado vitalício" (PAINE, Thomas. *Direitos do Homem*. Bauru: Edipro, 2005. p. 59).

constituição, de que é o primeiro[185] e mais fantástico[186] exemplo a Constituição dos Estados Unidos da América[187] assinada em 1787.

Os *Founding Fathers*, conhecedores de tal realidade, perceberam que a Constituição inglesa não era uma verdadeira

---

[185] "*The Constitution of the United States is peculiar: no other has existed in times past, or now, resembling it*" (POMEROY, John Norton. *An Introduction to the Constitutional Law of the United States*. 4th ed. Littleton: Fred B. Rothman, 1997. p. 11). Tradução livre: "A Constituição dos Estados Unidos é peculiar: nada em tempos passados, ou atualmente, a ela se assemelha". As primeiras constituições estaduais não estabeleciam um controle efetivo sobre o Poder Legislativo: "*The state constitutions may have been fundamental law in the sense of ordaining a framework of governemnt, but they were not fundamental in the sense of controlling legislative power. In all but two states the constitution was written by the legislature and could be altered or abolished by that body if it so chose*" (BELZ, Herman. *Living Constitution or Fundamental Law? – American Constitutionalism in Historical Perspective*. Lanham: Rowman & Littlefield Publishers, Inc., 1998. p. 22). Tradução livre: "As constituições estaduais podem ter sido *leis fundamentais* no sentido de ordenar a estrutura do governo, mas não eram fundamentais no sentido de controlar o poder legislativo. Em todos os Estados, com exceção de dois deles, a constituição era escrita pela legislatura e poderia ser alterada ou revogada pela legislatura se ela assim decidisse". Segundo ISAAC KRAMNICK "praticamente todas as noções tradicionais da separação dos poderes foram abandonadas nos Estados" (MADISON, James *et alii*. *Os Artigos Federalistas: 1787-1788*. Apresentação de Isaac Kramnick, Rio de Janeiro, Nova Fronteira, 1993. p. 13).

[186] "É com razão proclamada a constituição norte-americana a oitava maravilha do mundo" (DÓRIA, A. de Sampaio. *Direito Constitucional*. 5. ed. v. 1. t. I. São Paulo: Max Limonad, [s.d.p.]. p. 253).

[187] "A Constituição Americana não é nenhum acidente histórico; mas, o produto evolutivo de eras passadas, para proteger-se contra reis, potentados e governantes tirânicos" (BLACK, Hugo Lafayette. *Crença na Constituição*. Rio de Janeiro: Forense, 1970. p. 23).

constituição ("*was not really a constitution at all*")[188], pois se encontrava inteiramente à mercê do Parlamento ("*it lies entirely at the mercy of the Parliament*")[189], e que não poderiam "confiar na honrabilidade dos seus governantes como único penhor da preservação da liberdade individual e dos direitos da pessoa humana"[190].

Com efeito, em que pese se reconheça a cada povo o direito de organizar e limitar o poder político da forma que julgar mais adequada às suas necessidades e que a adoção de uma constituição escrita e do *judicial review* não são essenciais, do ponto de vista da experiência histórica, à existência de um Estado Democrático de Direito[191], a nós

---

[188] Cf. BELZ, Herman. *Living Constitution or Fundamental Law? – American Constitutionalism in Historical Perspective*. Lanham: Rowman & Littlefield Publishers, Inc., 1998. p. 20.

[189] *Vanhorne's Lessee v. Dorrance*, 2 U.S. 304 (1795)

[190] A citação é extraída de JOSÉ SOUTO MAIOR BORGES: "Desgraçado o país que tem de confiar na honrabilidade dos seus governantes como único penhor da preservação da liberdade individual e dos direitos da pessoa humana" (*Ciência Feliz*. 2. ed. São Paulo: Max Limonad, 2000. p. 108).

[191] Não se nega que "a existência de uma Constituição rígida, associada a mecanismos de controle de constitucionalidade de leis e emendas, comprovadamente, não é elemento essencial ao funcionamento dos regimes democráticos" (VIEIRA, Oscar Vilhena. *A Constituição e sua Reserva de Justiça*. São Paulo: Malheiros, 1999. p. 30-31). E isto porque constitucionalismo (= proteção de direitos) e democracia (= regra da maioria) são conceitos distintos. Como lecionou PONTES DE MIRANDA, "democracia é forma, processo, método; não é fundo" (*Democracia, Liberdade, Igualdade*. Campinas: Bookseller, 2002. p. 50). Ou seja, a democracia é um meio e não um fim (HAYEK, Friedrich A. *The Constitution of Liberty*. Chicago: The University of Chicago Press, 1960. p. 107). O Estado pode ser democrático e não ser um Estado de Direito (no regime totalitário nazista uma maioria oprimiu sistematicamente as minorias). Na realidade, o constitucionalismo (e consequentemente o controle de constitucionalidade) não apenas aparenta

(PIOTROWSKI, William. "Commentary Introduction: Democracy and Constitutions: One Without the Other?". *Connecticut Law Review*, volume 37, number 4, Summer 2005, p. 855), mas é, essencialmente, anti-democrático (FARRELL, Martín Diego. *El Derecho Liberal*. Buenos Aires: Abeledo-Perrot, 1998. p. 118; PILON, Roger. "Restoring Constitutional Government". *2001-2002 Cato Supreme Court Review*, 2002, p. xviii; POSNER, Richard A. *Law, Pragmatism, and Democracy*. Cambridge: Harvard University Press, 2003. p. 233; SIEGAN, Bernard H. *Economic Liberties and the Constitution*. Chicago: University of Chicago Press, 1980. p. 90), embora possa contribuir, e normalmente contribua, para a democracia. "Qualquer restrição no poder de uma legislatura democraticamente eleita diminui o poder político das pessoas que elegeram essa legislatura" (DWORKIN, Ronald. *Uma Questão de Princípio*. 2. ed. São Paulo: Martins Fontes, 2005. p. 88). Não se nega, igualmente, que os direitos individuais possam ser respeitados, e freqüentemente o sejam, em Estados democráticos em que não existe o *judicial review*. GOLDSWORTHY, por exemplo, dedica a parte final de sua excelente obra para demonstrar que o *judicial review* não é essencial para tal finalidade (*The Sovereignty of Parliament*. Oxford: Oxford University Press, 1999. pp. 277-279). Ocorre, porém, que o Parlamento não é infalível (DENNING, Alfred. *The Changing Law*. London: Stevens & Sons Limited, 1953. p. 14) e o processo democrático nem sempre leva a resultados justos (lembremo-nos de LORD ACTON: o poder absoluto corrompe absolutamente) e é precisamente por tal razão que existe o controle de constitucionalidade (se os homens fossem anjos, não haveria necessidade de leis, nem de Constituição e nem, *a fortiori*, do exame da compatibilidade entre esta e aquelas). "A guarda da Constituição supõe que se prevejam crises. Não se guarda sem haver risco" (PONTES DE MIRANDA. "Defesa, Guarda e Rigidez das Constituições". In: *Revista de Direito Administrativo – Seleção Histórica*. Rio de Janeiro: Renovar, 1995. p. 66). A supremacia do Parlamento pode ser uma ficção, como pretende DICEY (*Introduction to the Study of the Law of the Constitution*. Indianapolis: Liberty Fund, 1982. p. 26), mas o é apenas até que se manifeste... Entendemos, pois, que ainda que certos países não julguem necessário adotar o *judicial review*, isto não é razão suficiente para não adotá-lo. Com efeito, por que renunciar, de antemão, a um (ou mais um) mecanismo para evitar o abuso do poder? É melhor dispor de um remédio, e não usá-lo (como parece ser o parece ser inegável a superioridade do modelo norte-americano, adotado em nosso País, sendo improcedentes os argumentos normalmente utilizados pelos juristas ingleses[192] em seu desfavor.

Não medram, por exemplo, as alegações de *Sir* ALFRED DENNING no sentido de que a rigidez de uma constituição escrita[193] seria uma tentativa de uma geração de controlar as futuras gerações[194] e de que uma constituição não-escrita permitiria que mudanças fossem feitas à medida que se tornassem necessárias.

Quanto ao primeiro argumento, demonstrou o *Chief Justice* MARSHALL[195] que o povo cria a Constituição e pode desfazê-la, por ser um produto da sua vontade, que dela depende para continuar a existir. Uma constituição escrita, portanto, não é uma tentativa de controlar as futuras gerações, mas de evitar que uma parcela do povo tome decisões que competem apenas ao povo como um todo[196].

---

caso dos países escandinavos, segundo OSCAR VILHENA VIEIRA), do que ter de procurá-lo, às pressas, depois que a doença começa a manifestar seus primeiros sintomas...

[192] Contudo, existem exceções. *Sir* LESLIE SCARMAN, por exemplo, reconhece que a onipotência do Parlamento não oferece "uma garantia segura aos direitos humanos", revelando o "desequilíbrio básico" da constituição inglesa e indicando a "necessidade de uma nova carta constitucional" (*O Direito Inglês: A Nova Dimensão*. Porto Alegre: Fabris, 1978. p. 83).

[193] Concepção que já de per si é equivocada, como demonstrado, eis que nem toda constituição escrita é rígida.

[194] *"The rigidity of a written constitution has its advantages for some peoples but it appears to us an attempt by one generation to fetter the hands o future generations"* (DENNING, Alfred. *The Changing Law*. London: Stevens & Sons Limited, 1953. p. 17).

[195] *Cohens v. Virginia*, 19 U.S. 264 (1821).

[196] "O Parlamento é eleito pelo povo; porém não é o povo. Portanto, devem existir limitações ao próprio poder do Parlamento, incluídas

Quanto ao segundo, continua atual, mais de um século depois, a lição de RUI BARBOSA no sentido de que uma constituição escrita, como a norte-americana, pode ser um organismo vivo (*living constitution*), adaptando-se às necessidades do povo que a criou:

> "A Constituição americana não é uma construção em decadência, corroída pela vetustez secular. É um organismo vivo, um organismo renascente, um organismo juvenil nos seus cem anos de adolescência robusta, um organismo que ainda não cessou de crescer e agigantar-se, um organismo cuja força medra continuamente com o perpassar dos tempos. Pelo tecido orgânico dos elementos que a compõem, pela natureza evolutiva da combinação que encarna, pela ação reconstituinte do seu Poder Judiciário, pela sua comunicação interior com as fontes da vida nacional, pelas emendas que a tornam contemporânea a todas as aspirações sucessivas do espírito popular, a Constituição americana é, hoje, como em 1789, um modelo da atualidade, um tesouro de experiência, um transunto completo das reivindicações políticas do século XIX; e não pode deixar de considerar-se, para as nações deste continente, o grande manancial da democracia federativa"[197].

É irônico, aliás, que se impute às constituições escritas este último defeito, se foi justamente a incapacidade da constituição inglesa de se adaptar a novas condições que provocou a Revolução Americana[198].

---

em regras constitucionais" (PONTES DE MIRANDA. *Democracia, Liberdade, Igualdade*. Campinas: Bookseller, 2002. p. 380).

[197] Cf. *O Liberalismo e a Constituição de 1988*. Organização de Vicente Barretto. Rio de Janeiro: Nova Fronteira, 1991. p. 57. No mesmo sentido: JENKINS, David. "From Unwritten to Written: Transformation in the British Common-Law Constitution". *Vanderbuilt Journal of Transnational Law*, volume 36, number 3, May 2003, p. 928.

[198] Cf. MCILWAIN, Charles Howard. *The High Court of Parliament and its Supremacy*. New Haven: Yale University Press, 1910. p. 358.

Por fim, se o Parlamento, como diz *Sir* ALFRED DENNING[199], apesar de poder alterar uma lei fundamental como se fosse uma outra lei qualquer, na prática não o faz (e nem pretende), por que a recusa em estabelecer, por escrito, semelhante proibição? A adoção do *judicial review*, em tais circunstâncias, não seria um inconveniente, apenas um excesso de cautela[200].

---

[199] Cf. *The Changing Law*. London: Stevens & Sons Limited, 1953. p. 17.
[200] Cf. EDLIN, Douglas E. "Rule Britannia". *University of Toronto Law Journal*, volume LII, number 3, Summer 2002.

6
O CASO *BONHAM* E A CRIAÇÃO DO CONTROLE DA RAZOABILIDADE DAS LEIS

Os fatos que deram origem ao caso *Bonham*, julgado pelo *Court of Common Pleas* em 1610, foram assim resumidos por ROSCOE POUND:

"Neste caso um ato do Parlamento, confirmando a Carta do Colégio Real de Médicos, dava poderes à sociedade incorporada de médicos para multar os membros que transgredissem as regras, cabendo metade da multa à coroa e metade à sociedade. O dr. Bonham, tendo sido preso por falta de pagamento da multa lançada de acordo com esse dispositivo, moveu ação por falsa detenção. O Tribunal do rei julgou a prisão injusta por dois motivos: (1) a carta, confirmada pelo estatuto, não ampliava a jurisdição do Colégio de Médicos aos que não clinicavam em Londres, e (2) o estatuto, que tornava o colégio, o qual recebia metade da multa, juiz da própria causa[201], autor,

---

[201] Alude CHRISTOPHER HILL (*Origens Intelectuais da Revolução Inglesa*. São Paulo: Martins Fontes, 1992. p. 314) a um estudo de D. O. WAGNER ("Coke and the Rise of Economic Liberalism". *The Economic History Review*, volume 6, number 1, October, 1935, pp. 30-44), da década de 30, ressaltando uma suposta defesa do liberalismo econômico por COKE, revelada nos trechos das *Institutes* e dos *Reports* em que, por exemplo, ele combate os monopólios, por julgá-los contrários à Magna Carta e à lei da terra, o que faria do jurista um precursor do *laissez-faire*. Embora reconheça que as conclusões de

WAGNER eram hipotéticas, o próprio HILL parece compartilhar de tal entendimento, ao atribuir a COKE a "invenção" da Magna Carta como "baluarte da liberdade econômica" e ao identificar na decisão proferida no caso *Bonham* a proibição de um monopólio: "Os advogados e teóricos políticos talvez tenham feito uma tempestade em copo d'água com este caso. Ele não apresenta necessariamente questões cujo conteúdo atinja o Direito fundamental ou a soberania dos estatutos. COKE encontrava-se diante de um monopólio que negava aos homens o direito de vender suas habilidades no mercado aberto e que transformava os monopolistas ao mesmo tempo em promotores públicos, juízes e beneficiários das multas" (p. 318). Também para BERNARD SIEGAN o caso *Bonham* envolvia uma restrição indevida das liberdades econômicas ("Protecting Economic Liberties". *Chapman Law Review*, volume 6, number 1, Spring 2003, p. 49). Embora tentadora, pois o renascimento do controle da razoabilidade das leis ocorreria, no direito norte-americano, em defesa do liberalismo econômico (cf. *infra*, Capítulo 10) a interpretação proposta não convence, vez que a opinião de COKE encontra-se fundamentada em uma regra de direito que remonta ao direito romano (*nemo debet esse judex in propria causa*) e não na proibição da instituição de um monopólio em favor do Colégio dos Médicos de Londres, aspecto da controvérsia que, ademais, em nenhum momento é mencionado na decisão. Além disso, outras decisões de COKE revelam que ele não era um precursor do liberalismo econômico e que talvez sequer tivesse condição de compreender tal conceito (MALAMENT, Barbara. "The 'Economic Liberalism' of Sir Edward Coke". In: *Law, Liberty, and Parliament: Selected Essays on the Writings of Sir Edward Coke*. Edited by Allen D. Boyer. Indianapolis: Liberty Fund, 2004. p. 186-223). De forma semelhante, não concordamos com a afirmação de DANIEL J. HULSEBOSCH de que o que "ofendera" COKE não era a lei, em si, mas o monopólio concedido pelo Rei, meramente "aprovado" pelo Parlamento ("The Ancient Constitution and the Expanding Empire: Sir Edward's Coke British Jurisprudence". *Law and History Review*, Fall 2003. <http://www.historycooperative.org/journals/lhr/21.3/hulsebosch.html>). A lei (*statute*), uma vez aprovada pelo Parlamento, independentemente de sua origem, torna-se um ato legislativo. A se adotar a linha de raciocínio defendida por HULSEBOSCH, o *judicial review* seria, em grande parte, um mecanismo de controle do

promotor e juiz, era contrário ao *common law* e à razão e, portanto, nulo"[202].

Diante da afirmação de que uma lei (*statute*) do Parlamento contrária ao *common right* (= *common law*)[203] e à razão (*reason*) é nula (*null and void*), bem como do resultado (a sua não aplicação ao caso concreto pelo juiz), parece evidente que a tese defendida por Coke é, nada mais, nada menos, do que o controle da validade das leis pelos juízes ingleses.

Para alguns autores, porém, "não é bem isso" o que COKE disse (ou quis dizer).

Escorando-se em JAMES KENT, segundo o qual "quando se diz nos livros que uma lei contrária ou repugnante à equidade e à razão, ou impossível de ser aplicada, é nula, isso deve ser entendido no sentido de que os tribunais devem conferir à lei uma interpretação razoável" (tradução livre)[204], defendeu BERNARD BAYLIN que "ao dizer que os tribunais poderiam 'anular' um dispositivo legislativo que violasse a constituição, ele [COKE] quisera dizer apenas

---

Executivo e não do Legislativo, o que contraria a sua finalidade e origem histórica.

[202] Cf. *Liberdade e Garantias Constitucionais*. 2. ed. São Paulo: Ibrasa, 1976. p. 41.

[203] A equivalência entre *common right* e *common law* aparece, na obra de COKE, no *First Institute* (BOYER, Allen D. *Sir Edward Coke and the Elizabethan Age*. Stanford: Stanford University Press, 2003. p. 86).

[204] "*When it is said in the books, that a statute contrary to natural equity and reason, or repugnant, or impossible to be performed, is void, the cases are understood to mean that the courts are to give the statute a reasonable construction*" (apud ORTH, John V. "Did Sir Edward Coke mean what he said? (17th Century English legal scholar on laws 'impossible to be performed'). *Constitutional Commentary*, volume 16, issue 1, March 22, 1999, p. 33).

que os tribunais deviam interpretar os estatutos de forma a colocá-los em conformidade com princípios legais reconhecidos"²⁰⁵.

Na mesma linha, assim também se manifestou CHARLES F. HOBSON:

> "O *dictum* de Coke, apesar de impactante a ouvidos modernos, não deve ser lido, de forma anacrônica, como se autorizasse o controle da constitucionalidade das leis. Provavelmente, ele não pretendeu declarar nada mais do que uma regra de interpretação das leis que estava substancialmente de acordo com a posterior enunciação, por Blackstone, do princípio da soberania parlamentar" (tradução livre)²⁰⁶.

E J. W. GOUGH:

> "Quando Coke afirma que o *common law* 'controlaria' um ato do Parlamento, ele quis dizer que os tribunais o interpretariam de modo a não entrar em conflito com os mesmos princípios de justiça e razão que, como visto no capítulo anterior, presumia-se que se encontravam à base de todo o Direito. Da mesma forma, quando ele falou em julgar o ato nulo, ele não pretendeu que o tribunal poderia declarar que a edição do ato se encontrava além do poder do Parlamento, mas que o tribunal o interpretaria restritivamente, se isso fosse necessário para colocá-lo em conformidade com esses princípios reconhecidos, desconsiderando a parte dele envolvida no julgamento da causa ou decidindo que o caso se encontrava fora do

---

²⁰⁵ Cf. BAILYN, Bernard. *As Origens Ideológicas da Revolução Americana*. Bauru: EDUSC, 2003. p. 169.

²⁰⁶ *"Coke's dictum, resonant as it is to modern ears, should not be read anachronistically as sanctioning judicial review. Probably he meant no more than to state a rule of statutory construction that was substantially accord with Blackstone's later enunciation of the principle of legislative sovereignty"* (*The Great Chief Justice: John Marshall and the Rule of Law*. Lawrence: University Press of Kansas, 1996. p. 60).

âmbito de incidência da lei e que a lei portanto era inaplicável" (tradução livre)[207].

É a tese de SAMUEL E. THORNE[208], em artigo publicado originalmente na *Law Quarterly Review* (1938).

Sem razão, porém, como já demonstraram outros autores[209].

Em primeiro lugar, parece improvável que qualquer juiz, e COKE em especial, utilizaria, desnecessariamente, o adjetivo "nula" (*void*)[210], para se referir a uma lei aprovada

---

[207] "When he said that the common law would 'control' an act of parliament he meant that the courts would interpret it in such a way as not to conflict with those same accepted principles of reason and justice which, as we saw in the last chapter, were presumed to underlie all law. Similarly, when he spoke of adjudging an act to be void, he did not mean that the court could declare it to have been beyond the power of parliament to enact, but that the court would construe it strictly, if this were necessary in order to bring it into conformity with these recognized principles, either disregarding such part of it as affected the case being tried, or ruling that the case lay outside the scope of the statute, and that the statute was therefore inapplicable" (*Fundamental law in English Constitutional History*. Littleton: Fred B. Rothman & Co., 1985. p. 35).

[208] Cf. "The Constitution and the Courts: a Reexamination of the Famous Case of Dr. *Bonham*". In: *The Constitution Reconsidered*. Edited by Conyers Read. New York: Columbia University Press, 1938. pp. 15-24.

[209] Cf. BERGER, Raoul. *Congress v. the Supreme Court*. New York: Bantam Books, 1975. p. 372; CORWIN, Edward S. *The "Higher Law" Background of American Constitutional Law*. 14. ed. Ithaca and London: Cornell University Press, 1995. p. 48; POUND, Roscoe. *Liberdade e Garantias Constitucionais*. 2. ed. São Paulo: Ibrasa, 1976. p. 41.

[210] Com base no que NOAH FELDMAN estabelece uma ligação entre *Bonham* e *Marbury*, malgrado reconheça que os argumentos com base nos quais se sustentou a nulidade da lei não fossem os mesmos (FELDMAN, Noah. "The Voidness of Repugnant *Statute*s: Another Look at the Meaning of *Marbury*". *Proceedings of the American Philosofical Society*, volume 148, number 1, March 2004. p. 31).

por ambas as casas do Parlamento e pelo Rei. COKE sabia perfeitamente bem o que estava fazendo[211]. Realmente, se outro era o seu entendimento, por que ele não o disse, expressamente?[212]

O adjetivo "nula", ademais, não é compatível com a teoria da interpretação da lei (*statutory construction*).

Com efeito, COKE não propõe outra interpretação para a lei, que claramente permitia ao Colégio de Médicos de Londres impor e cobrar uma multa que revertia em seu benefício[213], mas, pura e simplesmente, a sua não aplicação, o que não seria possível a menos que a lei carecesse de validade.

Ora, o juiz não pode "negar a lei", isto é, "decidir o contrário do que a mesma estabelece"[214]. A letra da lei é "um elemento irremovível de toda interpretação", funcionando como "limite da busca do espírito". Logo, "se se prescinde totalmente do texto já não há mais interpretação da lei"[215].

---

[211] Cf. BOYER, Allen Dillard. "Understanding, Authority, and Will: Sir Edward Coke and the Elizabethan Origins of Judicial Review". *Boston College Law Review*, volume 39, December 1997, p. 85.

[212] Cf. ORTH, John V. "Did Sir Edward Coke mean what he said? (17th Century English legal scholar on laws 'impossible to be performed'). *Constitutional Commentary*, volume 16, issue 1, March 22, 1999, p. 34.

[213] Cf. BERGER, Raoul. *Congress v. the Supreme Court*. New York: Bantam Books, 1975. p. 372. Segundo HAROLD J. COOK a lei era tão clara que restava a COKE apenas duvidar da sua validade ("Against Common Right and Reason: *The College of Physicians v. Dr. Thomas Bonham*". In: *Law, Liberty, and* Parliament: *Selected Essays on the Writings of Sir Edward Coke*. Edited by Allen D. Boyer. Indianapolis: Liberty Fund, 2004. p. 146).

[214] Cf. MAXIMILIANO, Carlos. *Hermenêutica e Aplicação do Direito*. 19. ed. Rio de Janeiro: Forense, 2001. p. 65.

[215] Cf. ASCENSÃO, José de Oliveira. *O Direito: Introdução e Teoria Geral*. Rio de Janeiro: Renovar, 1994. p. 313. JAMES R. STONER JR. tenta contornar tal dificuldade incluindo tanto a interpretação quanto a

Origem e Evolução do Devido Processo Legal Substantivo 93

Ademais, a desconsideração do texto da lei para conformá-la à razão, do ponto de vista prático, pouco difere da declaração de nulidade[216].

Sem embargo, ainda que esta lei, em particular, pudesse ser "salva" por técnicas exegéticas, permaneceria intacada a afirmação de COKE, em termos mais gerais, de que uma lei contrária ao *common right and reason* é nula. Em suma, o "problema constitucional" permanece, como bem ressaltou RAOUL BERGER[217].

Tampouco se pode aceitar a tese, também atribuída ao Prof. THORNE, de que a lei não seria nula (*void*), mas ineficaz (*ineffective*). Embora COKE tenha se referido a três categorias de leis distintas[218] (contrárias ao direito e

---

declaração de nulidade (ou não aplicação) em uma única categoria, correspondente à expressão *"control and adjudge void"* (controlar e julgar nulo) (*Common Law and Liberal Theory: Coke, Hobbes, and the Origins of American Constitutionalism*. Lawrence: University Press of Kansas, 1992. p. 57).

[216] Cf. BERGER, Raoul. *Congress v. the Supreme Court*. New York: Bantam Books, 1975. pp. 377-378.

[217] Cf. *Congress v. the Supreme Court*. New York: Bantam Books, 1975. p. 372. BERGER, de forma a nosso ver contraditória, afirma em seguida que a questão da soberania ou não do Parlamento, que é precisamente a "questão constitucional" em debate, não foi levantada, pois se tratava de um litígio entre particulares, tendo por objeto um direito individual. Se assim fosse, porém, também não haveria questão constitucional toda a vez que a constitucionalidade de determinada lei é examinada, incidentalmente, em um litígio envolvendo particulares...

[218] O discurso proferido pelo *Lord* Chanceler ELLESMERE na posse do sucessor de COKE no *King's Bench* não dá margem a dúvidas, pois ele aconselha o novo *Chief Justice* a não reivindicar para os juízes o poder de declarar nulas as leis e atos do Parlamento, deixando para o Rei e o Parlamento determinarem o que é conforme ao direito e à razão, arrematando que sua advertência não tem por objeto hipóteses de impossibilidade ou repugnância. Não concordamos, destarte,

à razão, repugnantes[219] ou impossíveis de serem executadas), das quais apenas à primeira poderia corresponder o adjetivo nula, o fato é que não há indícios de que à época fosse traçada alguma distinção entre nulidade e ineficácia[220].

Para compreender o caso *Bonham*, todavia, não basta esclarecer o que foi afirmado pela decisão (*i.e.*, a lei contrária ao direito e à razão é nula), da mesma forma que não é suficiente identificar o significado da expressão "devido processo legal" para entender o propósito e as conseqüências da garantia constitucional[221].

---

com JAMES R. STONER JR. (*Common Law and Liberal Theory: Coke, Hobbes, and the Origins of American Constitucionalism*. Lawrence: University Press of Kansas, 1992. p. 54), para quem COKE não fazia distinção entre tais categorias. A reação de seus contemporâneos, pró e contra o seu *dictum* em *Bonham*, é em nossa opinião o melhor indício do pensamento de COKE. Anteriormente o *Lord* Chanceler já havia criticado COKE no *Earl of Oxford's Case* (BERGER, Raoul. *Congress v. the Supreme Court*. New York: Bantam Books, 1975. pp. 387-388). MARGARET A. JUDSON, com base em apenas um trecho da decisão (a transcrição de BERGER é completa), afirma equivocadamente que o *dictum* de COKE em *Bonham* foi invocado como precedente válido pelo Lorde Chanceler (*The Crisis of the Constitution: An Essay in Constitutional and Political Thought in England, 1603-1645*. New Brunswick: Rutgers University Press, 1988. p. 98).

[219] Por "repugnante" se deve entender uma lei que contem disposições contraditórias (*v.g.*, determinando que se faça X e não se faça X; que se faça X e se faça também Y, que é o oposto de X; ou que considere um mesmo ato legal e ilegal) (BERGER, Raoul. *Congress v. the Supreme Court*. New York: Bantam Books, 1975. pp. 376-377 e 385-386).

[220] Cf. BERGER, Raoul. *Congress v. the Supreme Court*. New York: Bantam Books, 1975. p. 374.

[221] Cf. COOLEY, Thomas. *Princípios Gerais de Direito Constitucional dos Estados Unidos da América do Norte*. 2. ed. São Paulo: RT, 1982. p. 201.

Tendo em vista a originalidade[222] da tese defendida por Coke, impõe-se, além disso, examinar as circunstâncias históricas e políticas que juntamente com os caracteres pessoais do julgador certamente influíram, se é que não determinaram, o resultado do julgamento, bem como os fundamentos jurídicos utilizados por COKE, que na época já era um jurista consagrado, para justificar a sua decisão.

Do ponto de vista histórico e político o *dictum* de COKE é, a nosso ver, resultado de duas tensões: a disputa de poder entre o Rei e o Parlamento e a transição de um direito jurisprudencial (medieval) para um direito legislado[223] (moderno).

---

[222] Relata ROSCOE POUND que antes da Reforma Protestante de HENRIQUE VIII, época em que era clara a distinção, assegurada pela Magna Carta, entre jurisdição espiritual e temporal, o *Court of Common Pleas*, em mais de uma oportunidade, se recusou a aplicar estatutos do Parlamento disciplinando assuntos religiosos (*Liberdade e Garantias Constitucionais*. 2. ed. São Paulo: Ibrasa, 1976. pp. 22-23). A originalidade do caso *Bonham*, porém não é comprometida por tais precedentes, vez que neles há uma limitação apenas formal (= incompetência) à atuação do Parlamento, enquanto que em *Bonham* a restrição é de ordem substancial (= falta de razoabilidade, contrariedade ao *common law*). Sem embargo, é nesses casos em que, aparentemente pela primeira vez, o vocábulo *null* (e o seu equivalente em inglês *void*), correspondente aos termos *nullum* e *non valet* do direito canônico (COXE, Brinton. *An Essay on Judicial Power and Unconstitutional Legislation*. New York, Da Capo Press, 1970. p. 157), é utilizado em Tribunais do *common law*.

[223] Segundo EDUARDO GARCÍA DE ENTERRÍA é no século XVIII que aparece no horizonte do mundo europeu a idéia de que o Direito deve expressar-se através de leis (*Justicia y seguridad jurídica en un mundo de leyes desbocadas*. Madrid: Civitas, 2000. p. 17). Tal idéia, por si só, não teria maiores conseqüências, se não resultasse na equivocada concepção de que o Poder Legislativo não conhece limites: "Direito, passou-se a pensar e a dizer, é só o que o legislador faz. E o legislador, acrescentou-se, pode fazer o que quer" (PONTES DE MIRANDA. *Democracia, Liberdade, Igualdade*. Campinas: Bookseller, 2002. p. 41).

Se, de acordo com RICHARD PIPES, "a evolução da lei consuetudinária inglesa deu-se de maneira tal que mais cedo ou mais tarde produziria um confronto entre reis e comuns"[224], não soa estranha a afirmação de HAROLD J. BERMAN no sentido de que Coke, enquanto juiz, "procurava uma maneira de evitar o iminente choque das forças políticas"[225] (Rei X Parlamento).

Deveras, é possível que COKE tivesse o receio de que um agravamento dos conflitos entre a Coroa e a nobreza[226] poderia favorecer uma revolução popular[227], muito diferente

---

A lei não é o único, mas continua sendo o principal instrumento de regulação social, insubstituível por ser expressão do princípio democrático (GARCÍA DE ENTERRÍA, Eduardo e MENÉNDEZ, Aurelio Menéndez. *El Derecho, la Ley y el Juez*. Madrid: Civitas, 2000. pp. 49-50.

[224] Cf. PIPES, Richard. *Propriedade e Liberdade*. Rio de Janeiro: Record, 2001. p. 163.

[225] "He thereby sought a way to avoid the impending clash of political forces" ("The origins of historical jurisprudence: Coke, Selden, Hale (Sir Edward Coke, John Selden, Sir Matthew Hale). *Yale Law Journal*, volume 103, issue 7, May 1, 1994, p. 1675).

[226] A pequena nobreza, geralmente agrária, denominada *gentry* e a nobreza propriamente dita (ou aristocracia), composta dos lordes (nobres com títulos, *i.e.*, duques, marqueses, condes, viscondes e barões).

[227] "Durante toda a segunda metade do século XVI, as elites dirigentes mantiveram-se coesas pelo triplo temor de uma *jacquerie* dos pobres, de uma guerra civil por disputa de sucessão ligada a divisões religiosas, e de uma invasão externa. No começo do século XVII, contudo, todos estes temores haviam diminuído de maneira considerável. A última revolta camponesa grave, a ponto de fazer a *gentry* fugir aterrorizada de suas casas, ocorrera em 1549, quando toda a Inglaterra meridional foi sacudida por insurreições. Uma repressão brutal extinguiu rapidamente todos os focos da rebelião, com exceção do condado de Norfolk, mas a lembrança desta experiência alarmante demorou a se apagar" (STONE, Lawrence. *Causas da Re-*

daquela que ocorreria em 1688, que consagrou a ética protestante e a ideologia da classe proprietária, estabelecendo-se, ao revés, a propriedade coletiva das terras e uma forma de democracia mais representativa, idéias defendidas por grupos como os "niveladores" (*levellers*)[228], possibilidade que permaneceu presente durante o período da Guerra Civil (1642-1649)[229]:

> "Pressentindo o conflito, que se avizinhava, entre o trono e o Parlamento, concretizado na revolução puritano-burguesa de OLIVER CROMWELL, concebeu Sir EDWARD COKE, *Chief-Justice* do Tribunal de *Common Pleas* e, depois, do *King's Bench*,

---

volução Inglesa 1529-1642. Bauru: EDUSC, 2000. pp. 143-144). Coincidência ou não, a família de COKE era de Norfolk.

[228] Assim denominados por pretenderem nivelar (= igualar) as condições sociais, como exposto no panfleto *Light Shining in Buckinghamshire*: "Tendo todos os homens por nascença os mesmos privilégios, devem então todos os homens desfrutar igualmente dos frutos da Criação, sem ter um deles maiores propriedades do que qualquer outro". CHRISTOPHER HILL, porém, distingue os *levellers* constitucionais, que "não discordavam fundamentalmente do tipo de sociedade que estava sendo implantado pela Revolução Inglesa", dos *levellers* autênticos, "ala esquerda radical dentro do partido revolucionário", favoráveis, por exemplo, à reforma agrária e à ampliação do direito de voto (*O Mundo de Ponta-Cabeça: Idéias radicais durante a Revolução Inglesa de 1640*. São Paulo: Companhia das Letras, 1987. pp. 124-133). O referido autor, ainda, reivindica para os *levellers* (e não para COKE), a originalidade da utilização da Magna Carta contra a soberania do Parlamento (*Origens Intelectuais da Revolução Inglesa*. São Paulo: Martins Fontes, 1992. p. 341), o que, evidentemente, não corresponde à realidade. O *dictum* de COKE no caso *Bonham* é anterior, em algumas décadas, ao surgimento dos *levellers*, e eles, como reconhece o próprio autor, valiam-se dos escritos do jurista (o caso *Bonham* constava dos *Reports*) para dar legitimidade às suas idéias.

[229] Cf. HILL, Christopher. *O Mundo de Ponta-Cabeça: Idéias radicais durante a Revolução Inglesa de 1640*. São Paulo: Companhia das Letras, 1987.

a necessidade[230] de neutralizar a arrogância de ambos, superpondo-lhes uma lei fundamental, a lei da razão, revelada através da boca dos juízes e lastreada na máxima *jura naturae sunt immutabilia, sunt leges legum*"[231].

Assim, o modelo de Estado "proposto", por assim dizer, pelo caso *Bonham*, em que os tribunais controlariam a validade dos atos do Rei e do Parlamento em face do *common law*[232], parece corresponder[233] ao seu "desejo" de uma "revolução constitucional" mediada pelos juízes[234], capaz

---

[230] Cf. LEWIS, John Underwood. "Sir Edward Coke (1552-1634): His Theory of 'Artificial Reason' as a Context for Modern Basic Legal Theory". In: *Law, Liberty, and Parliament: Selected Essays on the Writings of Sir Edward Coke*. Edited by Allen D. Boyer. Indianapolis: Liberty Fund, 2004. p. 107; PLUCKNETT, Theodore F. T. *"Bonham's Case* and Judicial review". In: *Law, Liberty, and* Parliament: *Selected Essays on the Writings of Sir Edward Coke*. Edited by Allen D. Boyer. Indianapolis: Liberty Fund, 2004. p. 150.

[231] Cf. DÓRIA, Antonio Roberto Sampaio. *Direito Constitucional Tributário e "Due Process of Law"*. 2. ed. Rio de Janeiro: Forense, 1986. p. 21.

[232] *"Coke viewed the common law – with much of its basis in the Magna Carta – as a restraint on the powers of the monarchy and various other governmental bodies including Parliament"* (SIEGAN, Bernard H. "Protecting Economic Liberties". *Chapman Law Review*, volume 6, number 1, Spring 2003, p. 46). Tradução livre: "Coke via o *common law* – cujas bases se encontravam na Magna Carta – como uma limitação aos poderes reais e de outros órgãos governamentais incluindo o Parlamento".

[233] Para alguns autores, todavia, explicações como a acima não passam de "especulação retroativa" (*retroative speculative reading*) (BERGER, Raoul. *Congress v. the Supreme Court*. New York: Bantam Books, 1975. p. 381).

[234] Cf. CORWIN, Edward S. *The "Higher Law" Background of American Constitutional Law*. 14. ed. Ithaca and London: Cornell University Press, 1995. p. 50; HILL, Christopher. *Origens Intelectuais da Revolução Inglesa*. São Paulo: Martins Fontes, 1992. p. 343. Segundo LAWRENCE STONE, COKE tentaria, posteriormente, transferir tal atribuição à Câmara dos Lordes: "Há algumas evidências de que nos anos de 1620, *Sir* EDWARD COKE estava procurando manipular a Câmara

de restabelecer o "equilíbrio" entre rei, lordes e cidadãos comuns[235], rompido pelos Stuarts. Por outro lado, o *dictum* de COKE no caso *Bonham* também pode ser explicado pelo início de um movimento de transição, na Inglaterra, de um direito jurisprudencial[236] (*common law*) para um direito legislado (*statute* law).

---

dos Lordes no sentido de adotar um papel de mediadora na crescente crise constitucional, depois de ter fracassado em sua tentativa de atribuir tal posição aos juízes" (*Causas da Revolução Inglesa 1529-1642*. Bauru: EDUSC, 2000. p. 218). A visão dos tribunais como mediadores reaparece, no século XVIII, em ALEXANDER HAMILTON: "É muito mais sensato supor que os tribunais foram concebidos para ser um intermediário entre o povo e o legislativo, de modo a, entre outras coisas, manter este último dentro dos limites atribuídos a seu poder" (MADISON, James *et alii*. *Os Artigos Federalistas: 1787-1788*. Apresentação de Isaac Kramnick. Rio de Janeiro: Nova Fronteira, 1993. p. 481). No direito brasileiro, JOSÉ LUIZ DE ANHAIA MELLO manifesta-se em termos semelhantes, ao vislumbrar no Judiciário "uma espécie de poder moderador entre os outros poderes, e entre esses e os cidadãos" (*Da Separação de Poderes à Guarda da Constituição*. São Paulo: RT, 1968. p. 44).

[235] Cf. PALOMBELLA, Gianluigi. *Filosofia do Direito*. São Paulo: Martins Fontes, 2005. p. 55. O "equilíbrio" a que alude o autor italiano ocorreria apenas com a Revolução Gloriosa. É difícil, contudo, aceitar a idéia de "equilíbrio" em que uma das partes (os lordes e os comuns, com assento no Parlamento) torna-se "soberana".

[236] Contrariando a advertência do preclaro ADHEMAR MACIEL (*Dimensões do Direito Público*. Belo Horizonte: Del Rey, 2000. p.84), optamos por traduzir a expressão *common law*. Para tanto, utilizamos a expressão direito jurisprudencial (e não direito consuetudinário, em que pese tal tradução seja adotada por alguns autores citados), utilizada por RENÉ DAVID (*Os Grandes Sistemas do Direito Contemporâneo*. 3. ed. São Paulo: Martins Fontes, 1998. p. 348) e JOHN GILISSEN (*Introdução Histórica ao Direito*. 2. ed. Lisboa: Fundação Calouste Gulbenkian, 1995. p. 208), vez que o *common law*, mais do que o direito comum a toda Inglaterra (em oposição aos costumes locais predominantes antes da conquista normanda), era o direito

Com efeito, no início do século XVII, as instituições políticas e o direito inglês ainda eram[237], basicamente, medievais[238], o que explica a importância atribuída por COKE ao *common law*:

> "O conceito de direito costumeiro não era, na Idade Média, meramente excepcional e complementar ao direito legal, como veio a ser no século XIX"[239].

Plenamente compreensível, pois, a existência de um "enraizamento no passado"[240], representado pelo *common law*[241]:

---

comum *interpretado e aplicado* pelos tribunais, criados por Henrique II (1133-1189) no século XII (CORWIN, Edward S. *The "Higher Law" Background of American Constitutional Law*. 14. ed. Ithaca and London: Cornell University Press, 1995. p. 25).

[237] "O século XVII é decisivo na história da Inglaterra. É a época em que a Idade Média chega ao fim" (HILL, Christopher. *O Eleito de Deus: Oliver Cromwell e a Revolução Inglesa*. São Paulo: Companhia das Letras, 1988. p. 13).

[238] Cf. MCILWAIN, Charles Howard. *The American Revolution: A Constitutional Interpretation*. Great Seal Books: Ithaca, New York, 1961. p. 94.

[239] Cf. SALDANHA, Nelson. *O Estado Moderno e o Constitucionalismo*. São Paulo: Bushatsky, 1976. p. 100. A verdade é que, na época medieval, as leis não eram tratadas com grande reverência (*"statutes were not held in great reverence"*), quer pelos juízes, quer pelas próprias leis (MCILWAIN, Charles Howard. *The High Court of Parliament and its Supremacy*. New Haven: Yale University Press, 1910. p. 298).

[240] CHRISTOPHER HILL alude ao gosto de COKE por "antiguidades jurídicas", revelado, inclusive, pela aquisição regular de livros de história ao longo de sua vida (*Origens Intelectuais da Revolução Inglesa*. São Paulo: Martins Fontes, 1992. p. 241). Cf. HASSALL, W. O. (ed.). *Catalogue of the Library of Sir Edward Coke*. Preface by Samuel Thorne. New Haven: Yale Unniversity Press, 1950.

[241] Segundo *Lord* LESLIE SCARMAN o *common law* "é tão natural na cena inglesa como o carvalho, o freixo e o sabugueiro. É anterior

"No medievo, a norma por um lado saía da comunidade (como o poder, que era atributo desta), e por outro vinha de Deus. O enraizamento no passado confirmava sua origem comunitária, e garantia seu caráter santo, já que no conceito geral a coisa antiga era venerável como tal"[242].

É nesse sentido que se pode atribuir à idéia de "lei fundamental" (*fundamental law*), que em COKE é identificada com o *common law*[243] (ou com os princípios de justiça e máximas consagrados pelo *common law*[244] ou,

---

ao Parlamento e ao processo legislativo" (*O Direito Inglês: A Nova Dimensão*. Porto Alegre: Fabris, 1978. p. 14).

[242] Cf. SALDANHA, Nelson. *O Estado Moderno e o Constitucionalismo*. São Paulo: Bushatsky, 1976. p. 141. Isto é, o *common law* era antigo porque era bom e não bom por ser antigo. Como ressaltou STONER, a antiguidade é uma presunção, não uma prova, de sabedoria (*Common Law and Liberal Theory: Coke, Hobbes, and the Origins of American Constitutionalism*. Lawrence: University Press of Kansas, 1992. p. 66).

[243] Cf. BERMAN, Harold J. "The origins of historical jurisprudence: Coke, Selden, Hale (Sir Edward Coke, John Selden, Sir Matthew Hale). *Yale Law Journal*, volume 103, issue 7, May 1, 1994, p. 1669; MCILWAIN, Charles Howard. *Constitutionalism Ancient and Modern*. Ithaca: Cornell University Press, 1958. p. 12. A expressão (*fundamental law*) é utilizada por COKE na *Second Institute* ao se referir à Magna Carta ("lei antiga e fundamental") (MCILWAIN, Charles Howard. *The High Court of Parliament and its Supremacy*. New Haven: Yale University Press, 1910. p. 82).

[244] Cf. GOUGH, J. W. *Fundamental law in English Constitutional History*. Littleton: Fred B. Rothman & Co., 1985. p. 40-41. Entendimento que explica melhor o papel corretivo ou suplementar do *statute law*, diante do qual admite-se, em alguns casos, a alteração do *common law*. Realmente, COKE, na *Fourth Institute*, explica que as leis (*statutes*) podem ser introdutórias de um direito novo (*new law*), declaratórias do direito antigo (*ancient law*) ou de ambas as espécies, por exemplo, ao aumentar a pena de um crime ou determinar providências semelhantes (SHEPPARD, Steve (ed.). *The Selected Writings of Sir Edward Coke*. v. II. Indianapolis: Liberty Fund, 2003. pp. 1111-1112).

ainda, com a idéia de razoabilidade[245]), um aspecto conservador[246].

Deveras, como ressaltado, entre outros autores, por CHRISTOPHER HILL[247], no que dizia respeito ao *common law* COKE era um conservador[248], interpretação que encontra confirmação nas palavras do próprio jurista, ao afirmar que o *common law* "purificada e aperfeiçoada pelos mais sábios dos homens ao longo de sucessivas épocas, ... não pode, sob pena de grande risco, ser alterada ou modificada"[249].

---

[245] Cf. LEWIS, John Underwood. "Sir Edward Coke (1552-1634): His Theory of 'Artificial Reason' as a Context for Modern Basic Legal Theory". In: *Law, Liberty, and Parliament: Selected Essays on the Writings of Sir Edward Coke*. Edited by Allen D. Boyer. Indianapolis: Liberty Fund, 2004. pp. 115-116.

[246] Cf. SALDANHA, Nelson. *O Estado Moderno e o Constitucionalismo*. São Paulo: Bushatsky, 1976. p. 89.

[247] "A posição de Coke era formalmente conservadora: antes que seja instituída qualquer novidade, é preciso refletir muito, para se ter a certeza de que ela não contraria a lei da terra" (*Origens Intelectuais da Revolução Inglesa*. São Paulo: Martins Fontes, 1992. p. 332). Ou seja, a correção de leis antigas é algo perigoso; a criação de novas leis, ainda mais perigoso (HELGERSON, Richard. "Writing the Law". In: *Law, Liberty, and Parliament: Selected Essays on the Writings of Sir Edward Coke*. Edited by Allen D. Boyer. Indianapolis: Liberty Fund, 2004. p. 46).

[248] Um "conservador genial", segundo ORLANDO BITTAR (*Obras Completas de Orlando Bittar – Estudos de Direito Constitucional e Direito do Trabalho*. v. 1. Rio de Janeiro: Renovar, 1996. p. 525). Não obstante, "o conjunto da obra de Coke foi um exercício para adaptar o *common law* às necessidades de uma sociedade em mudança" (HILL, Christopher. *Origens Intelectuais da Revolução Inglesa*. São Paulo: Martins Fontes, 1992. p. 400).

[249] Cf. HILL, Christopher. *Origens Intelectuais da Revolução Inglesa*. São Paulo: Martins Fontes, 1992. p. 337. Para COKE o direito não poderia ser feito da noite para o dia; deveria crescer lentamente e evoluir com base em suas raízes (SMITH II, George P. "Dr. Bonham's Case

Assim, o *dictum* de COKE no caso *Bonham* pode ser visto como reacionário[250], no sentido literal do termo, pois representava uma reação contra a mudança (ou a possibilidade de mudança) que se insinuava, consistente na atribuição ao Parlamento, e não aos juízes, a primazia na "criação"[251]

---

and the Modern Significance of Lord Coke's Influence". *Washington Law Review*, volume 41, 1966, p. 299).

[250] Em sentido contrário: BERMAN, Harold J. "The origins of historical jurisprudence: Coke, Selden, Hale (Sir Edward Coke, John Selden, Sir Matthew Hale). *Yale Law Journal*, volume 103, issue 7, May 1, 1994, p. 1674. A divergência, porém, parece residir na distinção proposta pelo autor entre "reacionário" e "conservador".

[251] Para COKE o juiz, como "voz da lei" (*judex est lex loquens*) não criava o direito: "Um novo julgamento não outorga ou cria uma nova lei, mas ratifica a antiga; ... através de um julgamento, a lei revela-se de uma nova forma que há muito se encontrava oculta" (HILL, Christopher. *Origens Intelectuais da Revolução Inglesa*. São Paulo: Martins Fontes, 1992. p. 343). É a *declaratory theory of the common law* (GILISSEN, John. Introdução Histórica ao Direito. 2. ed. Lisboa: Fundação Calouste Gulbenkian, 1995. p. 212). A idéia de "criação" do direito era estranha ao pensamento da época (MCILWAIN, Charles Howard. *The High Court of Parliament and its Supremacy*. New Haven: Yale University Press, 1910. p. 46). Em sentido contrário manifestou-se, no século XX, *Sir* ALFRED DENNING, alegando que os juízes criam o direito porque ninguém sabe o que o direito é até que ele seja declarado (*The Changing Law*. London: Stevens & Sons Limited, 1953. p. vii). A razão, a nosso ver, encontra-se ao lado de COKE. Como ressaltou LUIZ GUILHERME MARINONI, ainda que o juiz, com a sentença, crie uma norma individual (tese de CARNELUTTI e CALAMANDREI), ele o faz com base em uma norma geral, isto é, o juiz não cria um direito antes inexistente (MARINONI, Luiz Guilherme. "A jurisdição no Estado Contemporâneo". In: *Estudos de Direito Processual Civil – Homenagem ao Professor Egas Dirceu Moniz de Aragão*. Coordenador Luiz Guilherme Marinoni. São Paulo: RT, 2005. p. 48). Isto não significa, no entanto, que o juiz seja um mero repetidor de regras. Em muitos casos, especialmente em matéria constitucional, o deslinde da questão de direito submetida ao

do direito, o que alteraria profundamente o *common law*[252].
O que nos leva à questão do fundamento jurídico da decisão. Em primeiro lugar, qual a tese defendida por COKE? Outrossim, ela era compatível com o direito inglês então existente?

Para COKE o Parlamento não poderia aprovar lei (*statute*) derrogando a regra *nemo debet esse judex in propria causa*

órgão jurisdicional demanda, mais do que uma "simples" interpretação da norma (*interpretation*), um método exegético diverso, denominado *construction*: "Esse poder de indagação constitucional, de pesquisa dos princípios básicos em que assenta o mecanismo, tem sido obra de método exegético, denominado *construction*, diverso da *interpretation*, mais preso, este, à regra escrita, e que se dirige ao significado de uma palavra ou à elucidação de uma frase; ao passo que o processo lógico da *construction* é diverso, muito mais amplo, compreende a Constituição no seu todo – "as a whole" – no seu espírito, na coordenação das suas cláusulas, na revelação dos seus princípios subentendidos, na investigação das cláusulas que, não escritas, te-lo-íam sido se o legislador constituinte tivesse tido diante de si as circunstâncias coetâneas da exegese" (NUNES, Castro. *Teoria e Prática do Poder Judiciário*. Rio de Janeiro: Forense, 1943. p. 641). Ainda assim, há limites à atuação do intérprete. "A Constituição não pode ser o que intérprete quer" (STRECK, Lenio Luiz. "Apresentação". In: TRIBE, Laurence e DORF, Michael. *Hermenêutica Constitucional*. Belo Horizonte: Del Rey, 2006. p. xxxiii).

[252] Para RENÉ DAVID o direito de origem legislativa apresenta para o inglês um caráter "um pouco anormal" (*Os Grandes Sistemas do Direito Contemporâneo*. 3. ed. São Paulo: Martins Fontes, 1998. p. 326). Não é de se estranhar, pois, que a idéia do *common law* como *judge-made-law* resista até os dias de hoje, em que, especialmente nos Estados Unidos, é crescente, se não predominante, a importância do direito legislado (*statutory law*): "*The common law is not a legislative enactment but the synthesis of general standards derived from countless court decisions*" (HOWARD, Philip K. *The Death of Common Sense*. New York: Warner Books, 1996. p. 22). Tradução livre: "O *common law* não é produto de um ato legislativo, mas a síntese de *standards* derivados de incontáveis decisões judiciais".

(ninguém pode ser juiz em causa própria)[253] em razão da superioridade[254] do *common law* (direito jurisprudencial),

---

[253] Segundo COKE nem mesmo o Rei pode ser juiz em causa própria (SHEPPARD, Steve (ed.). *The Selected Writings of Sir Edward Coke*. v. III. Indianapolis: Liberty Fund, 2003. p. 1203).

[254] O *common law* (*common right and reason*) é o *law of the land* (MARTEL, Letícia de Campos Velho. *Devido Processo Legal Substantivo: Razão Abstrata, Função e Características de Aplicabilidade*. Rio de Janeiro: Lumen Juris, 2005. p. 27), isto é, a lei do país (*lex terrae*), a grande e principal fonte do direito (*"the great and principal law"*) (SHEPPARD, Steve (ed.). *The Selected Writings of Sir Edward Coke*. v. III. Indianapolis: Liberty Fund, 2003. p. 1262), que portanto não pode ser contrariado. É, pois, um *higher law* (CORWIN, Edward S. *The "Higher Law" Background of American Constitutional Law*. 14. ed. Ithaca and London: Cornell University Press, 1995. p. 47). No caso *Rowles v. Mason* (1612) asseverou COKE que o *common law* "corrige, autoriza e desautoriza tanto a lei quanto o costume" (*"corrects, allows, disallows, both estatute law, and custom"*) e que se há "incongruência na lei... o *common law* a desautoriza e a rejeita" (*"repugnancy in statute ... the common law disallows and rejects it..."*). Para COKE as condutas proibidas pelo *common law* seriam de per si ilícitas (*mala in se*), ao contrário das condutas proibidas pelas leis, que seriam ilícitas por convenção (*mala prohibita*), razão pela qual apenas estas (e não aquelas) poderiam ser objeto do *dispensing power* do monarca (MCILWAIN, Charles Howard. *The High Court of Parliament and its Supremacy*. New Haven: Yale University Press, 1910. p. 311). Segundo outros, porém, não se trata propriamente de uma questão de hierarquia, ao menos originariamente. De acordo com o já citado MCILWAIN a lei escrita (*statute*), em seu significado original, era uma afirmação do direito existente (basicamente do *common law*) e, portanto, não poderia, logicamente, contrariá-lo ("Magna Carta and Common Law". In: *Magna Carta Commemoration Essays*. London: Royal Historical Society, 1917. p.145). No mesmo sentido: Anônimo. "Vox Populi". In: *The Struggle for Sovereignty: Seventeenth Century English Political Tracts*. v. 2. Edited and with an introduction by Joyce Lee Malcolm. Indianapolis: Liberty Fund, 1999. p. 659. Isto não significa, porém, que a "declaração" do direito pelo Parlamento ao legislar fosse idêntica, em substância, à declaração do direito realizada pelos Tribunais, como pretendeu

que consagrava tal regra[255], sobre o *statute* law (direito legislado).

Nesse passo, alguns esclarecimentos se fazem necessários.

O primeiro é que de acordo com o conceito de *common law* defendido por COKE a expressão "contra o direito e a razão" ("against *common right and reason*"), utilizada na decisão, é pleonástica.

Deveras, afirma COKE, na *First Institute of the Laws of England*:

"A razão é a vida do direito. Não, o *common law* não é ele próprio outra coisa que a razão[256]. O direito, que é a perfeição ar-

---

M. J. C. Vile (*Constitutionalism and the Separation of Powers*. 2. ed. Indianapolis: Liberty Fund, 1998. p. 27). Não há que se confundir interpretação e aplicação do direito.

[255] COKE, todavia, não chega a justificar PORQUE alguém não poderia ser juiz em causa própria, e assim agiu, provavelmente, por entender ser óbvia a razão da proibição (JUDSON, Margaret A. *The Crisis of the Constitution: An Essay in Constitutional and Political Thought in England, 1603-1645*. New Brunswick: Rutgers University Press, 1988. p. 100). Nesse sentido, afirma JOHN V. ORTH que a proibição de que alguém seja juiz e parte ao mesmo tempo é tão obvia que a pergunta "pode um homem ser juiz em causa própria?" praticamente contém em si mesma a resposta (*Due Process of Law: A Brief History*. Lawrence: University Press of Kansas, 2003. p. 15).

[256] Para MIGUEL REALE a concepção de COKE "corresponde ao ideal de Rousseau sobre a lei como 'raison écrite'" (*Pluralismo e Liberdade*. 2. ed. Rio de Janeiro: Expressão e Cultura, 1998. p. 229). O eminente jurista e filósofo, porém, concorda com a afirmação de COKE apenas no sentido de que "o *poder objetivante* do poder, no campo do direito, alberga uma destinação racional, sob pena de reduzir-se ao arbítrio" (idem, ibidem), aduzindo que ROSCOE POUND precisou melhor a questão ao defender que o direito é a experiência desenvolvida pela razão e a razão testada pela experiência.

tificial da razão²⁵⁷, resultado de longo estudo, observação e experiência, e não a razão natural do homem comum" ("*Reason is the life of the law, nay the common law itself is nothing but reason; which is to be understood of an artificial perfection of reason, gotten by long study, observation and experience, and not of every man's natural reason*")²⁵⁸.

O segundo é que a "razão" a que se refere COKE não é a razão natural, "o sentimento impreciso de justiça que os cidadãos podem ter"²⁵⁹, mas uma razão "artificial", própria

---

²⁵⁷ A idéia do direito (*law*) como perfeição da razão humana (*perfection of human reason*) reapareceria nos discursos do Deputado JOHN BINGHAM, autor do trecho da 14ª Emenda que contém a cláusula do devido processo legal, o que reforça, a nosso ver, a tese de que o devido processo legal substantivo encontra raízes nas idéias de COKE manifestadas em decisões como a preferida no caso *Bonham* (SIEGAN, Bernard H. "Economic Liberties and the Constitution: Protection at the State Level". *Cato Journal*, volume 4, number 3, Winter 1985, p. 696).

²⁵⁸ 1 Institutes 97b

²⁵⁹ Cf. DAVID, René. *Os Grandes Sistemas do Direito Contemporâneo*. 3. ed. São Paulo: Martins Fontes, 1998. p. 351. Segundo GIANLUIGI PALOMBELLA a "sabedoria" do *common law* "bem se distingue da racionalidade abstrata e puramente anti-histórica da lei natural de cunho continental" que inspiraria a revolução francesa (*Filosofia do Direito*. São Paulo: Martins Fontes, 2005. p. 50). Isto é, o *common law* não se confunde com o direito natural da Europa continental, que influenciou a revolução norte-americana.

dos juízes[260]-[261] (= judicial)[262], "com a preocupação essencial de edificar um sistema coerente de direito"[263], distinção

---

[260] Em resumo, a interpretação das leis é tarefa para especialistas, como advertiu COKE em seus *Reports*: "O conselho que dou aos sábios e solenes historiadores é que não se ponham a interpretar nenhum pormenor ou segredo de qualquer arte ou ciência, especialmente as leis deste reino, sem antes consultar os que as conhecem e dominam" (*apud* HILL, Christopher. *Origens Intelectuais da Revolução Inglesa*. São Paulo: Martins Fontes, 1992. p. 303). Também na *First Institute* assevera COKE que o objetivo de uma educação jurídica é transmitir os "segredos da lei" (Idem, p. 341). Não causa espanto, portanto, que Coke atribuísse "a confusão da lei aos leigos que faziam 'transferências, escrituras, documentos e testamentos' sem um aconselhamento jurídico adequado, e às leis do Parlamento que eram redigidas por leigos" (Idem, pp. 337-338).

[261] Em sentido contrário: POSNER, Richard A. *Law, Pragmatism, and Democracy*. Cambridge: Harvard University Press, 2003. p. 73. POSNER, contudo, em obra anterior, ressalta (a nosso ver com razão), que um dos mais importantes deveres dos juízes é resistir ao apelo do senso comum e de justiça do leigo (*Overcoming Law*. Cambridge: Harvard University Press, 1995. p. 71).

[262] Cf. CORWIN, Edward S. *The "Higher Law" Background of American Constitutional Law*. 14. ed. Ithaca and London: Cornell University Press, 1995. p. 26.

[263] Cf. DAVID, René. *Os Grandes Sistemas do Direito Contemporâneo*. 3. ed. São Paulo: Martins Fontes, 1998. p. 351. "É da essência do pensamento jurídico e das decisões justas que o profissional do direito procure tornar coerente todo o sistema", o que pode se dar de duas maneiras: "Em certas condições, a saber, quando alguns princípios básicos do direito tiverem prevalecido por longo tempo, estes de fato governarão todo o sistema jurídico, seu espírito geral, bem como cada norma isolada e cada aplicação em seu interior. Nessas ocasiões, o sistema jurídico possuirá grande estabilidade intrínseca. Todo profissional do direito, ao interpretar ou aplicar uma norma que não esteja de acordo com o restante do sistema, procurará adaptá-la de modo a conformá-la às outras. Ocasionalmente, os profissionais do direito, em seu conjunto, podem assim, na verdade, até anular a intenção do legislador, não por desrespeito ao direito, mas porque sua

com base na qual sustentou o jurista[264], diante de JAIME I, não poder o monarca proferir julgamentos[265], impondo a sua vontade sobre o *common law*:

> técnica os leva a privilegiar o que ainda é a parte predominante do direito e a inserir nele um elemento estranho, transformando-o de modo a harmonizá-lo com o conjunto. A situação é totalmente diversa, no entanto, quando uma filosofia geral do direito contrária à maior parte do direito existente começa a prevalecer. Os mesmos profissionais, por meio dos mesmos hábitos e técnicas, e em geral de modo igualmente involuntário, tornar-se-ão uma força revolucionária, tão eficazes na transformação do direito em seus mínimos detalhes quanto o foram antes na sua preservação. As mesmas forças que, no primeiro caso, contribuem para a imobilidade, tenderão, no segundo, a acelerar a mudança até que esta tenha transformado todo o corpo de leis muito além de quaisquer expectativas ou desejos" (HAYEK, Friedrich A. *Direito, Legislação e Liberdade*. v. I. São Paulo: Visão, 1985. pp. 73-74).

[264] COKE defendeu a submissão do Rei a Deus e à lei invocando a autoridade do jurista medieval BRACTON, segundo o qual "o rei não deve estar sob qualquer homem, mas governar sob Deus e a lei" (*apud* POUND, Roscoe. *Liberdade e Garantias Constitucionais*. 2. ed. São Paulo: Ibrasa, 1976. p. 11). BRACTON, porém, também afirmava que "ninguém pode proferir julgamento a respeito de uma carta ou ato do Rei, de modo a considerá-lo nulo" (*"no one can pass judgement on a charter or an act of the king, so as to make void the king's act"*) (*apud* MCILWAIN, Charles Howard. *Constitutionalism Ancient and Modern*. Ithaca: Cornell University Press, 1958. p. 71).

[265] Para JAIME I "os reis delegaram o direito de julgar a juízes, a eles subordinados, mas nem por isso renunciaram ao direito de julgar" (*"kings have delegated their right of judgement to subordinate magistrates, but kings do not thereby give away their own power to judge"*) (FORTIER, Mark. "Equity and ideas: Coke, Ellesmere, and James I (major legal conflicts in 1616 England involving Chief Justice Edward Coke, King James I and Lord Ellesmere)". *Renaissance Quarterly*, volume 51, issue 4, December 22, 1998, p. 1271. COKE, ao revés, afirmou no *Jentleman's Case* (6 Reports 11b): "É verdade que o Rei pode criar um novo Tribunal e nomear seus juízes, mas, depois que o Tribunal foi criado e instalado, aos juízes cabe decidir os assuntos do Tribunal"

"Se me permite Sua Majestade: é verdade que Deus houve por bem dotar a Sua Majestade de excelente ciência, assim como de grandes dotes naturais. Mas, Sua Majestade há de permitir que eu diga, com toda reverência, que não se acha instruído sobre as leis deste seu reino da Inglaterra; e que as causas que se referem à vida, ao patrimônio, aos bens ou às fortunas de seus súditos, não podem ser decididas pela razão natural, mas pela razão convencional e pelo direito, direito que é uma arte que requer muito estudo e experiência"[266].

Com efeito, segundo COKE o direito definitivo de interpretar as leis "não estava nem com o rei nem com o parlamento, e nem mesmo com ambos agindo em conjunto"[267], mas com os tribunais.

Nesse sentido, a relação entre o *common law* e o *statute law*, na visão de COKE, aproxima-se, a nosso ver, da existente entre o direito natural e o direito positivo em um modelo do tipo lockeano, em contraposição aos modelos do

---

("*it is true, the King may create a new Court, and appoint new Judges in it; but after the Court is established and created, the Judges of the Court ought to determine the matters in the Court*") (SHEPPARD, Steve (ed.). *The Selected Writings of Sir Edward Coke*. v. I. Indianapolis: Liberty Fund, 2003. p. 159).

[266] Cf. MOTTA FILHO, Cândido. *O Conteúdo Político das Constituições*. Rio de Janeiro, [s.n.], 1951. p. 59. De acordo com POSNER, a resposta de COKE engloba três elementos da visão do direito que tem o advogado tradicional (*orthodox lawyer*): o direito é razão (*reason*), não vontade (*fiat*); é uma forma especial de razão e não apenas senso comum, filosofia moral aplicada ou análise de políticas; e apenas os advogados o conhecem (*The Problems of Jurisprudence*. Cambridge: Harvard University Press, 1990. p. 10). Quanto a este último aspecto, o capítulo 45 da Magna Carta (1215) dá razão a COKE: "Nomearemos como juízes, delegados, xerifes ou meirinhos somente os que conhecerem a lei do reino e estiverem dispostos a observá-la bem".

[267] Cf. PIPES, Richard. *Propriedade e Liberdade*. Rio de Janeiro: Record, 2001. p. 163.

tipo tomista e hobbesiano, assim expostos por RONALDO PORTO MACEDO JR.:

"Bobbio descreve três modelos básicos de relação possível entre o direito natural e o direito positivo. Numa primeira formulação, o direito natural e o direito positivo mantêm entre si numa relação de principio e conclusão. Tal seria o pensamento de Santo Tomás, para quem o direito humano é concebido como um *conclusio* extraído de máximas generalíssimas do direito natural. O direito positivo ou humano retiraria do direito natural tanto o seu conteúdo como o seu próprio fundamento de validade.

Numa segunda formulação, o direito natural determinaria o conteúdo das normas jurídicas, enquanto o direito positivo, tornando-as obrigatórias, garante-lhes a eficácia. Neste modelo de tipo lockeano o direito positivo tem a função de garantir a eficácia das normas do direito natural. As normas singulares do direito positivo derivam das leis naturais o seu conteúdo, mas não o seu fundamento de validade. Numa terceira formulação, o direito natural constituiria o fundamento de validade do ordenamento jurídico positivo, considerado em seu conjunto. Nesse caso, o direito positivo depende do direito natural não quanto ao conteúdo, mas quanto à validade. Este seria basicamente o modelo hobbesiano, o que permitiria compreender o motivo pelo qual Hobbes é visto como o precursor de duas tradições bastantes distintas (jusnaturalismo e positivismo jurídico) e a complexa relação existente as Leis Naturais e as Leis Civis no Leviatã"[268].

Para HAROLD J. BERMAN a concepção histórica do *common law*[269] (e consequentemente do *due process of*

---

[268] Cf. *Carl Schmitt e a Fundamentação do Direito*. São Paulo: Max Limonad, 2001. pp. 128-129.

[269] "O direito incorpora a história do desenvolvimento de uma nação no curso de muitos séculos e não pode ser tratado como se apenas contivesse axiomas e corolários de um livro de matemática. Para saber o que é o direito, temos de saber o que foi e o que tende a ser"

*law*²⁷⁰) introduzida no século XVII por COKE corresponde a uma nova escola do pensamento jurídico (*historical jurisprudence*), distinta²⁷¹ e complementar²⁷² ao jusnaturalismo e ao positivismo

---

(HOLMES, Oliver Wendell. *O Direito Comum – As Origens do Direito Anglo-Americano*. Rio de Janeiro: O Cruzeiro, 1967. p. 29).

²⁷⁰ Cf. GRINOVER, Ada Pellegrini. *As Garantias Constitucionais do Direito de Ação*. São Paulo: RT, 1973. p. 34; LUCON, Paulo Henrique dos Santos. "Devido Processo Legal Substancial". Palestra apresentada das IV Jornadas Brasileiras de Direito Processual Civil em 8 de agosto de 2001. Disponível em: http://www.cpc.adv.br/Doutrina/Processual_Civil/devido_processo_legal_substancial.htm. Acesso em 23 dez. 2005 (citando voto do *Justice* Felix Frankfurter).

²⁷¹ De acordo com a concepção de COKE, o direito é fruto da razão, e não obra da vontade (= autoridade), como entende o positivismo (BOBBIO, Norberto. *O Positivismo Jurídico*. São Paulo: Ícone, 1995. p. 36). O tema foi enfrentado por HOBBES em uma de suas obras, na qual um filósofo (representando o próprio HOBBES) e um estudioso do *common law* (discípulo de COKE) discutem temas como a lei da razão e o poder supremo. HOBBES, porém, não compreende, ou deturpa, as idéias de COKE ao, por exemplo, identificar o *common law* com a lei de Deus (direito divino) ou a equidade (HOBBES, Thomas. *Diálogo entre um Filósofo e um Jurista*. Prefácio de Renato Janine Ribeiro. 2. ed. São Paulo: Landy Editora, 2004. p. 53 e 93). Deve ser compreendida com reservas, igualmente, a afirmação de RAOUL BERGER, fundada em uma citação do *Calvin's Case*, de que para COKE os termos "razão" (*reason*), isto é, o *common law*, e "direito natural" (*law of nature*) seriam equivalentes (*Congress v. the Supreme Court*. New York: Bantam Books, 1975. p. 375). Cf. nota abaixo.

²⁷² Segundo BERMAN, para COKE o direito natural e o direito positivo também fazem parte do *common law*: "*Thus Coke did not deny the validity of natural law, he considered that its legal effect in England is determined by its having been incorporated into the English common law. Positive law was also part of the common law. Coke never doubted the binding force of legislation, but he viewed legislation within the historical context of the precedents of the English common law courts, the historical common law statutes of Parliament such as Magna Carta, and, more generally, the understandings of the bench and the bar concerning the vast complex*

jurídico então dominantes, segundo a qual "a historia passada de um sistema legal encerra normas básicas que não apenas determinam, mas que também, por seu caráter histórico, devem determinar o seu desenvolvimento posterior e que vinculam a própria autoridade política soberana"[273].

Ainda que se possa fazer algumas restrições a tal concepção, pois a exacerbação do caráter histórico do direito (o que não é a nossa intenção), no limite, impede a sua evolução[274], tem ela o mérito de demonstrar que não é apenas a

---

of concepts, principles, rules, procedures, and institutions that constitute the numerous branches of the law – constitutional law, administrative law and procedure, criminal law and procedure, civil law and procedure, and the rest" (BERMAN, Harold J. "The origins of historical jurisprudence: Coke, Selden, Hale (Sir Edward Coke, John Selden, Sir Matthew Hale). *Yale Law Journal*, volume 103, issue 7, May 1, 1994, p. 1677). Tradução livre: "Assim Coke não negava a validade do direito natural, ele considerava que a sua eficácia jurídica na Inglaterra é determinada por sua incorporação ao *common law* inglês. O direito positivo também era parte do *common law*. Coke nunca questionou a força vinculante da legislação, mas considerava a legislação dentro do contexto histórico dos precedentes dos tribunais ingleses do *common law*, das leis aprovadas pelo Parlamento e, de forma ampla, do entendimento dos juízes e dos advogados relativos a um vasto complexo de conceitos, princípios, regras, procedimentos e tudo o mais". Em algumas passagens dos *Reports* (e também dos *Institutes*), contudo, COKE, talvez por razões didáticas, distingue o *common law* do *statute* law, afirmando que ambos, juntamente com os costumes, integram o direito da Inglaterra (*"the Law of England is divided into three parts, Common Law, Statute Law, and Custom"*) (SHEPPARD, Steve (ed.). *The Selected Writings of Sir Edward Coke*. v. I. Indianapolis: Liberty Fund, 2003. p. 489).

[273] *"... the past history of a legal system embodies basic norms which not only do govern but also, because of their historicity, should govern subsequent developments and which bind the sovereign political authority itself"* ("The origins of historical jurisprudence: Coke, Selden, Hale (Sir Edward Coke, John Selden, Sir Matthew Hale). *Yale Law Journal*, volume 103, issue 7, May 1, 1994, p. 1653).

[274] O que não ocorreu no caso do *common law*, como é notório.

doutrina do direito natural que vê no direito uma ordem normativa superior e independente da lei, como ressaltou SAN TIAGO DANTAS:

> "Não é apenas a doutrina do Direito Natural que vê no direito uma ordem normativa superior e independente da Lei. Mesmo os que concebem a realidade jurídica como algo mutável, e os princípios gerais do Direito como uma síntese das normas dentro de certos limites históricos, reconhecem que pode haver leis inconciliáveis com esses princípios, cuja presença no sistema positivo fere a coerência deste, e produz a sensação íntima do arbitrário, traduzida na idéia de *lei injusta*.
> É certo que o sistema positivo evolui pela obra gradual das inovações legislativas; o que parecia princípio imutável se vê atacado por uma, depois por várias exceções, e não tarda que se torne mero vestígio, de que a sistematização seguinte poderá prescindir. A essa transformação interna do direito, presidem, entretanto, regras de coerência, de oportunidade e de evolução. Pode ser difícil, impossível mesmo, enunciá-las com precisão teórica; mas o jurista distingue, em espécie, a lei nova, que modifica o sistema em que se absorve, da lei que destrói o sistema, onde não pode conviver"[275].

Quanto à compatibilidade da tese defendida por COKE com o direito inglês então vigente, a questão é controversa e complexa[276].

Em primeiro lugar, não tendo a Inglaterra uma constituição escrita, como já visto, não é possível traçar *prima*

---

[275] Cf. "Igualdade perante a Lei e *Due Process of Law*". In: *Problemas de Direito Positivo: Estudos e Pareceres*. 2. ed. Rio: Forense, 2004. pp. 34-35.

[276] Malgrado, para muitos, a discussão não tenha utilidade prática (mormente após quatrocentos anos), sob o argumento de que em razão da imensa autoridade de Coke mesmo os seus erros eram considerados a expressão do *common law* (SIEGAN, Bernard H. "Protecting Economic Liberties". *Chapman Law Review*, volume 6, number 1, Spring 2003, p. 46).

facie o que pode ou não pode legitimamente ser feito, pelo Rei, pelo Parlamento ou, no caso, pelos Tribunais do *common law*:

> "Na Inglaterra não existe nenhuma constituição escrita, nenhuma lei fundamental, nada visível, nada real, nada certo, em face da qual uma lei possa ser examinada" (tradução livre)[277].

Como observou RENE DAVID[278], "a vida política do povo britânico é governada por práticas, por 'convenções', em vez de o ser por regras: há o que se faz e o que não se faz, e admite-se que tanto uma coisa como outra podem mudar um dia em função de novas circunstâncias, num meio que não será mais o mesmo".

O exame da questão, portanto, deve principiar pela "tradição", o que, em se tratando do *common law* impõe o exame de precedentes[279] judiciais na mesma linha de *Bonham*[280].

---

[277] *"In England there is no written constitution, no fundamental law, nothing visible, nothing real, nothing certain, by which a statute can be tested"* – Van Horne's Lessee v. Dorrance, 2 U.S. 308 (1795). A própria doutrina da soberania parlamentar, que desde a Revolução Gloriosa é a pedra fundamental do direito constitucional inglês (cf., *infra*, Capítulo 7), torna-se frágil diante de uma constituição não-escrita (FITZGERALD, Peter L. "Constitutional Crisis Over the Proposed Supreme Court for the United Kingdom". *Temple International & Comparative Law Journal*, volume 18, number 2, 2004, p. 255).

[278] Cf. *O Direito Inglês*. São Paulo: Martins Fontes, 2000. p. 75.

[279] Segundo observou WORMUTH os poderes do Parlamento derivavam dos precedentes e eram por eles definidos (*The Royal Prerogative*. Ithaca: Cornell University Press, 1939. p. 61).

[280] É evidente que a tese defendida por COKE (a submissão das leis ao direito fundamental, identificado com o *common law*) era lógica e

Em seu voto, COKE cita 4 (quatro) decisões em que, com base no *common law*, se teria reconhecido a nulidade de uma lei (*statute*): *Tregor's Case, Fitzherbert's Abridgement* (ou *Cessavit 42*), *Strowd's Case* (ou caso do capítulo 14 do Estatuto 1 de Eduardo VI) e *Rous v. an Abbot* (ou *Annuity 41*).
De acordo com THEODORE F. PLUCKNETT, citado por BERNARD H. SIEGAN, apenas um deles (*Cessavit 42*), julgado em 1359 e do qual não se tem registro do inteiro teor (somente comentários, como era o costume), poderia servir como precedente válido[281], embora não houvesse evidência de que a lei foi julgada nula (ela apenas teria deixado de ser aplicada)[282]. PLUCKNETT, não obstante, sugere que outras duas decisões, a que COKE não faz referência, sustentariam, em parte, a decisão em *Bonham*.

Entre elas pode-se incluir a proferida, pelo próprio COKE, um ano antes, no *Calvin's Case*[283], ao afirmar que

---

fazia parte de uma teoria política e jurídica coerente, pois ele próprio já havia afirmado na *Second Institute*, com base em uma das confirmações da Magna Carta, que uma lei a ela contrária deveria ser tida por inexistente (SHEPPARD, Steve (ed.). *The Selected Writings of Sir Edward Coke*. v. II. Indianapolis: Liberty Fund, 2003. pp. 751-752). A "simples lógica", porém, não deve ser a primeira razão, e preferencialmente não deve ser a única, para justificar uma decisão judicial em um país que adota o *common law*.

[281] No mesmo sentido: SMITH II, George P. "Dr. Bonham's Case and the Modern Significance of Lord Coke's Influence". *Washington Law Review*, volume 41, 1966, p. 310.

[282] Por tal motivo, BERNARD H. SIEGAN é da opinião de que não é claro se *Cessavit 42* pode ser considerado um precedente válido de acordo com as regras do *common law* então vigentes (*Property Rights From Magna Carta to the Fourteenth Amendment*. New Brunswick: Transaction Publishers, 2001. p. 20).

[283] Cf, *supra*, Capítulo 3. A falta de referência ao caso *Calvin* em *Bonham* é considerada inexplicável por FITZGERALD ("An English Bill of Rights? Some Observations From Her Majesty's Former

o "direito natural é parte das leis da Inglaterra" (*"the Law of nature is part of the Law of England"*)[284] e que "o direito natural é imutável, não podendo ser alterado" (*"the Law of Nature is Immutable"*) para concluir que o autor, um súdito escocês, não poderia ser privado de seus direitos naturais (*natural rights*):

> "O Parlamento não pode retirar a proteção que o direito lhe outorgou, e, portanto, não obstante a lei, o Rei pode protegê-lo e perdoá-lo" (*"Parliament could not take away that protection which the law of nature giveth unto him, and therefore not withstanding that statute, the King may protect and pardon him"*)[285].

Colonies In America". *The Georgetown Law Journal*, volume 70, 1982, p. 1279), embora seja possível supor que o fato de o julgamento ser recente diminuísse a sua autoridade, aos olhos de COKE (que segundo vários autores tinha predileção por "antiguidades"), como precedente. Menos surpreendente é a omissão do caso *Calvin* na obra de GOLDSWORTHY a respeito da soberania parlamentar, vez que *Calvin* é um dos exemplos de que os Tribunais do *common law* entendiam ser possível declarar a nulidade das leis aprovadas pelo Parlamento (EDLIN, Douglas E. "Rule Britannia". *University of Toronto Law Journal*, volume LII, number 3, Summer 2002).

[284] Cf. SHEPPARD, Steve (ed.). *The Selected Writings of Sir Edward Coke*. v. I. Indianapolis: Liberty Fund, 2003. p. 195. Deve ficar claro, contudo, que é a disposição do *common law* em reconhecer o direito natural que lhe dava eficácia na Inglaterra (BURGESS, Glenn. *The Politics of the Ancient Constitution: An Introduction to English Political Thought, 1603-1642*. University Park, Pennsylvania: The Pennsylvania State University Press, 1993. p. 129). É nesse sentido que se deve compreender a afirmação, constante do relato do *Calvin's Case* fornecido por COKE, de que quanto à relação entre o Rei e seus súditos o direito inglês e o escocês era um só e o mesmo (SHEPPARD, Steve (ed.). *The Selected Writings of Sir Edward Coke*. v. I. Indianapolis: Liberty Fund, 2003. p. 176).

[285] 7 *Reports* 1.

COXE[286], embora faça referência aos casos citados por COKE, não fornece sua opinião a respeito da sua validade como precedentes. O comentário feito por COKE a respeito do voto do *Justice* HERLE (no caso *Tregor*), em que se defende a não aplicação de leis (*statutes*) contrários à lei e ao direito (*against law and right*), porém, parece autorizar a sua utilização como precedente.

CHARLES HOWARD MCILWAIN, todavia, após examinar o voto do *Justice* HERLE (e não o comentário de COKE), chega à conclusão de não há como afirmar, nem rejeitar, suas conclusões a respeito do caso *Tregor*[287]. O autor, por outro lado, demonstra que a lei foi considerada nula (e não impossível de ser cumprida) no caso *Rous v. an Abbot* (ou *Annuity 41*), transcrevendo o seguinte trecho do julgamento (em *law-french*): "*loppinion del court que cest statut est voide*"[288] ("a decisão da Corte é que a lei em questão é nula").

CHARLES GROVE HAINES[289], por sua vez, defende uma posição intermediária. Ainda que não existissem precedentes afirmando claramente que os atos do Rei e do Parlamento sujeitavam-se ao controle dos Tribunais do *common law*, os juízes, ao interpretar as leis, frequentemente alteravam o seu sentido ou se recusavam a lhes dar o efeito pretendido[290]. Além disso, os juízes costumavam aplicar os

---

[286] Cf. COXE, Brinton. *An Essay on Judicial Power and Unconstitutional Legislation*. New York, Da Capo Press, 1970. pp. 174-177.

[287] Cf. MCILWAIN, Charles Howard. *The High Court of Parliament and its Supremacy*. New Haven: Yale University Press, 1910. pp. 286-288.

[288] Cf. MCILWAIN, Charles Howard. *The High Court of Parliament and its Supremacy*. New Haven: Yale University Press, 1910. pp. 273-274.

[289] Cf. *The Revival of Natural Law Concepts*. Cambridge, Massachusetts: Harvard University Press, 1930. p. 37.

[290] Ou eram simplesmente "colocados de lado", segundo RAOUL BERGER (*Congress v. the Supreme Court*. New York: Bantam Books, 1975. p. 383).

princípios básicos da razão (*basic principles of reason*) ditados pelo *common law*, raramente sofrendo qualquer interferência do Rei ou do Parlamento. Finalmente, as freqüentes confirmações ou reafirmações da Magna Carta[291] pelos monarcas teriam servido para criar a impressão de que nela estariam consagrados princípios fundamentais, com base nos quais estaria estruturada a constituição inglesa[292].

No mesmo sentido, assim se manifestou MCILWAIN:

"Mas se nós descobrimos que em um determinado país, em determinada época, os juízes reconhecem certas regras, ou no caso concreto as cláusulas da Magna Carta, como permanentes e imutáveis e afastam atos que as revogariam de forma evidente, seja através de uma ficção ou de outro modo, sem levantar oposição; se nós descobrimos que comentaristas das leis de reconhecida autoridade tratam tais atos como infames ou mesmo nulos; parece seguro concluir a existência, nesse país, como um princípio jurídico ativo e operante, da concepção de uma lei superior em autoridade às promulgações ordinárias do órgão legislativo" (tradução livre)[293].

---

[291] Segundo COKE, até 1628 a Magna Carta fora confirmada 33 (trinta e três) vezes (SHEPPARD, Steve (ed.). *The Selected Writings of Sir Edward Coke*. v. III. Indianapolis: Liberty Fund, 2003. p. 1229).

[292] Isto não explica, no entanto, o porquê das repetidas confirmações. A resposta aparece na obra de CYNTHIA STEWART: "The need for repeated confirmations was part of the perennial problem of medieval law: the law must be known if it to be enforced. Confirmations served to remind both the King and the people of the existing laws" (*The evolution and interpretation of due process of law*. Ann Arbor: UMI/ProQuest, 2005. p. 28). Tradução livre: "A necessidade de repetidas confirmações era parte de um permanente problema do direito medieval: a lei precisava ser conhecida para ser obedecida e aplicada. As confirmações serviam para lembrar tanto ao Rei quanto ao povo das leis em vigor".

[293] "*But if we find in such a country, at such time, that judges recognize certain rules, or to put it concretely some clauses of Magna Charta, as permanent*

De qualquer forma, ainda que nenhum desses precedentes fosse invocável, o que parece improvável[294], isto não torna ilegítima (para não usar a expressão "inconstitucional" que pelas razões já invocadas seria de todo inadequada), automaticamente, a decisão em *Bonham*, vez que tampouco é citada alguma decisão em sentido contrário[295], isto é, negando aos Tribunais do *common law* o poder de deixar de aplicar uma lei, por considerá-la incompatível com o *common law* (ou com a *ancient constitution*, ou com as liberdades dos súditos ingleses).

Deveras, quer no *common law*, quer no civil law, quando se fala em precedente, em respeito ao precedente (*stare*

---

and unchangeable, and avoid acts derogatory of them in the most palpable manner, whether by a thin fiction or otherwise, without arising public opposition; if we find that legal commentators of accepted authority treat such derogatory acts as 'infamous' or even as void; it seems safe to conclude that there is in existence there, as an active living legal principle, the conception of a law superior in authority to the everyday enactments of a lawmaking body" (MCILWAIN, Charles Howard. *The High Court of Parliament and its Supremacy*. New Haven: Yale University Press, 1910. pp. 61-62)

[294] COKE, que era um mestre das complexidades e sutilezas do *common law* (BIRKENHEAD, Earl of. *Fourteen English Judges*. London: Cassell and Company, 1926. p. 35), não invocaria tais precedentes se eles pudessem ser facilmente refutados e tinha conhecimento de que precisaria da sua autoridade para que a decisão em *Bonham* fosse aplicada em futuros julgamentos (PLUCKNETT, Theodore F. T. "*Bonham's Case* and Judicial review". In: *Law, Liberty, and Parliament: Selected Essays on the Writings of Sir Edward Coke*. Edited by Allen D. Boyer. Indianapolis: Liberty Fund, 2004. p. 184).

[295] Adotando-se a linha de raciocínio desenvolvida pelo *Chief Justice* BEST no caso *Garland v. Jekyll* (1824), no sentido de que o que é dito por um jurista como COKE é indício do bom direito ("*what is said by such a person is good evidence of what the law is*") deve-se presumir, na ausência de decisões em contrário, serem válidos os precedentes citados em *Bonham*.

decisis), pressupõe-se a existência de uma primeira decisão a respeito de determinado tema, a qual, evidentemente, não tem por base outra decisão.

Como, então, chegar a uma resposta? Tendo em vista o caráter histórico do *common law* e a idéia de continuidade que marca a história constitucional e as instituições inglesas[296], entendemos ser possível demonstrar a compatibilidade de *Bonham* com o direito inglês do início do século XVII com base em decisões proferidas em momentos posteriores, relativas à prerrogativa real e congruentes com o pensamento político dominante na Inglaterra até 1688. Senão, vejamos.

Conforme se verá no capítulo seguinte, a idéia da supremacia do Parlamento (e consequentemente da lei) surge na Inglaterra por volta de 1640[297] e se torna dominante

---

[296] Cf. BURGESS, Glenn. *The Politics of the Ancient Constitution: An Introduction to English Political Thought, 1603-1642*. University Park, Pennsylvania: The Pennsylvania State University Press, 1993. p. 5; HOLDSWORTH, William. *Some Makers of English Law*. Cambridge: Cambridge University Press, 1966. p. 91; KEIR, David Lindsay. *The Constitutional History of Modern Britain*. 9. ed. New York: Norton Library, 1969. p. 1; TIGAR, Michael E. e LEVY, Madeleine R. *O Direito e a Ascensão do Capitalismo*. Rio de Janeiro: Zahar Editores, 1978. p. 252.

[297] Em sentido contrário: GOLDSWORTHY, Jeffrey. *The Sovereignty of Parliament*. Oxford: Oxford University Press, 1999. GOLDSWORTHY, contudo, menciona que para muitos (que não parecem ser apenas os partidários do rei, como pretende o autor) a lei não poderia alterar o direito hereditário à Coroa, entendimento que é confirmado pela ascensão de Jaime I ao trono inglês, vez que o testamento de HENRIQUE VIII, cujo cumprimento foi tornado obrigatório por lei, excluía os Stuart da linha sucessória, o que não ocorreu, sem que haja notícia, outrossim, de que tal lei tenha sido revogada (p. 91). Ora, se uma lei aprovada pelo Parlamento disciplinando um assunto tão importante quanto a sucessão real pode ser simplesmente desconsiderada, sem necessidade de revogação expressa, parece-nos ser difícil sustentar que o Parlamento fosse, á época, soberano.

apenas no século XVIII, após a consolidação da Revolução Gloriosa[298].

Consequentemente, no início do século XVII uma lei aprovada pelo Parlamento não poderia limitar o poder do Rei[299], privando-o, por exemplo, de algum dos direitos e

---

Não é este, contudo, o único exemplo do pensamento dominante da época. Em 1628, durante a discussão no Parlamento a respeito da aprovação da Petição de Direitos, JOHN PYM (1584-1643), um dos mais ativos membros da Câmara dos Comuns e crítico feroz de CARLOS I, afirmou que nem o Rei, nem o Parlamento, possuíam poder soberano (CORWIN, Edward S. The "Higher Law" Background of American Constitutional Law. 14. ed. Ithaca and London: Cornell University Press, 1995. p. 54; MCILWAIN, Charles Howard. The High Court of Parliament and its Supremacy. New Haven: Yale University Press, 1910. p. 83).

[298] Como pondera COXE, se após a Revolução de 1688 não é possível cogitar da nulidade de uma lei por conflitar com a prerrogativa real, o mesmo não pode ser dito antes dessa data (An Essay on Judicial Power and Unconstitutional Legislation. New York, Da Capo Press, 1970. p. 165). No mesmo sentido, Sir FREDERICK POLLOCK, citado por Sir LESLIE SCARMAN, assevera que "a onipotência do Parlamento não era a teoria ortodoxa do Direito Inglês, se é que chegou a ser ortodoxa", no início do século XVIII (O Direito Inglês: A Nova Dimensão. Porto Alegre: Fabris, 1978. p. 29). A supremacia do Parlamento foi estabelecida de forma gradual (HAINES, Charles Grove. The American Doctrine of Judicial review. 2. ed. New York: Russell & Russell, 1959. p. 9).

[299] GOLDSWORTHY reconhece ser "escassa" a evidência (para não dizer inexistente, vez que ele não cita nenhum exemplo ou caso concreto) de que uma lei poderia controlar ou diminuir a prerrogativa real, mas afirma (ou prefere acreditar) que tal ausência não significa que o Parlamento não tivesse autoridade para fazê-lo, sustentando que a idéia de que a prerrogativa real não poderia ser abolida ou restringida se desenvolveu apenas no início do século XVII (The Sovereignty of Parliament. Oxford: Oxford University Press, 1999. p. 57). De fato, parece ser correta, com alguns reparos, a última afirmação, mas isto não significa que sejam corretas as premissas adotadas pelo autor. Se a defesa da

Origem e Evolução do Devido Processo Legal Substantivo 123

faculdades integrantes da chamada prerrogativa real[300], pois isto seria contrário ao *common law*[301]. Admitindo-se, porém, que fosse aprovada uma lei com tal conteúdo, seria ela válida? Respondendo a tal pergunta no final do reinado de Jaime II (provavelmente após abril de 1687)[302], um texto

---

prerrogativa em face de atos do Parlamento surge no início do século XVII é porque, antes disso, tal defesa não se fazia necessária. A idéia de que a prerrogativa era inseparável da pessoa do Rei encontrava raízes na Idade Média e na era Tudor (JUDSON, Margaret A. *The Crisis of the Constitution: An Essay in Constitutional and Political Thought in England, 1603-1645*. New Brunswick: Rutgers University Press, 1988. p. 33) e era amplamente aceita por juristas no início do seculo XVII (GOUGH, J. W. *Fundamental law in English Constitutional History*. Littleton: Fred B. Rothman & Co., 1985. p. 47). O equívoco de GOLDSWORTHY (e de muitos que escreveram sobre o período) reside em presumir, com base na existência de limitações ao poder real, a soberania do Parlamento (ou vice-versa), falácia que foi bem apontada por EUNICE OSTRENSKY: "Demonstrar que o poder do rei não é absoluto ou supremo não equivale, de fato, a provar que o Parlamento seja soberano" (*As Revoluções do Poder*. São Paulo: Alameda, 2005. p. 157).

[300] Cf. BERGER, Raoul. *Congress v. the Supreme Court*. New York: Bantam Books, 1975. p. 382. DICEY, escrevendo ao final do século XIX, não fornece uma resposta afirmativa (por considerar desnecessário tratar de controvérsias políticas de "eras passadas"), mas sugere que os poderes da prerrogativa se encontravam em certa medida fora do alcance das deliberações do Parlamento (*Introduction to the Study of the Law of the Constitution*. Indianapolis: Liberty Fund, 1982. p. 20).

[301] De acordo com THEORODORE PLUCKNETT a prerrogativa era parte integrante do *common law* (apud GOLDSWORTHY, Jeffrey. *The Sovereignty of Parliament*. Oxford: Oxford University Press, 1999. p. 108). O entendimento é corroborado por COKE, em discursos proferidos no Parlamento em 1628 (SHEPPARD, Steve (ed.). *The Selected Writings of Sir Edward Coke*. v. III. Indianapolis: Liberty Fund, 2003. p. 1232 e 1285).

[302] GOLDSWORTHY menciona outros textos, publicados após a Restauração, no mesmo sentido. Não parece correta, contudo, a afirmação de que a idéia de que a autoridade legislativa do Parlamento

anônimo[303] (a respeito do poder do monarca de dispensar seus súditos de cumprir as leis) afirma negativamente, invocando inclusive a autoridade de COKE no *Case of Non Obstante or the Dispensing Power*[304] (1607), segundo o qual nenhum ato do Parlamento pode privar o Rei de qualquer prerrogativa que é própria e inseparável de sua pessoa (*"no Act [of Parliament] can bind the King from any Prerogative which is sole and inseparable to his person"*), para concluir que os atos do Parlamento que, por exemplo, retiram do Rei o direito de solicitar os serviços de seus súditos, incluído na prerrogativa real, são desde a origem nulos e írritos (*ab initio null and void*). E a resposta, apesar de desagradável a ouvidos modernos, parece ser a correta[305], pois a prerrogativa real foi sustentada pelos Tribunais do *common law* em pelo menos seis oportunidades: *Five Knights Case* (1627)[306], *Ship*

---

encontrava-se limitada por leis fundamentais mostrou-se mais influente após a restauração do que anteriormente (*The Sovereignty of Parliament*. Oxford: Oxford University Press, 1999. p. 142). Mais necessária, sem dúvida (pois àquela altura um Rei já havia sido decapitado), mas dificilmente mais influente (a não ser entre os realistas, que perceberam que o *common law* também poderia proteger o monarca), pelo mesmo motivo.

[303] Cf. "The King's Dispensing Power Explicated & Asserted". In: *The Struggle for Sovereignty: Seventeenth Century English Political Tracts*. v. 2. Edited and with an introduction by Joyce Lee Malcolm. Indianapolis: Liberty Fund, 1999. p. 826. Também MAITLAND faz referência ao entendimento de COKE (*The Constitutional History of England*. Cambridge: Cambridge University Press, 1965. p. 304).

[304] 12 *Reports* 18.

[305] Cf. JUDSON, Margaret A. *The Crisis of the Constitution: An Essay in Constitutional and Political Thought in England, 1603-1645*. New Brunswick: Rutgers University Press, 1988. p. 96.

[306] Embora a prerrogativa invocada no caso (= detenção de súditos sem necessidade de fundamentação e sem direito a fiança) pudesse e tenha sido considerada legítima, ela claramente foi utilizada para

*Money Case*³⁰⁷ (1638), *Thomas v. Sorrell* (1674)³⁰⁸, *Harri's Case* (1680), *Carr's Case* (1680) e *Godden v. Hales* (1686)³⁰⁹.

---

acobertar uma violação do *common law* (= exigência de tributo sem a aprovação parlamentar), como ressaltou BURGESS (*The Politics of the Ancient Constitution: An Introduction to English Political Thought, 1603-1642*. University Park, Pennsylvania: The Pennsylvania State University Press, 1993. p. 194). Cf, *infra*, Capítulo 7.

[307] Em seu voto o *Chief Justice* FINCH afirma que uma lei (*statute*) que pretendesse limitar a prerrogativa real seria nula (*void*) (HALLAM, Henry. *The Constitutional History of England*. v. 1. 5. ed. New York: A. C. Armstrong and Son, 1846. p. 431; HILL, Christopher. *The Century of Revolution 1603-1714*. 2. ed. Wokingham: Van Nostrand Reinhold: 1986. p. 46; MAITLAND, F. W. *The Constitutional History of England*. Cambridge: Cambridge University Press, 1965. p. 299).

[308] Em sentido contrário: GOLDSWORTHY, Jeffrey. *The Sovereignty of Parliament*. Oxford: Oxford University Press, 1999. p. 157 (para quem a lei não foi aplicada por ser contraditória, e não nula).

[309] De acordo com HALLAM não há nenhuma evidência que a decisão neste caso, proferida por ampla maioria (onze a um), fosse contrária ao direito vigente (*The Constitutional History of England*. v. 2. 5. ed. New York: A. C. Armstrong and Son, 1846. p. 279).

7
A REVOLUÇÃO GLORIOSA E A SUPREMACIA DO PARLAMENTO

As idéias revolucionárias[310] de COKE, porém, encontrariam um obstáculo intransponível[311] nas profundas alterações políticas dos anos vindouros.

Após a ascensão ao trono de CARLOS I, filho de JAIME I, a Coroa entra em rota de colisão com o Parlamento.

Em 1627, cinco cavaleiros (*knights*) são presos por se recusarem a pagar um empréstimo compulsório (*forced loan*) instituído pelo Rei e recorrem ao *King's Bench* sustentando a ilegalidade da cobrança (é o chamado *Five Knights Case*). O Tribunal, sem examinar a legitimidade da cobrança, reconhece unanimemente que é prerrogativa do Rei determinar

---

[310] "... *the theory of the supremacy of the common law was itself a bold innovation, which carried with it radically new applications ...*" (BERMAN, Harold J. "The origins of historical jurisprudence: Coke, Selden, Hale (Sir Edward Coke, John Selden, Sir Matthew Hale). *Yale Law Journal*, volume 103, issue 7, May 1, 1994, p. 1674). Tradução livre: "A teoria da supremacia do *common law* era ela própria uma inovação ousada, que trazia consigo aplicações radicalmente novas".

[311] Cf. BELZ, Herman. *Living Constitution or Fundamental Law? – American Constitutionalism in Historical Perspective*. Lanham: Rowman & Littlefield Publishers, Inc., 1998. p. 17; HAINES, Charles Grove. *The Revival of Natural Law Concepts*. Cambridge, Massachusetts: Harvard University Press, 1930. p. 34; JENKINS, David. "From Unwritten to Written: Transformation in the British Common-Law Constitution". *Vanderbuilt Journal of Transnational Law*, volume 36, number 3, May 2003, p. 889.

a prisão de qualquer indivíduo sem necessidade de fundamentação e sem direito a fiança[312] (os réus seriam soltos algum tempo depois).

Em 1628, necessitando de mais recursos para a guerra contra a França[313], CARLOS I convoca um novo Parlamento (o terceiro de seu reinado). Os Comuns, sob a liderança de COKE e com a lembrança do *Five Knights Case*[314], condicionam a aprovação da cobrança de novos tributos à anuência do monarca à Petição de Direitos (*Petition of Right*)[315], redigida pelo ilustre advogado. Na Petição, que se alinha em espírito, propósito e método ao lado da Magna Carta[316], os súditos pedem (= exigem) ao Rei[317] que,

---

[312] Cf. KENYON, J. P. *Stuart England*. 2. ed. London: Penguin Books, 1990. p. 110; WORMUTH, Francis D. *The Origins of Modern Constitutionalism*. New York: Harper & Brothers, 1949. p. 40.

[313] Guerra dos Trinta Anos (1618-1648).

[314] Cf. GUY, J. A. "The Origins of the Petition of Right Reconsidered". In: *Law, Liberty, and Parliament: Selected Essays on the Writings of Sir Edward Coke*. Edited by Allen D. Boyer. Indianapolis: Liberty Fund, 2004. pp. 328-356.

[315] Inicialmente, o Parlamento pretendia apresentar suas reivindicações através de um projeto (*bill*), que se aprovado pelo Rei transformar-se-ia em lei (*statute*). Carlos I, porém, discordou de tal solução, sob o argumento de que a aprovação de uma lei configuraria uma alteração das leis da Inglaterra. Para solucionar o impasse, COKE teve a idéia de redigir a *Petition of Right*, que ao mesmo tempo em que disciplinava as controvérsias entre o monarca e seus súditos o fazia afirmando tratar-se da interpretação "tradicional" do direito inglês vigente (ASHTON, Robert. *Reformation and Revolution 1558-1660*. London: Paladin Books, 1984. p. 261).

[316] Cf. BITTAR, Orlando. *Obras Completas de Orlando Bittar – Estudos de Direito Constitucional e Direito do Trabalho*. v. 2. Rio de Janeiro: Renovar, 1996. p. 66.

[317] O Rei, antes de manifestar o seu consentimento, consultou informalmente os juízes (HALLAM, Henry. *The Constitutional History of England*. v. 1. 5. ed. New York: A. C. Armstrong and Son, 1846.

"de hoje em diante, nenhum homem seja obrigado a fazer qualquer dádiva, empréstimo, benevolência, tributo ou outro encargo semelhante sem consentimento comum do parlamento: (2) e que ninguém seja convocado a responder ou fazer tal juramento ou a comparecer, ser preso ou de outra qualquer maneira ser molestado ou perturbado em relação ao mesmo, ou porque assim o recuse: (3) e que nenhum homem livre, por qualquer maneira conforme ficou mencionado, seja preso ou detido: (4) e que vossa Majestade se dignasse de remover os ditos soldados e marinheiros, e que vosso povo não seja tão sobrecarregado para o futuro: (5) e que as ditas incumbências, para proceder por lei marcial, sejam revogadas e anuladas; e que daqui em diante não se expeça qualquer incumbência de igual natureza a qualquer pessoa ou pessoas para que a executem conforme ficou dito, para que sob pretexto da mesma nenhum súdito de Vossa Majestade seja destruído, ou receba sentença de morte em contrário às leis e franquias do reino"[318].

Em 1638, CARLOS I tenta novamente exigir o pagamento de tributo para financiar a construção de navios (denominado *ship money*) sem a aprovação do Parlamento. A cobrança é contestada em juízo (*Ship-Money Case*) e, por

---

pp. 382-383), que lhe garantiram que os seus dispositivos não poderiam ser invocados em juízo para limitar a prerrogativa real (SCHWARTZ, Bernard. *The Roots of Freedom: A Constitutional History of England*. New York: Hill and Wang, 1967. p. 136). Tal fato, aliado à "inexistência de instrumentos hábeis a ensejar a sua execução" (MARTEL, Letícia de Campos Velho. *Devido Processo Legal Substantivo: Razão Abstrata, Função e Características de Aplicabilidade*. Rio de Janeiro: Lumen Juris, 2005. p. 33), fez com que a *Petition of Right* fosse reiteradamente descumprida por CARLOS I nos anos seguintes.

[318] Cf. POUND, Roscoe. *Liberdade e Garantias Constitucionais*. 2. ed. São Paulo: Ibrasa, 1976. p. 136.

escassa maioria (sete votos a cinco), confirmada pelo *King's Bench*[319].

Diante de tantos confrontos, que não se restringiam à cobrança de tributos (a teologia e a administração da Igreja Anglicana, à época sob a direção do Arcebispo LAUD, eram fonte de insatisfação generalizada) era apenas uma questão de tempo até que aparecesse um catalisador que provocasse uma guerra entre a Coroa e o Parlamento, o que veio a ocorrer em 1642, quando CARLOS I se recusa a entregar o controle do exército recém-formado[320] para suprimir rebeliões na Escócia e na Irlanda. É o início da Guerra Civil (1642-1649).

Em 1648, após uma série de confrontos entre o exército e o Parlamento, o Coronel THOMAS PRIDE expulsa do Parlamento os membros favoráveis à continuidade das negociações com Carlos I (em sua maioria presbiterianos). Os membros remanescentes, em sua maioria independentes, passariam a ser conhecidos como o "Rabo do Parlamento" (*Rump of Parliament*)[321].

A Guerra Civil (ou "Guerras Civis", segundo alguns historiadores), contudo, somente chegaria ao fim com a execução do Rei.

Em 1649 CARLOS I é julgado em nome do povo da Inglaterra[322], acusado de alta traição por ter violado a

---

[319] Cf. WORMUTH, Francis D. *The Origins of Modern Constitutionalism*. New York: Harper & Brothers, 1949. p. 40.

[320] "À monarquia inglesa não faltava apenas dinheiro, também faltavam tropas" (STONE, Lawrence. *Causas da Revolução Inglesa 1529-1642*. Bauru: EDUSC, 2000. p. 121).

[321] Cf. KENYON, J. P. *Stuart England*. 2. ed. London: Penguin Books, 1990. p. 177.

[322] A representatividade do Parlamento, porém, é contestada por HALLAM (*The Constitutional History of England*. 2.v. 5. ed. New York: A. C. Armstrong and Son, 1846. p. 5).

"constituição fundamental" do reino, e em seguida executado, o que nunca ocorrera anteriormente[323]. Em seguida, o "Rabo do Parlamento" acaba com a Câmara dos Lordes[324].

Logo, mais do que a queda do monarca, a Revolução Inglesa resultou na abolição da monarquia, da Câmara dos Lordes e da Igreja Anglicana (com o confisco das propriedades episcopais), algo que a maioria dos opositores dos Stuarts jamais pretendera nem poderia imaginar[325].

Realmente, "o Parlamento não se empenhou em fazer-se onipotente ou destruir os poderes tradicionais da Coroa, mas em controlar o seu exercício, de modo que as liberdades do Parlamento e do indivíduo fossem resguardadas e protegidas"[326]. Com a morte do Rei, no entanto, um ato do Parlamento (até a sua dissolução em 1653 por CROMWELL, Comandante-em-Chefe do Exército desde

---

[323] Cf. KNAPPMAN, Edward W. (ed.). Great World Trials. Detroit: Visible Ink Press, 1997. pp. 68-73; OSTRENSKY, Eunice. *As Revoluções do Poder*. São Paulo: Alameda, 2005. p. 41; STONE, Lawrence. *Causas da Revolução Inglesa 1529-1642*. Bauru: EDUSC, 2000. p. 102.

[324] Cf. WORMUTH, Francis D. *The Origins of Modern Constitutionalism*. New York: Harper & Brothers, 1949. p. 46.

[325] "*It was the force of circumstances rather than republicanism that led to the abolition of kingship in 1649... So the Rump House of Commons made itself, of necessity rather than choice, the sovereign authority in England*" (WORMUTH, Francis D. *The Origins of Modern Constitutionalism*. New York: Harper & Brothers, 1949. p. 89). Tradução livre: "Foi a força das circunstâncias e não o ideal republicano que resultou na abolição da monarquia em 1649... Assim o Rabo da Câmara dos Comuns tornou-se, por necessidade e não por escolha, a autoridade soberana da Inglaterra".

[326] Cf. CHURCHILL, Winston S. *História dos Povos de Língua Inglesa*. v. II. São Paulo: IBRASA, 1960. p. 281.

1650), passou a representar a autoridade suprema da nação[327], algo que não tinha raiz no passado[328].

Antes mesmo da execução de CARLOS I, porém, o Parlamento já havia exercitado poderes que até então não lhe eram reconhecidos[329], ilicitude (MCILWAIN utiliza a expressão "inconstitucionalidade") apenas tornada evidente pela morte do rei, diante da qual se tornou necessário, ainda, estabelecer um novo governo[330], o que foi feito por OLIVER CROMWELL[331]. Era o início do Interregno (do latim *interregnum*, período entre reinos, o de CARLOS I e o de CARLOS II), que duraria de 1649 a 1660[332].

Após a ditadura de CROMWELL (1654-1658) e da tentativa frustrada de seu filho (RICHARD CROMWELL) de manter-se no poder[333], os membros remanescentes do

---

[327] "Todos os actos levados a cabo depois da destruição da monarchia, quer se referissem à vida da nação, quer as que dissessem respeito às relações internacionais, eram examinadas pelo parlamento. Em seu nome se mantivera a ordem e a tranqüilidade e se tinha administrado a justiça e a fazenda pública. Em seu nome haviam os generaes debellado a rebellião irlandeza, reduzido a Escócia à obediência e expulsado o pretendente" (STERN, Alfredo. *História da Revolução Inglesa*. [s.l.]: [s.n.], [s.d.]. p. 853).

[328] Cf. CHURCHILL, Winston S. *História dos Povos de Língua Inglesa*. v. II. São Paulo: IBRASA, 1960. p. 281

[329] De 1648 a 1653 pode-se dizer que é o Parlamento quem governa.

[330] Cf. MCILWAIN, Charles Howard. *The American Revolution: A Constitutional Interpretation*. Great Seal Books: Ithaca, New York, 1961. p. 25.

[331] Segundo HALLAM o poder caiu nas mãos de Cromwell porque apenas ele teria condições de controlá-lo (*The Constitutional History of England*. v. 2. 5. ed. New York: A. C. Armstrong and Son, 1846. p. 6).

[332] O Interregno pode ser dividido em três fases: República (*Commonwealth*), de 1649 a 1654; Protetorado, de 1654 a 1659; e República (*Commonwealth*), de 1659 a 1660.

[333] "O poder de Cromwell fora pessoal, e só o nome podia ser herdado, porque lhe faltava agora a base em que se apoiara" (STERN, Alfredo. *História da Revolução Inglesa*. [s.l.]: [s.n.], [s.d.]. p. 901).

Origem e Evolução do Devido Processo Legal Substantivo

"Rabo do Parlamento" dissolvido em 1653 voltam a se reunir e convocam um "Parlamento de Convenção" (novamente composto de uma Câmara dos Comuns e uma Câmara dos Lordes) que reconhece CARLOS II como Rei, restaurando a monarquia.

A monarquia seria restaurada, mas não voltaria a ser o que fora anteriormente[334], ainda que nenhuma das partes o admitisse[335]. Nunca mais um monarca inglês teria o tipo de poder absoluto (ou quase) de que dispuseram os antecessores de CARLOS II. "Os reinados de Carlos II e Jaime II não passariam de um interlúdio"[336].

Durante o reinado de CARLOS II tornaram-se menos freqüentes e intensos os conflitos entre o Rei e o Parlamento. CARLOS II não pretendia ser um tirano, como os sultões turcos (a comparação costumava ser utilizada com alguma freqüência). Ele desejava, mais do que poder, liberdade[337]. Demais disso, a maior parte do reinado foi marcada pelo envolvimento da Inglaterra em conflitos bélicos, como as Guerras Anglo-Holandesas (1652-1654, 1665-1667 e 1672-1674) e a Guerra de Flandres (1667-1668), além de desastres como um surto de peste bubônica (1665) e um incêndio que destruiu boa parte de Londres (1666), que inegavelmente desviavam a atenção da Coroa e do Parlamento dos problemas domésticos. O único e permanente foco de tensão era a

---

[334] Cf. BUTT, Ronald. *The Power of Parliament*. New York: Walker and Company, 1967. p. 49; OSTRENSKY, Eunice. *As Revoluções do Poder*. São Paulo: Alameda, 2005. p. 29; WORMUTH, Francis D. *The Origins of Modern Constitutionalism*. New York: Harper & Brothers, 1949. p. 48.

[335] Cf. KENYON, J. P. *Stuart England*. 2. ed. London: Penguin Books, 1990. p. 196.

[336] Cf. HILL, Christopher. *O Eleito de Deus: Oliver Cromwell e a Revolução Inglesa*. São Paulo: Companhia das Letras, 1988. p. 226.

[337] Cf. HALLAM, Henry. *The Constitutional History of England*. v. 2. 5. ed. New York: A. C. Armstrong and Son, 1846. p. 136.

ausência de um filho (apesar do casamento de CARLOS II com a princesa portuguesa CATARINA DE BRAGANÇA), circunstância que colocava o irmão de CARLOS I, JAIME, como primeiro na linha de sucessão ao trono inglês, o que efetivamente veio a ocorrer com a morte do Rei em 1685.

Com JAIME II, a religião seria, como se poderia prever, a causa dos conflitos com o Parlamento[338], que resultaria na Revolução Gloriosa. Católico declarado, a partir de 1685 Jaime II não poupa dinheiro ou esforços para propagar a fé católica (*"spared neither money nor effort to propagate the Roman faith"*)[339], levantando a suspeita de que um golpe católico, possivelmente com o apoio da França (governada por seu primo LUÍS XIV), estava em andamento.

Em 30 de junho de 1688, após a edição de uma segunda declaração de indulgência (dispensando os católicos dos juramentos de fidelidade à Igreja Anglicana, necessários para a ocupação de cargos públicos, e permitindo o culto da fé católica em lugares públicos) em menos de dois anos e do nascimento do príncipe herdeiro, um grupo de ingleses (incluindo o Bispo de Londres e seis nobres, os "sete imortais") convida o príncipe holandês GUILHERME DE ORANGE a invadir a Inglaterra[340]. Logo após a invasão (4.000 unidades de cavalaria e 11.000 de infantaria), JAIME II foge para a França e o Parlamento, interpretando a fuga como renúncia (interpretação que era a mais conveniente), entrega a Coroa aos protestantes GUILHERME DE

---

[338] Ou seja, não havia nenhuma motivação social ou econômica evidente (KENYON, J. P. *Stuart England*. 2. ed. London: Penguin Books, 1990. p. 244).

[339] Cf. KENYON, J. P. *Stuart England*. 2. ed. London: Penguin Books, 1990. p. 246.

[340] Cf. HILL, Christopher. *The Century of Revolution 1603-1714*. 2. ed. Wokingham: Van Nostrand Reinhold: 1986. pp. 170-171.

ORANGE, futuro GUILHERME III (filho de GUILHERME II com MARIA, filha de CARLOS I) e MARIA STUART (filha de JAIME II), sob a condição da assinatura, pelos novos monarcas, do "Ato Declaratório dos Direitos e das Liberdades dos Súditos e da Sucessão da Coroa", posteriormente transformado em lei (*Bill of Rights*), pelo qual o rei se comprometia a, entre outras coisas, não suspender leis nem arrecadar impostos sem sanção parlamentar, solicitar a aprovação do Parlamento para manter um exército armado em tempo de paz, reconhecer o direito dos súditos protestantes de pegar em armas para sua defesa, respeitar a liberdade de expressão dos membros do Parlamento e convocar periodicamente o Parlamento.

Diante das reivindicações do Parlamento, aceitas pelos novos monarcas, não há dúvida de que a Revolução Gloriosa foi uma verdadeira revolução[341]:

"É reconhecido por historiadores de todas as correntes de opinião que a Revolução Inglesa de 1688-9 foi uma verdadeira revolução. Os eventos sem precedentes daquela época elevaram o poder do Parlamento acima da prerrogativa real e conferiram à

---

[341] Entendendo-se como revolução (ou guerra interna) "qualquer tentativa de mudar a política, os governantes, ou as instituições por meio do uso da violência nas sociedades nas quais existem padrões institucionais bem definidos e a competição violenta não constitui a norma" (STONE, Lawrence. *Causas da Revolução Inglesa 1529-1642*. Bauru: EDUSC, 2000. p. 39). A Revolução Gloriosa, no entanto, não foi uma revolução política e social como a Revolução Francesa: "Reafirmar e reequilibrar é o objetivo da Revolução Gloriosa; subverter e reformar mediante um ato supremo de vontade do povo (nação), que zera papéis e funções no interior da própria estratificação social, é, ao contrário, o postulado revolucionário francês" (PALOMBELLA, Gianluigi. *Filosofia do Direito*. São Paulo: Martins Fontes, 2005. p. 52). No mesmo sentido: MIRANDA, Jorge. *Teoria do Estado e da Constituição*. Rio de Janeiro: Forense, 2002. p. 72.

moderna monarquia na Inglaterra o seu singular caráter constitucional" (tradução)[342].

Ao assumir (para alguns usurpar)[343] o poder supremo, o Parlamento arrogou-se, conseqüentemente, a faculdade de alterar a "Constituição" a seu talante, vez que qualquer lei com ela incompatível seria, não obstante, válida[344], como esclarece COOLEY:

> "Segundo a teoria decorrente do direito constitucional inglês, o Parlamento é quem possui e exercita o poder supremo, e por conseguinte se também os seus actos vão de encontro à Constituição, são contudo válidos, e valem como modificações ou emendas a ela"[345].

Ao contrário do que se poderia imaginar, contudo, a decisão de COKE no caso *Bonham* não foi imediatamente descartada pelos Tribunais ingleses após a Revolução Gloriosa[346],

---

[342] "*It is conceded by historians of all shades of opinion that the English Revolution of 1688-9 was a real revolution. The unprecedented events of those years definitely placed the power of Parliament above the royal prerrogative and gave to the modern limited monarchy in England its unique constitutional character*" (MCILWAIN, Charles Howard. *The American Revolution: A Constitutional Interpretation*. Great Seal Books: Ithaca, New York, 1961. p. 9).

[343] Como bem ponderou MCILWAIN, a Revolução de 1688 implicou a destruição do que se poderia considerar os legítimos poderes do Rei (*The High Court of Parliament and its Supremacy*. New Haven: Yale University Press, 1910. p. 366).

[344] Ao contrário do que ocorre no direito norte-americano, em que a lei inconstitucional é nula e írrita. Cf. BARBOSA, Rui. *Atos Inconstitucionais*. Campinas: Russell, 2003. pp. 39-44.

[345] Cf. *Princípios Gerais de Direito Constitucional dos Estados Unidos da América do Norte*. 2. ed. São Paulo: RT, 1982. p. 59.

[346] Cf. SMITH II, George P. "Dr. Bonham's Case and the Modern Significance of Lord Coke's Influence". *Washington Law Review*, volume 41, 1966, p. 312.

sendo invocada como um precedente válido em pelo menos uma oportunidade[347].

Em 1701, no julgamento do caso *City of London v. Wood* pelo *King's Bench*, declarou Lord HOLT: "E o que *Lord* Coke diz no caso *Bonham* no volume oito de seus *Reports* longe de ser uma extravagância, é uma afirmação muito razoável e verdadeira[348], a de que se um ato do Parlamento determinar que a mesma pessoa seja parte e juiz ou, o que é a mesma coisa, seja juiz em causa própria, seria um ato nulo" (tradução livre)[349].

---

[347] Antes da Revolução Gloriosa, a decisão proferida em *Bonham* foi confirmada, embora não tenha sido citada, no caso *Day v. Savadge* (1614), em que *Sir* HENRY HOBART, Presidente do *Court of Common Pleas* afirmou que "um ato do Parlamento, feito contra a equidade natural, como o que faz um homem juiz em causa própria, é nulo em si mesmo, pois as leis naturais são imutáveis e são as leis das leis" (*"an Act of Parliament, made against natural equity, as to make a man Judge in his own case, is void in it self, for jura naturae sunt immutabilia, and they are leges legum"*). Segundo alguns autores a tese de que os Tribunais poderiam controlar a validade das leis aprovadas pelo Parlamento também foi adotada no caso *Lord Sheffield v. Ratcliffe* (1615). A transcrição fornecida por FITZGERALD, contudo, não parece autorizar tal conclusão (FITZGERALD, Peter L. "An English *Bill of Rights*? Some Observations From Her Majesty's Former Colonies In America". *The Georgetown Law Journal*, volume 70, 1982, p. 1280). De qualquer forma, não se deve medir a importância de *Bonham* pelo número de vezes em que ela é citada como precedente, pois muitas vezes a citação não era feita para evitar "ofender" o Parlamento (STEWART, Cynthia. *The evolution and interpretation of due process of law*. Ann Arbor: UMI/ProQuest, 2005. p. 59).

[348] Segundo MARGARET A. JUDSON o argumento de COKE não é surpreendente ou incongruente para leitores acostumados com o pensamento legal e constitucional do século XVII (*The Crisis of the Constitution: An Essay in Constitutional and Political Thought in England, 1603-1645*. New Brunswick: Rutgers University Press, 1988. p. 101).

[349] *"And what my Lord Coke says in Dr. Bonham's case in his 8 Co[ke's Reports] is far from any extravagancy, for it is a very reasonable and true saying,*

A partir de então, porém, a opinião de COKE "desaparece das opiniões judiciais importantes da Inglaterra"[350], chegando a ser considerada, no século XIX, uma "tolice"[351].

É a consagração da soberania ou supremacia do Parlamento, cujos poderes não encontrariam qualquer limitação[352] (aspecto positivo da soberania), no plano interno ou

---

that if an Act of Parliament should ordain that the same person should be party and Judge, or, which is the same thing, Judge in his own case, it would be a void Act of Parliament". Para muitos autores, contudo, a posição de *Lord* HOLT é contraditória, pois em outro trecho da decisão ele faz referência ao poder soberano do Parlamento. PHILLIP A. HAMBURGER, por sua vez, em interessantíssimo estudo a respeito da decisão, sustenta que HOLT defendeu, sim, a existência de limites ao poder do Parlamento, mas de ordem extrajudicial, negando a possibilidade de tal controle através do *judicial review* ("Revolution and Judicial review: Chief Justice Holt's Opinion in *City of London v. Wood*". Columbia Law Review, volume 94, No. 7, November 1994, p. 2091-2153). Deve ser salientado, no entanto, que HOLT examinava a questão em tese (GOUGH, J. W. *Fundamental law in English Constitutional History*. Littleton: Fred B. Rothman & Co., 1985. p. 145), pois no caso não estava em julgamento um ato do Parlamento, mas da *City of London*, que não possuía poder soberano.

[350] Cf. RODRIGUES, Leda Boechat. *Direito e Política – Os Direitos Humanos no Brasil e nos Estados Unidos*. 2. ed. Rio de Janeiro: Civilização Brasileira, 1991. p. 58. Não causa espanto, portanto, que o caso *Bonham* não seja citado (ou o seja sem destaque) nas biografias mais antigas de COKE.

[351] Cf. ORTH, John V. "Did Sir Edward Coke mean what he said? (17th Century English legal scholar on laws 'impossible to be performed'). *Constitutional Commentary*, volume 16, issue 1, March 22, 1999, p. 36. A tese de COKE não era nem "tola", nem "corajosa" (em 1610 o Parlamento ainda não era soberano), apenas inovadora.

[352] "A rigor, até mesmo os direitos fundamentais, como de liberdade, associação, reunião pública, podem vir a ser modificados ou revogados, e pronto" (GALLO, Antonio Felipe A. "A Lei como Fonte Principal do Direito Inglês nos Dias de Hoje". São Paulo, *Revista dos Tribunais*, n. 673, nov., 1991. p. 32). Há, contudo, uma limitação:

internacional[353], e que, segundo frase que se tornaria famosa,

> o Parlamento não pode vincular ou restringir suas futuras ações (v.g., proibindo que determinada lei seja modificada ou revogada) (ARRIETA, Carlos Jáuregui. *Breve Historia del Parlamento Inglês y Otros Temas Afines*. Buenos Aires: Depalma, 1993. p. 104; BITTAR, Orlando. *Obras Completas de Orlando Bittar – Estudos de Direito Constitucional e Direito do Trabalho*. v. 1. Rio de Janeiro: Renovar, 1996. p. 451; DICEY, A. V. *Introduction to the Study of the Law of the Constitution*. Indianapolis: Liberty Fund, 1982. pp. 21-22; JENKINS, David. "From Unwritten to Written: Transformation in the British Common-Law Constitution". *Vanderbuilt Journal of Transnational Law*, volume 36, number 3, May 2003, p. 867; JENNINGS, Ivor. *A Constituição Britânica*. Brasília: Editora Universidade de Brasília, 1981. p. 9; MAITLAND, F. W. *The Constitutional History of England*. Cambridge: Cambridge University Press, 1965. p. 254), conforme já lecionava COKE na *Fourth Institute* (SHEPPARD, Steve (ed.). *The Selected Writings of Sir Edward Coke*. v. III. Indianapolis: Liberty Fund, 2003. pp. 1146-1147). Outrossim, até que seja alterada ou revogada, o Parlamento é obrigado a cumprir a lei.

[353] O ingresso do Reino Unido na Comunidade Econômica Européia – ECC (atualmente União Européia) implicou de alguma forma limitação dos poderes do Parlamento? Escrevendo no início dos anos 80, DENNIS LLOYD respondeu negativamente, por considerar que a "tradição" da soberania parlamentar encontrava-se profundamente enraizada, não descartando, porém, que um dia isso venha a ocorrer (*A Idéia de Lei*. São Paulo: Martins Fontes, 1985. pp. 163-164). Em estudo recente, DAVID JENKINS defende que documentos escritos (como a Lei de Direitos Humanos, que incorporou a Convenção Européia sobre Direitos Humanos ao direito inglês), juntamente com princípios não-escritos, estão se transformando em uma Constituição "quase-escrita" que impõe limites ao Poder Legislativo e pode ser aplicada pelo Judiciário ("From Unwritten to Written: Transformation in the British Common-Law Constitution". *Vanderbuilt Journal of Transnational Law*, volume 36, number 3, May 2003, p. 865). JEFFREY GOLDSWORTHY, a nosso ver com toda razão, defende que o Parlamento será soberano enquanto mantiver a autoridade para retirar o Reino Unido da União Européia (*The Sovereignty of Parliament*. Oxford: Oxford University Press, 1999. p. 15).

tudo poderia fazer[354-355], salvo transformar um homem em mulher e vice-versa[356].

---

[354] A tese da onipotência do Parlamento recebeu de THOMAS PAINE comentário irônico: "O Parlamento de 1688 poderia também ter sancionado uma lei que os autorizasse a viver para sempre, de modo a fazer sua autoridade viver para sempre" (*Direitos do Homem*. Bauru: Edipro, 2005. p. 31).

[355] ORLANDO BITTAR cita alguns exemplos, extraídos da obra de COKE (*Fourth Institute*): "Os filhos e herdeiros presuntivos de um homem ou de uma mulher podem, mediante um ato do Parlamento, herdar durante a vida do avô; o Parlamento pode declarar maior uma criança ou um menor, castigar um homem, depois de sua morte, por traição; naturalizar um estrangeiro e fazer dele um súdito *nato*; tornar ilegítima uma criança nascida de justas núpcias, etc., etc." (*Obras Completas de Orlando Bittar – Estudos de Direito Constitucional e Direito do Trabalho*. v. 1. Rio de Janeiro: Renovar, 1996. p. 471). Alguns desses exemplos, contudos, referem-se a casos julgados pelo Parlamento (SHEPPARD, Steve (ed.). *The Selected Writings of Sir Edward Coke*. v. II. Indianapolis: Liberty Fund, 2003. p. 1134), o que a nosso ver reforça a idéia de que COKE tinha em vista a atividade jurisdicional (e não a legislativa) do Parlamento (cf., *infra*, nota 358).

[356] A frase é atribuída a DE LOLME (escritor suíço do século XVIII) por A. V. DICEY (*Introduction to the Study of the Law of the Constitution*. Indianapolis: Liberty Fund, 1982. p. 5), C. A. LÚCIO BITTENCOURT (*O Controle Jurisdicional da Constitucionalidade das Leis*. 2. ed. Rio de Janeiro: Forense, 1968. pp. 83-84), JOSÉ RENATO NALINI (*Constituição e Estado Democrático*. São Paulo: FTD, 1997. p. 132), ORLANDO BITTAR (*Obras Completas de Orlando Bittar – Estudos de Direito Constitucional e Direito do Trabalho*. v. 1. Rio de Janeiro: Renovar, 1996. p. 451), SAMPAIO DÓRIA (*Direito Constitucional Tributário e "Due Process of Law"*. 2. ed. Rio de Janeiro: Forense, 1986. p. 20) e J. H. MEIRELLES TEIXEIRA (*Curso de Direito Constitucional*. Rio de Janeiro: Forense Universitária, 1991. p. 167). Na realidade, é de HENRY HERBERT, Lord PEMBROKE (1534-1601) (JAY, Antony (ed.). *The Oxford Dictionary of Political Quotations*. Oxford: Oxford University Press, 1996. p. 289).

"Os tribunais ingleses podem apenas interpretar, mas não discutir a validade das leis do Parlamento"[357] (aspecto negativo da soberania parlamentar).

Tanto é assim que, na *Second Institute*, publicada em 1642[358], COKE reconhece a soberania do Parlamento:

---

[357] Cf. SCHWARTZ, Bernard. *Direito Constitucional Americano*. Rio de Janeiro: Forense, 1966. p. 24. Na realidade, não apenas os tribunais, mas nenhuma pessoa ou grupo de pessoas, com funções executivas, legislativas ou judiciais, podem declarar a nulidade de uma lei aprovada pelo Parlamento (DICEY, A. V. *Introduction to the Study of the Law of the Constitution*. Indianapolis: Liberty Fund, 1982. p. 39). Segundo *Sir* ERSKINE MAY, quando o Parlamento erra, os erros podem ser corrigidos apenas pelo próprio Parlamento (*Treatise on the Law, Privileges, Proceedings and Usage of Parliament*. 16th ed. London: Butterworths, 1957. p. 28).

[358] É difícil afirmar se realmente houve uma mudança de posição em relação ao caso *Bonham*, como defendem alguns autores (BOUDIN, Louis B. "Lord Coke and the American Doctrine of Judicial Power". *New York University Law Review*, volume VI, number 3, March 1929, p. 234; SCHWARTZ, Bernard. *The Roots of Freedom: A Constitutional History of England*. New York: Hill and Wang, 1967. p. 118) ou mesmo se o trecho foi de fato escrito por COKE (embora tal suspeita não seja levantada por nenhum autor por nós consultado), pois, com exceção do primeiro volume das *Institutes*, os demais foram publicados somente após a sua morte, por ordem do Parlamento (antes disso, seus manuscritos haviam sido confiscados, em mais de uma oportunidade - 1621 e 1634 - por ordem de CARLOS I). Uma explicação, adotada por MCILWAIN (*The High Court of Parliament and its Supremacy*. New Haven: Yale University Press, 1910. p 139), referendada por CORWIN (CORWIN, Edward S. *The "Higher Law" Background of American Constitutional Law*. 14. ed. Ithaca and London: Cornell University Press, 1995. p. 55) e GOUGH (*Fundamental law in English Constitutional History*. Littleton: Fred B. Rothman & Co., 1985. p. 42) e refutada por GOLDSWORTHY (*The Sovereignty of Parliament*. Oxford: Oxford University Press, 1999. p. 114-117), é a de que COKE se referia às atribuições judiciais do Parlamento, isto é, ao Parlamento enquanto Tribunal (*the High Court of Parliament*) e não como órgão legislativo, interpretação

que, embora não seja imune a críticas (pois à época não se costumava distinguir entre as funções legislativas e judiciais do Parlamento, ou de outros órgãos, e as judiciais, em particular, haviam sido praticamente transferidas em sua totalidade aos Tribunais do *common law*, ao *Privy Council* ou à *Star Chamber*), parece razoável, vez que a afirmação de COKE consta da *Second Institute*, dedicada "à jurisdição dos tribunais" ("*the Judicature of Courts*") e COKE, anteriormente (em discurso proferido em 1593), se referira ao Parlamento como o maior e mais antigo Tribunal do reino (SHEPPARD, Steve (ed.). *The Selected Writings of Sir Edward Coke*. v. II. Indianapolis: Liberty Fund, 2003. p. 1191). A idéia é melhor exposta por CORWIN (p. 51). COKE não teria negado, na *Fourth Institute*, que os tribunais pudessem reconhecer a nulidade das leis aprovadas pelo Parlamento, renegando o seu *dictum* em *Bonham*, mas, apenas, reservado tal atribuição a um tribunal em especial (ou a ele concedido a última palavra sobre o assunto), o *High Court of Parliament*, depois de perceber, em razão da sua demissão do *King's Bench*, que os juízes não possuíam independência suficiente para exercer adequadamente tal mister (GOUGH, J. W. *Fundamental law in English Constitutional History*. Littleton: Fred B. Rothman & Co., 1985. p. 42). Uma outra explicação é que ao afirmar que o poder do Parlamento é "transcendente e absoluto", COKE pressupõe que tal poder seja exercido de acordo com o *common law*, concepção semelhante à manifestada um século depois por JAMES OTIS, para quem o Parlamento é absoluto mas não arbitrário e que revela, segundo BERNARD BAILYN, uma visão pré-hobbesiana de soberania (*As Origens Ideológicas da Revolução Americana*. Bauru: EDUSC, 2003. p. 191). Finalmente, pode-se cogitar que na *Fourth Institute* COKE, deliberadamente, exagerou a importância do Parlamento, que na época em que a obra foi terminada havia sido dissolvido (HOLDSWORTH, William. *Some Makers of English Law*. Cambridge: Cambridge University Press, 1966. p. 124). Tais explicações parecem ser as únicas compatíveis com concepção de COKE a respeito do *common law* e com a realidade da época, pois no tempo de JAIME I e CARLOS I (COKE faleceu em 1634) o Parlamento não tinha, nem reivindicava, poderes absolutos sobre todos os assuntos: "Nessa época ainda não se aceitava o ponto-de-vista de que um ato do Parlamento é supremo e inalterável, a menos que revogado ou emendado" (CHURCHILL, Winston S. *História dos Povos de Língua Inglesa*. v. II. São Paulo: IBRASA, 1960. p. 129). Aliás, no

Origem e Evolução do Devido Processo Legal Substantivo 143

"O poder e a jurisdição do parlamento são tão transcendentes e absolutos que não podem sofrer quaisquer limites, seja em função de causas, seja em função de pessoas" (tradução livre)[359].

Em termos semelhantes pode-se citar, ainda, a posição de BLACKSTONE:

"... se o Parlamento claramente determinar que algo não razoável seja feito, eu não conheço nenhum poder que possa controlá-lo; e nenhum dos exemplos usualmente invocados prova que quando uma lei não é razoável os juízes teriam a liberdade de rejeitá-la, pois isso seria colocar o Poder Judiciário acima do Legislativo, subvertendo o Governo" (tradução livre)[360].

---

reinado de CARLOS II (após a Revolução Inglesa e a restauração da monarquia) a prerrogativa do soberano de suspender a execução das leis e dispensar súditos do seu cumprimento (*suspending and dispensing power*), como já visto, foi expressamente reconhecida, por ampla maioria (onze a um), pelo *King's Bench* no caso *Godden v. Hales* (1686). Sobre o *dispensing power* recomenda-se a leitura de um texto anônimo publicado ao final do reinado de JAIME II: "The King's Dispensing Power Explicated and Asserted". In: *The Struggle for Sovereignty: Seventeenth Century English Political Tracts*. v. 2. Edited and with an introduction by Joyce Lee Malcom. Indianapolis: Liberty Fund, 1999. pp. 820-835. A idéia *whig* de um Parlamento soberano, surgida por volta de 1640 (KENYON, J. P. *Stuart England*. 2. ed. London: Penguin Books, 1990. p. 40), somente se consolidaria por volta da metade do século XVIII (a autoridade suprema do Parlamento seria novamente objeto de controvérsia em 1716, quando a Câmara dos Comuns estendeu o mandato dos representantes de três para sete anos), o que explica a decisão em *City of London v. Wood* em 1701 no mesmo sentido de *Bonham*.

[359] "*The power and jurisdiction of Parliament is so transcendent and absolute, that it cannot be confined, either for causes or persons, within any bounds*" (SHEPPARD, Steve (ed.). *The Selected Writings of Sir Edward Coke*. v. II. Indianapolis: Liberty Fund, 2003. p. 1133).

[360] "*... if the parliament will positively enact a thing to be done which is unreasonable, I know of no power that can control it: and the examples usually*

BLACKSTONE, aliás, aborda especificamente a *quaestio juris* discutida por COKE no caso *Bonham*, concluindo que se o Parlamento, de forma inequívoca, atribuir a alguém competência para julgar casos nos quais seja interessado, fazendo-o juiz em causa própria, não há nada que os tribunais possam fazer a respeito[361].

Não obstante, se por um lado a Revolução Gloriosa resultou no abandono da doutrina *Bonham* na Inglaterra[362], por outro foi responsável pelo seu resgate nas colônias

---

alleged in support of this sense of the rule do none of them prove, that where the main object of a statute is unreasonable the judges are at liberty to reject it; for that were to set the judicial power above that of the legislature, which would be subversive of all government" (apud MELHORN JR., Donald F. "A moot court exercise: debating judicial review prior to Marbury v. Madison. *Constitutional Commentary*, volume 12, issue n. 3, December 22, 1995, p. 330). BLACKSTONE, assim, adota uma concepção positivista do direito (*a la* KELSEN), segundo a qual o Parlamento teria uma obrigação apenas moral (e não legal) de obedecer aos princípios do direito natural (JENKINS, David. "From Unwritten to Written: Transformation in the British Common-Law Constitution". *Vanderbuilt Journal of Transnational Law*, volume 36, number 3, May 2003, p. 876).

[361] Cf. ORTH, John V. "Did Sir Edward Coke mean what he said? (17th Century English legal scholar on laws 'impossible to be performed'). *Constitutional Commentary*, volume 16, issue 1, March 22, 1999, p. 35.

[362] "A alegação de Coke de que a lei fundamental do costume e da tradição não podia ser ignorada, nem sequer pela Coroa e Parlamento reunidos, bem como sua aspiração de ver na Suprema Corte do Direito Civil os juízes declarando o que era ou não legal, foram postas de lado para sempre na Inglaterra" (CHURCHILL, Winston S. *História dos Povos de Língua Inglesa*. v. II. São Paulo: IBRASA, 1960. p. 281). Modernamente, vários autores, bem como juízes, na Inglaterra e outros países da *Commonwealth* (*v.g.*, Austrália e Nova Zelândia), têm defendido o controle da validade das leis pelo Judiciário (GOLDSWORTHY, Jeffrey. *The Sovereignty of Parliament*. Oxford: Oxford University Press, 1999. pp. 4-5), havendo inclusive quem tenha afirmado que um poder legislativo ilimitado é algo "irracional e absurdo".

norte-americanas[363], em que os novos poderes do Parlamento eram vistos como ilegítimos, produzindo uma divergência de interpretação a respeito da Constituição Inglesa que culminaria com a Revolução Americana[364].

No mesmo sentido manifestou-se *Sir* WINSTON CHURCHILL:

> "A Revolução Inglesa de 1688 alterou toda a posição. Até então, as colônias haviam considerado o Parlamento da Inglaterra como seu aliado contra a Coroa. Ia chegar, porém, o tempo em que o Parlamento, vitorioso sobre a Coroa nas lutas constitucionais internas, tentaria impor sua própria soberania sobre a América"[365].

---

[363] "Paradoxalmente, a 'supremacia do Parlamento' na Inglaterra favoreceu, pois, o nascimento da denominada 'supremacia dos juízes' nos Estados Unidos da América!" (CAPPELLETTI, Mauro. *O Controle Judicial de Constitucionalidade das Leis no Direito Comparado*. 2. ed. Porto Alegre: Fabris, 1992. p. 58).

[364] Cf. MCILWAIN, Charles Howard. *The American Revolution: A Constitutional Interpretation*. Great Seal Books: Ithaca, New York, 1961. p. 5).

[365] Cf. CHURCHILL, Winston S. *História dos Povos de Língua Inglesa*. v. II. São Paulo: IBRASA, 1960. p. 128.

8
A INFLUÊNCIA DO CASO *BONHAM* NAS COLÔNIAS INGLESAS DA AMÉRICA DO NORTE

As treze colônias[366] norte-americanas, como é óbvio e ocorreu em situações semelhantes, como a brasileira, moldaram suas instituições políticas, nos níveis regionais e locais, segundo o padrão da metrópole, empregando formas e práticas governamentais inglesas e geralmente reproduzindo a sua cultura política[367].

É natural, pois, que o *common law* prevalecesse nas colônias[368] e que os colonos conhecessem e fossem influenciados

---

[366] Connecticut, Delaware, Georgia, Maryland, Massachusetts, New Hampshire, New Jersey, New York, North Carolina, Pennsylvania, Rhode Island, South Carolina e Virginia.

[367] Cf. BELZ, Herman. Living Constitution or *Fundamental Law?* – American Constitutionalism in Historical Perspective. Lanham: Rowman & Littlefield Publishers, Inc., 1998. p. 19.

[368] "A *common law* triunfa, pois os colonos são de origem inglesa e falam inglês; a velha tradição de *common law* e de *equity* vence por *motu proprio*" (SÈROUSSI, Roland. *Introdução ao Direito Inglês e Norte-Americano*. São Paulo: Landy, 2001. p. 83). Como ressalta CYNTHIA STEWART, os colonos não tinham tempo, energia ou inclinação para desenvolver *ab ovo* um novo sistema legal (*The evolution and interpretation of due process of law*. Ann Arbor: UMI/ProQuest, 2005. p. ix). O *common law*, contudo, não foi simplesmente transplantado para as colônias. No início (séculos XVI-XVII), os colonos procuravam adaptar o direito às condições locais, o que muitas vezes os obrigava

por COKE[369], conforme nos dão notícia a jurisprudência e a doutrina norte-americanas:

> "Os colonos americanos tinham profunda familiariedade com Coke" (tradução livre)[370]. "Suas *Institutes* eram lidas nas colônias por praticamente todos os estudantes de Direito. De fato, Thomas Jefferson escreveu que ao tempo em que ele era um estudante (1762-1767), 'os comentários de Coke a Littleton eram o manual de todos os estudantes de Direito'. E para John Rutledge da Carolina do Sul, as Institutes pareciam 'ser praticamente o fundamento do nosso direito'" (tradução livre)[371]. "*Sir* Edward Coke está em toda parte na literatura: 'Coke upon Littleton', 'my Lord Coke's *Reports*', 'Lord Coke's 2nd Institute'"[372].

---

a adotar soluções estranhas ao *common law* (REINSCH, Paul Samuel. *English Common Law in the Early American Colonies*. New York: Gordon Press, 1987).

[369] Tamanha foi a influência de COKE que uma Comissão Especial da Associação dos Advogados de Nova York constituída em 1914 afirmou: *"In short the American Revolution was a lawyers' revolution to enforce Lord Coke's theory of the invalidity of Acts of Parliament in derogation of common right and of the rights of the Englishmen"* (BOUDIN, Louis B. "Lord Coke and the American Doctrine of Judicial Power". *New York University Law Review*, volume VI, number 3, March 1929, p. 223). Tradução livre: "Em resumo, a Revolução Americana foi uma revolução de advogados para aplicar a teoria da invalidade dos atos do Parlamento derrogatórios do *common law* e dos direitos do súditos ingleses defendida por *Lord* Coke".

[370] *"The American colonists were intimately familiar with Coke"* - Pacific Mutual Life Insurance Co. V. Haslip, 499 U.S. 1 (1991)

[371] *"Coke's Institutes were read in the American Colonies by virtually every student of the law. Indeed, Thomas Jefferson wrote that at the time he studied law (1762-1767), 'Coke Lyttleton was the universal elementary book of law students'. And to John Rutledge of South Carolina, the Institutes seemed 'to be almost the foundation of our law'"* – Klopfer v. North Carolina, 386 U.S. 213 (1967)

[372] Cf. BAILYN, Bernard. As Origens Ideológicas da Revolução Americana. Bauru: EDUSC, 2003. p. 47.

Além disso, Coke fora tutor de ROGER WILLIAMS[373], fundador da colônia de Rhode Island.

E a influência das idéias de COKE (misturadas às de LOCKE de outros pensadores[374]) é explicada muito menos por um suposto isolamento intelectual decorrente da diminuição ou cessão da imigração para as colônias[375],

---

[373] Cf. HILL, Christopher. *Origens Intelectuais da Revolução Inglesa*. São Paulo: Martins Fontes, 1992. p. 336. Segundo *Sir* WINSTON CHURCHILL, ROGER WILLIAMS "foi o primeiro pensador político da América e suas idéias influenciaram não só seus companheiros de colônia, como o partido revolucionário da Inglaterra" (*História dos Povos de Língua Inglesa*. v. II. São Paulo: IBRASA, 1960. p. 145).

[374] "Misturada" parece realmente ser a palavra mais apropriada. Segundo BERNARD BAILYN, o pensamento dos colonos, revelado sobretudo em panfletos explanatórios e discursivos, demonstra "um ecletismo geral e aparentemente indiscriminado", citando ARISTÓTELES, CÍCERO, VIRGÍLIO, SHAKESPEARE, MOLIÈRE, ROUSSEAU e PUFFENDORF, entre outros (*As Origens Ideológicas da Revolução Americana*. Bauru: EDUSC, 2003. p. 42). É de CÍCERO, por exemplo, a seguinte frase: "*If it were possible to constitute right simply by the commands of the people, by the decrees of princes, by the adjudication of magistrates, then all that would be necessary in order to make robbery, adultery, or the falsification of wills right and just would be a vote of the multitude*" (*apud* CORWIN, Edward S. *The "Higher Law" Background of American Constitutional Law*. 14. ed. Ithaca and London: Cornell University Press, 1995. p. 12). Tradução livre: "Se fosse possível criar o direito simplesmente pela vontade da maioria, pelo decreto dos príncipes, pelas decisões dos juízes, então tudo o que seria necessário para tornar o roubo, o adultério e a falsificação de testamentos seria um voto da mutidão".

[375] Deveras, se houvesse um "insulamento das novas correntes de pensamento", não teria BLACKSTONE, a partir da segunda metade do século XVIII, ocupado a posição de destaque que até então pertencia a COKE (deve ser esclarecido, no entanto, que COKE jamais deixou de ser citado pela Suprema Corte dos Estados Unidos em suas decisões, do século XVII até os dias atuais (*v.g.*, *Chisholm v. State of Georgia*, 2 U.S. 419 (1793), *U.S. v. Bevans*, 16 U.S. 336 (1818), *Luther v.*

sustentado por LEDA BOECHAT RODRIGUES[376], e mais pela sua utilidade[377] nas disputas contra a metrópole, como já acontecera na Inglaterra[378].

Borden, 48 U.S. 1 (1849), *Slaughter-House Cases*, 83 U.S. 36 (1872), Guaranty Trust Co. *of New York v. United States*, 304 U.S. 126 (1938), *Ford v. Wainright*, 477 U.S. 399 (1986)), o que, num país em que é reduzida a importância da doutrina e escassas as referências doutrinárias nas decisões judiciais, bem demonstra a sua importância).

[376] "O período de maior atividade da colonização americana coincide exatamente com o auge da influência, na Inglaterra, do direito natural associado aos nomes de Coke e Locke, cujo *Second Treatise on Civil Government* (1690) atribui especial ênfase às limitações ao poder legislativo e aos direitos de propriedade. Após a Gloriosa Revolução, cessou a imigração de elementos ingleses importantes e as colônias tiveram de contentar-se com as idéias já adquiridas. Aumentava-lhes o insulamento das novas correntes de pensamento na Metrópole a pobreza intelectual da vida de fronteira" (RODRIGUES, Lêda Boechat. Direito e Política – Os Direitos Humanos no Brasil e nos Estados Unidos. 2. ed. Rio de Janeiro: Civilização Brasileira, 1991. p. 58).

[377] "Parece-me que qualquer corpo de idéias com um papel importante na história – o de Lutero, o de Rousseau, o do próprio Marx – "funciona" porque vai ao encontro das necessidades de grupos significativos da sociedade em que adquirem notoriedade" (HILL, Christopher. *Origens Intelectuais da Revolução Inglesa*. São Paulo: Martins Fontes, 1992. p. 10). É irrelevante que as colônias norte-americanas não tivessem, supostamente, compreendido o significado da alteração do sistema político inglês causada pela Revolução Gloriosa (= supremacia do Parlamento), como afirmou ROBERT K. CARR (*The Supreme Court and Judicial Review*. New York: Farrar and Rinehart, Inc., 1942. p. 42), vez que a adoção das idéias de COKE ocorreu, como reconheceu o próprio autor, *"for a very practical reason"* ("por uma razão bastante prática"). Logo, ainda que os colonos tivessem consciência de que o *dictum* de COKE no caso *Bonham* tornara-se superado, parece inevitável que ele fosse invocado para sustentar a existência de limites jurídicos à atuação do Parlamento.

[378] "As pessoas não estavam apenas interessadas na constituição em si, mas sim no que podiam fazer com ela" (HILL, Christopher.

Deveras, "nas divergências entre os colonos e o governo de Westminster, os americanos confiavam principalmente nos escritos de Coke e Blackstone, nos quais se consideravam fundamentais a supremacia da lei e a investigação judicial da ação oficial, a fim de verificar se os funcionários se mantinham dentro dos limites jurídicos da respectiva autoridade"[379].

Por exemplo, segundo ROBERT K. CARR[380] os argumentos de COKE foram utilizados por JAMES OTIS[381] no caso dos *Writs of Assistance* (1761)[382] e, posteriormente, ao se defender a resistência à Lei do Selo (*Stamp Act*), sob a alegação de que semelhante legislação era contrária a um direito superior (*higher law*).

Quanto à Lei do Selo, especificamente, relata CORWIN que "em 1765, o governador da Província de Massachussetts informava à metrópole que o principal argumento contra a Lei do Selo é que ela contrariava a 'Magna Carta e os direitos naturais dos ingleses e, portanto, segundo Lord Coke', era 'nula e írrita'"[383].

Origens Intelectuais da Revolução Inglesa. São Paulo: Martins Fontes, 1992. p. 354).

[379] Cf. POUND, Roscoe. Justiça conforme a lei. 2. ed. São Paulo: Ibrasa, 1976. p. 78.

[380] Cf. *The Supreme Court and Judicial Review*. New York: Farrar and Rinehart, Inc., 1942. p. 42.

[381] "Otis e Hutchinson veneravam Coke" (BAILYN, Bernard. *As Origens Ideológicas da Revolução Americana*. Bauru: EDUSC, 2003. p. 48).

[382] "Nessa famosa ocasião Otis havia dito não apenas que um ato do Parlamento 'contra a constituição é inútil' mas que era dever dos tribunais 'colocar estes atos em desuso', pela 'razão de que o direito consuetudinário [poderia] controlar um ato do Parlamento'" (BAILYN, Bernard. *As Origens Ideológicas da Revolução Americana*. Bauru: EDUSC, 2003. p. 168).

[383] Cf. CORWIN, Edward S. A Constituição Norte-Americana e seu Significado Atual. Rio de Janeiro: Jorge Zahar Editor, 1986. p. 173.

Não é surpresa, portanto, que o *dictum* de COKE no caso *Bonham* fosse conhecido e citado nas colônias inglesas[384], quando já havia caído no esquecimento (talvez fosse melhor falar em desuso) na metrópole, especialmente porque constava dos *Reports*, que faziam as vezes de uma codificação das leis da Inglaterra[385].

Além disso, os comentários de COKE na *Second Institute* (e também de BLACKSTONE[386]) a respeito do devido processo legal, identificado por ele com a expressão "pela lei do país" (*per legem terrae*) (e consequentemente com o *common law*[387]) constante do capítulo 39[388] da Magna

---

[384] Cf. GHIGLIANI, Alejandro E. *Del "Control" Jurisdiccional de Constitucionalidad*. Buenos Aires: Depalma, 1952. p. 14.

[385] Cf. HILL, Christopher. *Origens Intelectuais da Revolução Inglesa*. São Paulo: Martins Fontes, 1992. p. 312.

[386] Cf. KEYNES, Edward. *Liberty, Property, and Privacy*. University Park: Pennsylvania State University Press, 1996. p. 14.

[387] Pois COKE identificava o *common law* com a lei do país: "lex terrae is the common law" (SHEPPARD, Steve (ed.). *The Selected Writings of Sir Edward Coke*. v. III. Indianapolis: Liberty Fund, 2003. p. 1267). Aqueles que, precipitadamente, afirmam que o devido processo legal substantivo é uma contradição em termos, esquecem-se de que o *due process of law* é o *law of the land* (*lex terrae* ou *lex Angliae*), e via de conseqüência o *common law*, que evidentemente não se limita a tratar de questões procedimentais.

[388] *"Nullus liber homo capiatur, vel imprisonetur, aut dissaisiatur, aut utlagetur, aut exuletur, aut aliquo modo destruatur, nec supere eum ibimus, nec supere eum mittemus, nisi per legale judicium parium suorum, vel per legem terrae"* ("Nenhum homem livre será detido ou sujeito a prisão, ou privado dos seus bens ou colocado fora da lei, ou exilado, ou de qualquer modo molestado, e nós não procederemos nem mandaremos proceder contra ele senão mediante um julgamento regular pelos seus pares ou/e pela lei do país"). A palavra *"vel"*, que consta da redação original (em latim) é traduzida ora como "ou" ora como "e". RUITEMBERG PEREIRA NUNES, com base no magistério de STUBBS, defende o entendimento (não-tradicional) de que a origem

do devido processo legal se encontra não na Magna Carta, mas no Decreto Feudal de 1037 do Imperador alemão CONRADO II, que previa que nenhum homem seria privado de seu feudo a não ser pelas leis do Império (*constitucionem antecessorum nostrorum*) e pelo julgamento de seus pares (*iudicium parium suorum*), expressões similares às utilizadas no célebre documento inglês (*O Princípio do Devido Processo Legal Substantivo*. Rio de Janeiro: Renovar, 2005. pp. 5-27). Embora não seja o nosso propósito iniciar controvérsias históricas, gostaríamos de fazer alguns reparos a tal entendimento. Em primeiro lugar, a expressão *iudicium parium suorum* não integra o conceito de devido processo legal (o *iudicium parium suorum* daria origem ao instituto do júri). *Due process* é o *law of the land*, conforme a clássica lição de COKE. Em segundo lugar, o fato de expressão semelhante (ao menos em espírito) se encontrar no documento alemão não prova que o *due process* seja criação germânica. E a razão é simples. O *due process of law* é mais do que um conjunto de quatro palavras, que um aglomerado de quinze letras. É um instituto que surgiu há quase oito séculos e tem se adaptado, ao longo do tempo, às necessidades e aspirações dos povos que o adotaram, como forma de limitação do poder estatal. O *due process* é, mais do que o que a expressão *per legem terrae* possa ter significado originariamente, aquilo que ela se tornou: "*Due process* não pode ser aprisionado dentro dos traiçoeiros lindes de uma fórmula... *due process* é produto da história, da razão, do fluxo das decisões passadas e da inabalável confiança na força da fé democrática que professamos" (*Justice* FELIX FRANKFURTER em *Anti-Facist Committee v. McGrath*, 341 U.S. 123, 1951). Como alguém já disse, você pode conhecer o nome de um pássaro em todas as línguas do mundo, mas, no fundo, você não saberá nada sobre o pássaro... (tradução livre de trecho da obra *What Do You Care What Other People Think?* de RICHARD P. FEYNMAN). É curioso, aliás, que o autor, apesar de defender que o devido processo legal tem DNA germânico, nada diga a respeito da sua trajetória entre os teutos... A julgar pelo relato de MARIA ROSYNETE OLIVEIRA LIMA (*Devido Processo Legal*. Porto Alegre: Fabris, 1999. pp. 47-55), ele permaneceu comatoso durante longos séculos (antes mesmo da barbárie nazista), reaparecendo apenas com a promulgação da Lei Fundamental de Bonn em 1949.

Carta[389], eram favoráveis a uma interpretação substantiva da garantia:

> "Coke sustentou que as expressões 'lei do país' e 'devido processo legal' tinham o mesmo significado. Mais importante, para o nosso propósito, Coke sugeria que a 'lei do país' era uma limitação substantiva ao poder governamental. Boa parte da análise de Coke do capítulo 39 dizia respeito a garantias procedimentais, mas ele também discutiu limitações substantivas" (tradução livre)[390].

---

[389] A Magna Carta, assinada por JOÃO-SEM-TERRA em 1215, foi confirmada em 1225 (durante o reinado de HENRIQUE III), sendo tal documento considerado a sua versão definitiva (SIEGAN, Bernard H. *Property Rights From Magna Carta to the Fourteenth Amendment*. New Brunswick: Transaction Publishers, 2001. p. 10). Nas duas versões, contudo, o *due process of law* consta de cláusulas diversas (39 e 29, respectivamente), razão pela qual, nos livros sobre o tema, ora se menciona o capítulo 39, ora o capítulo 29.

[390] "*Coke first maintained that 'law of the land' and 'due process of law' had the same meaning. More important for our purpose, Coke implied that the 'law of the land' constituted a substantive limitation on the power of the government. Much of Coke's analysis of Chapter 39 dealt with procedural safeguards, but he also discussed substantive restraints*" (ELY JR., James W. "The oxymoron reconsidered: myth and reality in the origins of substantive due process". *Constitutional Commentary*, volume 16, issue 2, June 22, 1999, p. 318). No mesmo sentido: KEYNES, Edward. *Liberty, Property, and Privacy*. University Park: Pennsylvania State University Press, 1996. pp. 12-13; LINARES, Juan Francisco. Razonabilidad de las leyes. 2. ed. Buenos Aires, Astrea, 1989. p. 16; SIEGAN, Bernard H. *Property Rights From Magna Carta to the Fourteenth Amendment*. New Brunswick: Transaction Publishers, 2001. p. 17; SIEGAN, Bernard H. "Protecting Economic Liberties". *Chapman Law Review*, volume 6, number 1, Spring 2003, p. 48; VINOGRADOFF, P. "Magna Carta, C. 39 Nullus Líber Homo, etc.". In: *Magna Carta Commemoration Essays*. London: Royal Historical Society, 1917. p. 85. Não temos elementos para afirmar peremptoriamente (é a opinião, por exemplo, de FRANK R. STRONG e, entre nós, de ADA PELLEGRINI

Origem e Evolução do Devido Processo Legal Substantivo 155

De fato, COKE afirmava que "na maior parte das vezes monopólios são contrários à Magna Carta, porque eles são contra as liberdades dos súditos e contra a lei do país" (tradução livre)[391].

Como resultado, a nulidade dos atos do Parlamento, sob a alegação de violação de direitos fundamentais, garantidos pela Constituição Inglesa[392] (em especial a Magna

---

GRINOVER, citando McGEHEE) que o aspecto substantivo do devido processo legal nasce com COKE (segundo LETÍCIA DE CAMPOS VELHO MARTEL a sua origem é um "enigma"), mas certamente ele não se encontrava presente na época em que a Magna Carta foi redigida, como defende parcela minoritária da doutrina. E a razão é, a nosso ver, simples. No início do século XIII, o *law of the land* ainda era o direito costumeiro, considerado existente desde tempos imemoriais (i.e., não havia lembrança de uma época anterior) e imutável (as inovações não eram desejadas – *nolumus leges Angliae mutare* - e frequentemente não eram reconhecidas como tal). "A tradição, ou o que passava por tradição, era a lei" (RIBEIRO, Renato Janine. "Prefácio". In: HOBBES, Thomas. *Diálogo entre um Filósofo e um Jurista*. 2. ed. São Paulo: Landy Editora, 2004. p. 10). Bastava aos súditos, portanto, a garantia de que fossem respeitados os procedimentos estabelecidos para não lhes fosse denegada justiça. O aspecto substantivo do devido processo legal somente aparece, e tem a sua razão de ser, a partir do momento em que surge o direito legislado (entre os séculos XV e XVI), algo que era desconhecido na Inglaterra medieval (MCILWAIN, Charles Howard. *The High Court of Parliament and its Supremacy*. New Haven: Yale University Press, 1910. p. 42) e, com ele, a possibilidade de alteração do *law of the land* (Cf., *infra*, Capítulo 6).

[391] *"Generally all monopolies are against this great Charter, because they are against the liberty and freedome of the Subject, and against the Law of the Land"* (SHEPPARD, Steve (ed.). *The Selected Writings of Sir Edward Coke*. v. II. Indianapolis: Liberty Fund, 2003. p. 852).

[392] Nos escritos de autores como JAMES OTIS, a idéia de *fundamental law*, representada pelo *common law*, é substituída pela de direito natural (*natural law* ou *law of nature*), nos moldes em que entendida na antiguidade clássica, afastando-se, pois, da concepção de COKE manifestada no caso *Bonham*. Para MCILWAIN a identificação entre

Carta), que não poderiam ser alterados, restringidos ou eliminados, tornou-se um dos argumentos[393] utilizados pelos colonos norte-americanos para refutar a teoria da supremacia parlamentar.

Veja-se, nesse sentido, o seguinte trecho da obra *The Rights of the British Colonies*, de JAMES OTIS:

> "Afirmar que o Parlamento é absoluto e arbitrário é uma contradição. O Parlamento não pode fazer com que 2 mais 2 sejam 5. A onipotência não pode fazê-lo. O poder supremo em um Estado, apenas declara o direito; a criação do direito, em sentido estrito, pertence apenas a Deus. A função dos parlamentos é declarar o que é bom para o conjunto da sociedade, mas não é a declaração do Parlamento que a faz assim. Deve haver em todas as hipóteses uma autoridade superior, isto é, Deus. Se um ato do Parlamento for contrário a qualquer de suas leis naturais, que são verdadeiras e imutáveis, a sua declaração seria contrária à verdade eterna, à equidade e à justiça, e consequentemente nula, e assim

---

law of nature e *fundamental law* é um dos pontos centrais da argumentação utilizada pelos colonos (*The American Revolution: A Constitutional Interpretation*. Great Seal Books: Ithaca, New York, 1961. p. 162).

[393] Sendo o outro argumento o de que a competência do Parlamento para editar leis se encontrava limitada àquelas que afetassem as partes dos domínios reais dos quais fossem convocados os parlamentares (MCILWAIN, Charles Howard. *The American Revolution: A Constitutional Interpretation*. Great Seal Books: Ithaca, New York, 1961. p. 19). Na realidade, o argumento era mais do que, simplesmente, a falta de representação das colônias no Parlamento inglês. Com efeito, alegavam muitos norte-americanos, inclusive invocando decisões de JAIME I e CARLOS I, que as colônias estavam totalmente fora da jurisdição do Parlamento porque não haviam sido anexadas ao reino da Inglaterra, tendo sido criadas pela Coroa e permanecendo vinculadas a ela apenas (ADAMS, John. *The Revolutionary Writings of John Adams*. Selected and with a Foreword by C. Bradley Thompson. Indianapolis: Liberty Fund, 2000. p. 123).

seria reconhecido pelo próprio Parlamento, quando se convencesse do seu erro"[394].

Assim, a idéia da submissão da legislatura a um direito superior aplicado pelos tribunais (ponto nodal da tese de COKE) era conhecida nas colônias e foi utilizada pelos americanos em suas contendas com o Parlamento inglês[395], que redundariam na Guerra de Independência.

---

[394] "To say the parliament is absolute and arbitrary, is a contradiction. The parliament cannot make 2 and 2 5: Omnipotency cannot do it. The supreme power in a state, is jus dicere only: – jus dare, strictly speaking, belongs alone to God. Parliaments are in all cases to declare what is for the good of the whole; but it is not the declaration of parliament that makes it so: There must be in every instance, a higher authority, viz. GOD. Should an act of parliament be against any of his natural laws, which are immutably true, their declaration would be contrary to eternal truth, equity and justice, and consequently void; and so it would be adjudged by the parliament itself, when convinced of their mistake" (apud MCILWAIN, Charles Howard. *The American Revolution: A Constitutional Interpretation*. Ithaca: Great Seal Books, 1961. p. 155). Como se vê, provavelmente por influência de LOCKE, segundo o qual "o poder supremo, embora limitado, é o legislativo" (FRANCO, Afonso Arinos de Melo. *Curso de Direito Constitucional Brasileiro*. v. 1. Rio de Janeiro: Forense, 1958. p. 51), para OTIS o Parlamento é soberano porém não pode ser arbitrário.

[395] É irônico, no entanto, que segundo COKE os colonos norte-americanos (bem como os demais súditos ingleses residentes fora da Inglaterra) não teriam direito à proteção das "leis fundamentais", na medida em que o *common law* não interferia em nada que era feito no além-mar (HULSEBOSCH, Daniel J. "The Ancient Constitution and the Expanding Empire: Sir Edward's Coke British Jurisprudence". *Law and History Review*, Fall 2003. <http://www.historycooperative.org/journals/lhr/21.3/hulsebosch.html>), argumento que foi utilizado por alguns autores norte-americanos (provavelmente uma minoria) para, ao invés de alegar a nulidade dos atos do Parlamento com base no *common law*, sustentar a falta de autoridade do Parlamento sobre as colônias (ADAMS, John. *The Revolutionary Writings of John Adams*. Selected and with a Foreword by C. Bradley Thompson. Indianapolis: Liberty Fund, 2000. p. 171).

9
O CASO *BONHAM* E O *JUDICIAL REVIEW* (CONTROLE DE CONSTITUCIONALIDADE)

A Constituição dos Estados Unidos, consagrou, em seu artigo 6º, cláusula 2[396], a supremacia do texto constitucional sobre as leis federais e estaduais.

O poder (*rectius*, poder-dever) dos tribunais de declarar a nulidade das leis incompatíveis com Constituição, portanto, não deveria causar nenhuma perplexidade, como procurou demonstrar, à época, ALEXANDER HAMILTON:

> "O direito que têm os tribunais de declarar a nulidade de atos legislativos, por serem contrários à Constituição, gerou alguma perplexidade, a partir da suposição de que tal doutrina implicaria uma superioridade do poder judiciário sobre o legislativo. Afirma-se que o poder autorizado a declarar nulos os atos de outro deve ser necessariamente superior a este. Como esta doutrina é de grande importância em todas as constituições estaduais americanas, uma breve discussão de seus fundamentos não é fora de propósito.

---

[396] "Esta Constituição e as leis que em virtude dela se passarem nos Estados Unidos, e todos os tratados já celebrados ou por celebrar sob a autoridade dos Estados Unidos constituirão a lei suprema do país; os juízes de todos os Estados serão sujeitos a ela, ficando sem efeito qualquer disposição em contrário na Constituição ou nas leis de qualquer dos Estados" (tradução livre).

Não há posição fundada em princípios mais claros que aquela de que todo ato de um poder delegado que contrarie o mandato sob o qual é exercido é nulo. Portanto, nenhum ato legislativo contrário à Constituição pode ser válido. Negar isto seria afirmar que o delegado é maior que o outorgante; que o servidor está acima do senhor; que os representantes do povo são superiores ao próprio povo; que homens que atuam em virtude de poderes a ele confiados podem fazer não só o que estes autorizam, mas o que proíbem"[397].

E arremata o eminente autor:

"Esta conclusão não supõe de modo algum uma superioridade do poder judiciário sobre o legislativo. Supõe apenas que o poder do povo é superior a ambos, e que, quando a vontade do legislativo expressa em suas leis, entra em oposição com a do povo, expressa na Constituição, os juízes devem ser governados por esta última e não pelas primeiras. Devem regular suas decisões pelas leis fundamentais, não pelas que não são fundamentais"[398].

Aparentemente, assim ocorreu nos primeiros anos após a promulgação da Constituição[399], vez que a Suprema Corte dos Estados Unidos, ainda no final do século XVIII, afirmou em pelo menos uma oportunidade a submissão da lei à Constituição[400], sem que tenha sido acusada de usurpar

---

[397] Cf. MADISON, James *et alii*. *Os Artigos Federalistas: 1787-1788*. Apresentação de Isaac Kramnick, Rio de Janeiro, Nova Fronteira, 1993. p. 480.

[398] Cf. MADISON, James *et alii*. *Os Artigos Federalistas: 1787-1788*. Apresentação de Isaac Kramnick, Rio de Janeiro, Nova Fronteira, 1993. p. 481.

[399] Segundo CHARLES GROVE HAINES, até 1825 os ataques ao *judicial review* raramente preocupavam os seus defensores (*The American Doctrine of Judicial Review*. 2. ed. New York: Russell & Russell, 1959. p. 322).

[400] *"What are Legislatures? Creatures of the Constitution; they owe their existence to the Constitution: they derive their powers from the Constitution...*

os poderes do Poder Legislativo⁴⁰¹ e colocar-se acima dos representantes eleitos⁴⁰² do povo.

> *the Constitution is the sun of the political system, around which all Legislative, Executive and Judicial bodies must revolve... The constitution is the origin and measure of legislative authority. It says to legislators, thus far ye shall go and no further"* (Vanhorne's Lessee v. Dorrance, 2 U.S. 304 (1795)). Tradução livre: "O que são as legislaturas? criações da Constituição; elas devem a sua existência à Constituição: elas derivam seus poderes da Constituição... a Constituição é o sol do sistema político, ao redor do qual os órgãos legislativos, executivos e judiciários devem se mover... A Constituição é a origem e a medida da autoridade legislativa. Ela diz aos legisladores, até aqui podereis ir, mas não adiante". Em *Calder v. Bull*, 3 U.S. 386 (1798), porém, a Suprema Corte se absteve de decidir se uma lei contrária à Constituição seria nula, o que significa, segundo pensamos, que embora fosse aceita a tese da superioridade do texto constitucional, ainda não estava o Tribunal pronto para sustentar todas as suas conseqüências.
>
> [401] A acusação de usurpação, lembra ALAN F. WESTIN, "é a arma clássica de retaliação de um grupo contrariado" (In: BEARD, Charles. *A Suprema Corte e a Constituição*. Rio de Janeiro: 1965. p. 15).
>
> [402] A tese de que o Poder Legislativo, por serem eleitos os seus membros, teria maior legitimidade para decidir a respeito de questões constitucionais do que o Poder Judiciário, em que o ingresso se dá por concurso de provas e títulos ou nomeação do Presidente da República, após aprovação pelo Senado (caso dos integrantes da Suprema Corte dos Estados Unidos e do Supremo Tribunal Federal), resulta de grave equívoco de interpretação. "O constitucionalismo e o controle judicial de constitucionalidade não se assentam sobre bases democráticas, tendo outras fontes de legitimação" (MORO, Sérgio Fernando. *Legislação Suspeita? Afastamento da Presunção de Constitucionalidade da Lei*. Curitiba: Juruá, 1998. p. 90). Com efeito, se os juízes, e mais especificamente os juízes da Suprema Corte dos Estados Unidos (e do Supremo Tribunal Federal), não são eleitos é porque a própria Constituição afastou tal possibilidade, por considerar que a sua escolha não deveria obedecer ao critério da maioria: "Se a função judicial restringe-se à interpretação das leis – no sentido amplo, começando pela lei constitucional -, então não há razão para que o instituto representativo se faça sentir na seleção dos cidadãos

que irão servir no Poder Judiciário" (ATALIBA, Geraldo. *República e Constituição*. 2. ed. São Paulo: Malheiros, 1998. p. 112). Assim, é ilógico "acusar" os membros do Poder Judiciário de não serem eleitos. A crítica, outrossim, ignora que "vista do ângulo da experiência prática", a "legitimidade" dos representantes eleitos pelo povo, na democracia representativa, "deixa muito a desejar, seja como democracia, seja como representação" (FERREIRA FILHO, Manoel Gonçalves. *Constituição e Governabilidade*. São Paulo: Saraiva, 1995. p. 70), inclusive porque "não está o ocupante do cargo eletivo obrigado de seguir as determinações de seus eleitores, nem mesmo as próprias promessas de campanha" (TAVARES, André Ramos. *Tribunal e Jurisdição Constitucional*. São Paulo: Celso Bastos/IBDC, 1998. p. 25). "Muitas medidas adotadas pelo Legislativo são menos representativas do desejo do povo do que as decisões judiciais que as indeferem" (SIEGAN, Bernard H. *Como elaborar uma Constituição para uma Nação ou República que está despertando para a Liberdade*. Rio de Janeiro: Instituto Liberal, 1993. p. 22). A visão da lei como expressão da vontade do povo não passa de uma ficção (MORAES, Alexandre de. *Jurisdição Constitucional e Tribunais Constitucionais*. 2. ed. São Paulo: Atlas, 2003. p. 64). Portanto, a legitimidade dos juízes não é menor, nem maior, do que a dos legisladores. É igual, porque ambas encontram o seu fundamento na Constituição. Além disso, "a legitimação dos juízes não é menos concreta e fundamental, porquanto é, ou pelo menos tem a potencialidade de ser, profundamente radicada nas necessidades, ônus, aspirações e solicitações quotidianas dos membros da sociedade" (CAPPELLETTI, Mauro. *Juízes Legisladores?* Porto Alegre: Sergio Antonio Fabris Editor, 1993. p. 104), vez que o órgão jurisdicional "é legítimo canal através de que o universo axiológico da sociedade impõe as suas pressões destinadas a definir e precisar o sentido dos textos, a suprir-lhes eventuais lacunas e a determinar a evolução do conteúdo substancial das normas constitucionais" (DINAMARCO, Cândido Rangel. *A Instrumentalidade do Processo*. 9. ed. São Paulo: Malheiros, 2.001. p. 41). No caso específico dos Estados Unidos, a permanência da Suprema Corte Americana é prova bastante da sua compatibilidade com o caráter democrático da Constituição, pois uma instituição não democrática não consegue sobreviver em uma sociedade democrática a não ser que seja apta a constante e rapidamente ajustar o seu comportamento às necessidades da democracia (LASKI, Harold J.

A "perplexidade" referida por HAMILTON, no entanto, (re)apareceria anos mais tarde, a partir da decisão proferida no famoso caso *Marbury v. Madison*[403], que por circunstâncias políticas, abaixo resumidas, conferiu notoriedade ao tema do controle da constitucionalidade das leis (*judicial review*):

> "MARBURY fôra legalmente nomeado, em 1801, nos últimos dias do governo de ADAMS, juiz de paz do Distrito de Columbia. MADISON, Secretário do Governo, seguindo instruções de JEFFERSON, o novo Presidente, negou-lhe a posse. Requerida ordem de *mandamus* contra MADISON, este não se defendeu e deixou a causa correr à revelia. Em 1802, nos jornais e no Congresso foi a Corte violentamente atacada, sugerindo JAMES MONROE o *impeachment* contra os seus juízes, se ousassem 'aplicar os princípios da *common law* à Constituição'. A mesma providência foi pleiteada, dias antes da decisão, por um jornal oficioso do governo, o *Independent Chronicle*, de Boston, segundo o qual a concessão da medida significaria 'guerra entre os departamentos constituídos'. Se concedida, a medida certamente não seria cumprida.
> Enfrentava-se, assim, situação dificílima. Indeferir simplesmente o pedido seria, conforme observou CROSSKEY, capitulação demasiado visível; afirmar apenas que a lei judiciária somente autorizava o *mandamus* pela Corte Suprema em grau de apelação, era resultado insatisfatório. A Corte, de modo muito inteligente e hábil, procurou, então, mascarar o recuo inevitável com um ato de afirmação contra o partido no poder. Invertendo a ordem do exame das questões preliminares, assim decidiu: MADISON, na realidade, agira ilegalmente ao negar posse a MARBURY; e, de acordo com os princípios aplicáveis da *common law*, havia remédio para tal caso, o *mandamus*, pelo qual MADISON poderia ser compelido a dar

---

Parliamentary Government in England. New York: The Viking Press, 1947. p. 110).
[403] 1 Cranch 137 (1803)

posse a MARBURY. Não cabia, porém, o *writ*, porque pedido diretamente à Corte Suprema, cuja competência originária era estritamente definida na Constituição e não podia ter sido dilatada pela Lei Judiciária de 1789. Era, assim, inconstitucional e nulo o art. 13 dessa lei, que atribuíra à Corte Suprema competência originária para expedir ordens de *mandamus*"[404].

Da decisão da Suprema Corte, redigida pelo *Chief Justice* JOHN MARSHALL[405], extrai-se a seguinte lição, que resiste, incólume, à passagem dos séculos:

> "Ou havemos de admitir que a constituição anula qualquer medida legislativa, que a contrarie, ou anuir que a legislatura possa alterar a constituição por medidas ordinárias. Não há por onde se contestar o dilema. Entre as duas alternativas não se descobre meio termo. Ou a constituição é uma lei superior, soberana, irreformável mediante processos comuns, ou se nivela com os atos da legislação usual, e como estes, é reformável à vontade da legislatura. Se a primeira proposição é verdadeira, então o ato legislativo, contrário à constituição, não será lei; se é verdadeira a segunda, então as constituições escritas são esforços inúteis do povo para limitar um poder pela sua própria natureza ilimitável. Ora, com certeza, todos os que têm formulado constituições escritas, sempre o fizeram com o objetivo de determinar a lei fundamental e suprema da nação; e conseguintemente, a teoria de tais governos deve ser a da nulidade de qualquer ato da legislatura ofensivo da constituição[406]. Esta doutrina está essencialmente ligada às

---

[404] Cf. RODRIGUES, Leda Boechat. *A Corte Suprema e o Direito Constitucional Americano*. 2. ed. Rio de Janeiro: Civilização Brasileira, 1992. pp. 35-36.

[405] Juiz da Suprema Corte (1801-1835). Considerado unanimemente o mais importante Presidente da Suprema Corte em toda a sua história.

[406] "A Constituição merece uma especial proteção contra violações de atos normativos inferiores às suas normas, posto que só assim pode-se assegurar a efetiva existência de um sistema jurídico. O sistema

constituições escritas, e assim, deve-se observar como um dos princípios fundamentais da nossa sociedade"[407].

Tal introdução se faz necessária para que possamos verificar se, como sustentam muitos, a decisão proferida no caso *Bonham* é a origem do *judicial review*, consagrado no caso *Marbury v. Madison*.

Realmente, não faltam semelhanças entre o caso *Bonham* e o caso *Marbury*.

Com efeito, os seguintes comentários de RUI BARBOSA, em 1910, a respeito de *Marbury*, poderiam muito bem ter sido proferidos, *mutatis mutandis*, a propósito de *Bonham*:

> "Em que tribunal se ousara nunca uma afirmação tamanha do poder da justiça? Assentaria ela, ao menos, em algum texto constitucional? Não. Essa reivindicação gigantesca estribava apenas em inferências de interpretação. As condições da ocasião eram as mais melindrosas"[408].

Há, todavia, uma diferença fundamental: a existência, no caso norte-americano, de uma constituição escrita, na qual se funda a autoridade do exercício do poder pelos órgãos estatais, impondo-lhes limites. Nos Estados Unidos, a ordem jurídica passou a ser "o limite e o fundamento da ação estatal"[409].

---

não pode admitir contradições internas, sob pena de ver-se sua imediata implosão" (TAVARES, André Ramos. *Tribunal e Jurisdição Constitucional*. São Paulo: Celso Bastos/IBDC, 1998. p. 10).

[407] Cf. PINTO FERREIRA. *Da Constituição*. 2. ed. Rio de Janeiro: José Konfino, 1956. pp. 83-84.

[408] Cf. *O Direito do Amazonas ao Acre Setentrional*. Obras Completas de Rui Barbosa, v. XXXVII, t. V. Rio de Janeiro: Fundação Casa de Rui Barbosa, 1983. p. 24.

[409] Cf. SALDANHA, Nelson. *O Estado Moderno e o Constitucionalismo*. São Paulo: Bushatsky, 1976. p. 44.

"Marshall teve um fundamento jurídico escrito, indicativo do poder da Corte, o que precisamente Lorde Coke não tivera"[410].

É a lição de THEMISTOCLES BRANDÃO CAVALCANTI:

"Tratando-se de controle judicial da constitucionalidade das leis, a sua fundamentação jurídica há de se encontrar, portanto, na própria definição de Constituição como norma suprema, colocada na hierarquia das normas como um conjunto de preceitos institucionais que servem de base à organização política, social e econômica do Estado.
A subordinação das normas menores ou dos atos praticados pela administração a esses preceitos fundamentais é que sugere a condenação desses atos ou dessas normas, através do voto do seu confronto com aqueles preceitos constitucionais, quando haja colisão.
A dois princípios essenciais se subordina o processo clássico de controle:
Primeiro à necessidade de uma norma constitucional, isto é, a própria existência de uma Constituição.
Segundo à idéia de que existe uma hierarquia de atos e normas, a menor na escala hierárquica se subordinando à maior"[411].

E também de MAURO CAPPELLETTI:

"Verdadeiro é, de fato, que antes de ter sido posto em prática o sistema norte-americano de *judicial review (of constitutionality of legislation)*, nos outros Estados – refiro-me, em particular, aos Estados da Europa – nada de semelhante tinha sido criado. A razão

---

[410] Cf. COÊLHO, Sacha Calmon Navarro. *O Controle da Constitucionalidade das Leis e do Poder de Tributar na Constituição de 1988*. 3. ed. Belo Horizonte: Del Rey, 1999. p. 74.

[411] Cf. CAVALCANTI, Themistocles Brandão. *Do Controle da Constitucionalidade*. Rio de Janeiro: Forense, 1966. p. 10.

disto é, de resto, facilmente compreensível se se pensa que, precisamente, com a Constituição norte-americana, teve verdadeiramente início a época do 'constitucionalismo', com a concepção da *supremacy of the Constitution* em relação às leis ordinárias. A Constituição norte-americana representou, em síntese, o arquétipo das assim chamadas Constituições 'rígidas', contrapostas às Constituições 'flexíveis', ou seja, o arquétipo daquelas Constituições que não podem ser mudadas ou derrogadas, através de leis ordinárias, mas, eventualmente, apenas através de procedimentos especiais de revisão constitucional"[412].

Deveras, não pode haver controle de constitucionalidade sem constituição[413] (afirmar o contrário seria ilógico[414]), e, como já demonstramos, não existia constituição na época de COKE (situação que aliás perdura até hoje).

O controle da razoabilidade das leis, realizado no caso *Bonham*, é anterior, historicamente, e distinto (ou pelo menos não totalmente coincidente[415]), em substân-

---

[412] Cf. CAPPELLETTI, Mauro. *O Controle Judicial de Constitucionalidade das Leis no Direito Comparado.* 2. ed. Porto Alegre: Fabris, 1992. p. 46.

[413] "Em Estados que não dispõem de uma constituição formal, não se pode falar validamente em controle jurisdicional de leis" (MACIEL, Adhemar Ferreira. *Dimensões do Direito Público.* Belo Horizonte: Del Rey, 2000. p. 254).

[414] A inconsistência fica evidente na seguinte passagem de CORWIN: "A origem inicial desse controle [de constitucionalidade], entretanto, é muito mais antiga que a Constituição e, na verdade, que qualquer constituição americana" (*A Constituição Norte-Americana e seu Significado Atual.* Rio de Janeiro: Jorge Zahar Editor, 1986. pp. 172-173).

[415] "Nem sempre é correto concluir-se pela equivalência ou sinonímia entre os conceitos de razoabilidade e constitucionalidade e de irrazoabilidade e inconstitucionalidade. Mais singelamente, nem toda lei razoável é também compatível com a ordem fundante, nem toda lei irrazoável dela discrepa" (NALINI, José Renato. *Constituição e Estado Democrático.* São Paulo: FTD, 1997. p. 59). Embora o ilustre autor não o diga expressamente, entendemos que a lei irrazoável somente poderá

cia⁴¹⁶, do controle de constitucionalidade e, destarte, com

---

ser constitucional se a irrazoabilidade resultar da própria Constituição, o que, portanto, revela um juízo antes político do que jurídico, vez que contra tal situação (= irrazoabilidade da norma constitucional) não há remédio jurídico (salvo a alteração da Constituição).

[416] Em princípio, tanto a inconstitucionalidade formal quanto a inconstitucionalidade material decorrem, *ipso facto*, da desconformidade da lei com a Constituição, independentemente de quaisquer considerações a respeito da razoabilidade, conveniência e oportunidade da norma. Imagine-se, por exemplo, que sob o argumento de fazer frente ao acúmulo de processos e tornar mais célere a prestação jurisdicional, seja promulgada lei aumentando para vinte o número de Ministros do Supremo Tribunal Federal. Ainda que a idéia seja razoável e oportuna, a lei não deixará de ser inconstitucional e, portanto, nula, vez que o texto constitucional fixou em onze o número de integrantes da Corte Suprema e a sua redução ou aumento dependeria de alteração do texto constitucional. É como observou DICEY: *"An American might, without any inconsistency, say that an Act of Congress was a good law, that is, a law calculated in his opinion to benefit the country, but that unfortunately it was 'unconstitutional', that is to say, ultra vires and void"* (*Introduction to the Study of the Law of the Constitution*. Indianapolis: Liberty Fund, 1982. p. 372). Tradução livre: "Um americano poderia, sem nenhuma contradição, dizer que um ato do congresso é uma boa lei, benéfica ao país, mas infelizmente é inconstitucional, isto é, ultra vires e nulo". Nesse sentido, a desconformidade com a Constituição é "formal", decorrente do conceito formal de Constituição, porque independe do exame do "mérito" do ato legislativo. Sob a égide da Carta de 1937, porém, permitia-se o contrário: o Congresso Nacional (ou o ditador, como efetivamente ocorreu), poderia nulificar as decisões do Poder Judiciário, sob a alegação de ser a lei inconstitucional "necessária ao bem estar do povo, à promoção ou defesa de interesse nacional de alta monta" (artigo 96, parágrafo único). Curiosamente (ou nem tanto), é esta a solução proposta por ROBERT H. BORK para corrigir os "abusos" da Suprema Corte (*v.g.*, em *Roe v. Wade*): a aprovação de uma Emenda Constitucional autorizando a "revogação" de decisões judiciais por deliberação da maioria dos membros das duas Casas do Congresso (BORK, Robert H. *Slouching Towards Gomorrah*. New York: Regan Books, 1996. p. 117).

ele não pode ser confundido[417].

Além disso, ainda que haja uma constituição, não se pode falar em *judicial review* se o controle da conformidade das leis ordinárias com a Constituição for atribuído ao próprio Poder Legislativo, o que pressupõe, portanto, a existência de um Poder Judiciário[418] (ou organismo judiciário ou quase-judiciário transnacional[419] independente).

As limitações impostas ao Poder Legislativo (e também ao Executivo) pela Constituição "não podem ser preservadas senão por meio dos tribunais de justiça"[420], os quais, na Inglaterra do século XVII, não obstante a postura destemida de COKE (exceção que confirmava a regra), ainda se encontravam submissos à Coroa[421].

---

[417] Em sentido contrário: MARTEL, Letícia de Campos Velho. *Devido Processo Legal Substantivo: Razão Abstrata, Função e Características de Aplicabilidade*. Rio de Janeiro: Lumen Juris, 2005. p. 38.

[418] "Ainda hoje, nem sempre o Judiciário atinge, por toda parte, as alturas de *poder*. É divisão administrativa nos governos absolutistas, da direita, ou da esquerda, onde nada se opõe à vontade onipotente de um chefe. Já começa a se elevar a *poder* quando pode *opor-se* a violências da polícia, a ilegalidades ou coacções do Executivo, em defesa de direitos individuais. Mas só quando puder opor-se, de igual para igual, não somente ao Executivo, mas não menos ao Legislativo, é que estará na plenitude da categoria de *poder*" (DÓRIA, A. de Sampaio. *Comentários à Constituição de 1946*. v. 3. São Paulo: Max Limonad, 1960. p. 414).

[419] Cf. CAPPELLETTI, Mauro. *Juízes Legisladores?* Porto Alegre: Sergio Antonio Fabris Editor, 1993. p. 66.

[420] Cf. MADISON, James *et alii*. Os *Artigos Federalistas: 1787-1788*. Apresentação de Isaac Kramnick, Rio de Janeiro, Nova Fronteira, 1993. p. 480. Em termos semelhantes manifestou-se BERNARD SCHWARTZ: "A Constituição que não pode ser confirmada pelos tribunais contém apenas palavras ocas" (SCHWARTZ, Bernard. *Direito Constitucional Americano*. Rio de Janeiro: Forense, 1966. p. 23).

[421] Segundo BLACKSTONE os juízes são representantes do Rei e o seu poder é apenas uma emanação da prerrogativa real (*apud*

Em plena transição do medieval para o moderno, pode-se vislumbrar no caso *Bonham* apenas um embrião do "pensamento constitucional"[422], que somente viria a se firmar com a revolução americana e com a consagração da doutrina da separação dos poderes[423].

Malgrado se possa estabelecer certas semelhanças entre o controle da constitucionalidade das leis e a decisão no caso *Bonham* ou, ainda, o controle da validade das leis coloniais pelo *Privy Council*[424] (Conselho Privado)[425], é forçoso

---

KURLAND, Philip B. e LERNER, Ralph (ed.). *The Founders' Constitution*. 5. v. Indianapolis: Liberty Fund, 1987. p. 132), o que demonstra que a ousadia de COKE foi bem maior que a de MARSHALL e, conseqüentemente, também maior a sua reivindicação de controlar a validade dos atos do Parlamento.

[422] Cf. SALDANHA, Nelson. *O Estado Moderno e o Constitucionalismo*. São Paulo: Bushatsky, 1976. p. 38.

[423] Costuma ser atribuída a EDWARD S. CORWIN a tese de que o *judicial review* teve origem em *Bonham*. Uma leitura atenta da obra do ilustre constitucionalista, contudo, revela o contrário, vez que o autor, como nós, reconhece que a separação de poderes (da qual a independência do Judiciário é pressuposto) é uma premissa do controle de constitucionalidade, inexistente à época (e na doutrina) de COKE (CORWIN, Edward S. *The "Higher Law" Background of American Constitutional Law*. 14. ed. Ithaca and London: Cornell University Press, 1995. p. 51).

[424] "O *Privy Council* não era um tribunal no sentido ordinário; seu direito de confirmar ou rejeitar os julgamentos dos tribunais coloniais constituía simplesmente um aspecto de sua autoridade para aconselhar o rei, que pela ordem se erigia no árbitro decisivo em todas as matérias que afetavam as colônias" (ACCIOLI, Wilson. *Instituições de Direito Constitucional*. Rio de Janeiro: Forense, 1978. p. 464).

[425] Entretanto, como pondera ROBERT K. CARR, "*it is quite clear that a good many of these laws were anulled because they were regarded as inexpedient rather than because they were considered contrary to some higher law*" (*The Supreme Court and Judicial Review*. New York: Farrar and Rinehart, Inc., 1942. p. 43). Tradução livre: "É evidente que boa parte

reconhecer que a doutrina do *judicial review* é tipicamente americana[426].

---

das leis foram anuladas por serem reputadas inconvenientes e não porque tenham sido consideradas contrárias a um direito superior". Segundo CORWIN, a atividade do Privy Council era predominantemente política ou legislativa, e não judicial (*Court Over Constitution*. Gloucester: Peter Smith, 1957. p. 18).

[426] Cf. BITTENCOURT, C. A. Lúcio. *O Controle Jurisdicional da Constitucionalidade das Leis*. 2. ed. Rio de Janeiro: Forense, 1968. pp. 12-13; BONAVIDES, Paulo. *Curso de Direito Constitucional*. 16. ed. São Paulo: Malheiros, 2005. p. 305; BUZAID, Alfredo. *Da Ação Direta de Declaração de Inconstitucionalidade no Direito Brasileiro*. São Paulo: Saraiva, 1958. p. 19. É exagero, contudo, afirmar que o *judicial review* foi criado em *Marbury v. Madison*, vez que a doutrina do controle de constitucionalidade das leis já aparece em decisões anteriores de Tribunais Estaduais e Federais e da própria Suprema Corte (v.g, em *United States v. Yale Todd*, 13 How. 52 (1794)), como demonstrou WILLIAM MICHAEL TREANOR ("*Judicial review before Marbury*". Stanford Law Review. No prelo. Disponível em: <<http://ssrn.com/abstract=722443>>. Acesso em: 10 nov. 2005). Entre nós, idêntica é a lição de LOUREIRO JUNIOR, ao examinar as decisões dos Tribunais Estaduais americanos no final do século XVIII (*Da Constitucionalidade das Leis*. São Paulo: [s.n.], 1949. pp. 62-67). A originalidade de Marbury residiria, segundo NOAH FELDMAN, na afirmação de que a lei inconstitucional é nula *ab initio* (o que a Corte se recusou a dizer em *Calder v. Bull*) e que, portanto, não pode ser aplicada, quer pelo Judiciário, quer pelos demais poderes ("The Voidness of Repugnant *Statutes*: Another Look at the Meaning of *Marbury*". *Proceedings of the American Philosofical Society*, volume 148, number 1, March 2004. pp. 27-37).

10
O RESSURGIMENTO DO CONTROLE DA RAZOABILIDADE DAS LEIS NO DIREITO NORTE-AMERICANO (SÉCULOS XVIII-XXI)

Pelas próprias circunstâncias do nascimento e evolução do *judicial review*, é compreensível que, apesar de bastante conhecida dos *Founding Fathers* a figura de COKE e a decisão por ele proferida no caso *Bonham*, não tenha a Suprema Corte dos Estados Unidos, até a segunda metade do século XIX, declarado a inconstitucionalidade de uma lei aprovada pelo Congresso ou pelas Assembléias Legislativas Estaduais sob o fundamento de falta de razoabilidade.

A partir do caso *Marbury*, por obra do *Chief Justice* MARSHALL e, depois dele, do *Justice* STORY[427], a Suprema Corte afirmou a sua competência para julgar, originariamente ou em grau de recurso, quaisquer causas envolvendo a aplicação da Constituição e das leis dos Estados Unidos[428],

---

[427] Juiz da Suprema Corte (1811-1845).
[428] *"The judicial power of every well-constituted government must be coextensive with the legislative, and must be capable of deciding every judicial question which grows out of the Constitution and laws"* - Cohens v. Virginia (1821). Tradução livre: "O Poder Judiciário de qualquer Estado bem constituído deve ter a mesma extensão do poder legislativo e deve ser competente para julgar qualquer controvérsia derivada da Constituição e das leis". É o princípio da coextensão, exposto por

tornando-se alvo de intensas críticas[429] (inclusive tendo a sua autoridade desafiada por Tribunais estaduais[430]).

Veja-se, a tal respeito, o relato fornecido por LEDA BOECHAT RODRIGUES:

"Após a decisão do caso *Cohens v. Virginia* (1821) generalizaram-se e tornaram-se mais persistentes as principais objeções à Corte Suprema e à ampla interpretação dada à Constituição por MARSHALL e STORY. Concretizaram-se, então, as tentativas de restringir-lhe o poder. A 12 de dezembro de 1821, propunha o Senador JOHNSON, de Kentucky, emenda à Constituição, ao fito de substituir-se o Senado à Corte Suprema em todos os casos constitucionais. Desaprovado esse projeto, em 1824 propôs o Deputado ROBERT P. LETCHER, também de Kentucky, fosse a Corte Suprema proibida de invalidar qualquer disposição de lei ou Constituição estadual, salvo pela maioria de cinco votos em sete, devendo cada juiz justificar separada e distintamente a sua opinião. O Estado de Kentucky, dizia LETCHER, fora provado da 'igualdade de direitos e privilégios'. Como? 'Por meio de *construction*... Sim, *construction*!

FRANCISCO CAMPOS, o qual corresponde, no Direito brasileiro, ao princípio da inafastabilidade do controle jurisdicional (artigo 5º, XXXV): "E da Constituição americana a nossa não diverge no propósito de colar à justiça ordinária uma competência comensurável, em toda a sua extensão, com o campo reservado à legislação e à administração. Ali, como aqui, sempre se entendeu que a competência da justiça ordinária vai até onde vai a legislação, e, portanto, desde que haja uma lei a aplicar, sobre a aplicação desta lei se pode instaurar, perante a justiça comum, juízo contencioso, de caráter final e conclusivo, e, conseguintemente, de efeitos obrigatórios para os demais poderes" (CAMPOS, Francisco. *Direito Administrativo*: Rio de Janeiro: Forense, 1943. p. 6).

[429] Cf. HAINES, Charles Grove. *The American Doctrine of Judicial review*. 2. ed. New York: Russell & Russell, 1959. pp. 285-321.

[430] Em *Martin v. Hunter's Lessee*, 14 U.S. 304 (1816) e *Cohens v. Virginia*, 19 U.S. 264 (1821).

Seus poderes são irresistíveis; ... cria novos princípios; ... destrói leis há muito estabelecidas, e diariamente conquista nova força'. O Deputado DAVID TRIMBLE, do mesmo Estado, sustentava que se três quartos dos Estados eram necessários para emendar a Constituição, só três quartos dos juízes poderiam dar-lhe interpretação lata (*to construe it*), pois as *constructions* judiciais eram verdadeiras 'emendas explicativas', pelas quais 'a pessoa e a propriedade de cada cidadão eram ou não garantidas'"[431].

Assim, a declaração da inconstitucionalidade de uma lei federal ou estadual, não por afrontar algum dispositivo expresso da Constituição Federal, mas por carecer de razoabilidade (segundo o entendimento da maioria dos membros da Corte), certamente seria interpretada por alguns, como o foi em momento posterior e ainda é até hoje, como um exemplo de "tirania judicial"[432].

---

[431] Cf. *A Corte Suprema e o Direito Constitucional Americano*. 2. ed. Rio de Janeiro: Civilização Brasileira, 1992. pp. 33-34.

[432] Para todos aqueles que conhecem um pouco de história, a "tirania judicial", o "governo dos juízes", é como o "chupacabras", o "monstro do lago Ness" ou o "abominável homem-das-neves": ninguém nunca a viu. E as razões para isso foram bem expostas por ALEXANDER HAMILTON: "Todo aquele que considerar atentamente os diferentes poderes perceberá que, num governo em que eles estão separados, o judiciário, pela natureza de suas funções, será sempre o menos perigoso para os direitos políticos da Constituição, por ser o menos capaz de transgredi-los ou violá-los. O executivo não só dispensa as honras como segura a espada da comunidade. O legislativo não só controla a bolsa como prescreve as regras pelas quais os deveres e direitos de todos os cidadãos serão regulados. O judiciário, em contrapartida, não tem nenhuma influência nem sobre a riqueza da sociedade, e não pode tomar nenhuma resolução ativa. Pode-se dizer que não tem, estritamente, força nem vontade, mas tão-somente julgamento, estando em última instância na dependência do auxílio do braço executivo até para a eficácia de seus julgamentos" (MADISON, James *et alii*. Os

Pode-se citar, nesse sentido, a opinião de COOLEY, ao afirmar que "a conveniência, a justiça e a oportunidade da legislação, devem ser, exclusivamente, determinadas pelo poder legislativo; e desde que um tribunal se aventurasse a substituir o seu próprio critério pelo do poder legislativo[433], teria ultrapassado a sua legítima autoridade, e

---

Artigos Federalistas: 1787-1788. Apresentação de Isaac Kramnick, Rio de Janeiro, Nova Fronteira, 1993. p. 479). E prossegue o autor: "Este simples quadro da matéria sugere várias conseqüências importantes. Prova incontestavelmente que o judiciário é incomparavelmente mais fraco que os dois outros poderes; que jamais pode atacar com sucesso qualquer dos dois; e que todo o cuidado possível é necessário para capacitá-lo a se defender contra os ataques dos outros. Prova igualmente que, embora a opressão individual possa esporadicamente provir dos tribunais de justiça, a liberdade geral do povo jamais poderá ser ameaçada a partir dessa frente" (Idem, ibidem). Caso, todavia, os juízes, em especial os juízes da Suprema Corte, abusem de seus poderes, tanto a Constituição dos Estados Unidos, como a nossa, conferem ao Poder Legislativo "arma" mais do que eficiente para eliminar tal anomalia, qual seja, o *impeachment*: "Nunca haverá perigo de que os juízes se arrisquem a provocar, por uma série de usurpações deliberadas da autoridade do legislativo, o ressentimento comum desse corpo enquanto o mesmo detiver os meios de punir sua presunção removendo-os de seus postos" (MADISON, James *et alii. Os Artigos Federalistas: 1787-1788.* Apresentação de Isaac Kramnick, Rio de Janeiro, Nova Fronteira, 1993. p. 496).

[433] A possibilidade de substituição das intenções do legislativo pelos desejos do judiciário, sob o pretexto de incompatibilidade com o texto constitucional foi assim refutada por HAMILTON: "Não se pode dar nenhum peso à afirmação de que os tribunais podem, a pretexto de uma incompatibilidade, substituir as intenções constitucionais do legislativo por seus próprios desejos. Isto poderia acontecer tanto no caso de duas leis contraditórias como no caso de toda adjudicação de uma única lei. Os tribunais devem especificar o sentido da lei; e, caso se dispusessem a exercer a *vontade* em vez do *julgamento*, isso levaria igualmente à substituição do desejo do corpo legislativo pelo seu próprio. Se esta observação provasse alguma coisa, seria

teria entrado num campo onde seria impossível fixar às suas invasões outros limites, exceto os prescritos pela sua própria discrição"[434].

Entre os autores clássicos, assim também se manifestou JAMES BRYCE:

> "Eles [os juízes] podem considerar que a lei é excelente, quanto a seus objetivos e aplicação prática, mas se não conseguirem encontrar na Constituição permissão ao Congresso para editá-la, devem desconsiderá-la, como inválida. Eles podem considerar uma outra lei perniciosa, mas se ela estiver compreendida dentro dos poderes do Congresso, deverão aplicá-la" (tradução livre)[435].

---

que não deve haver nenhum juiz além do próprio legislativo" (MADISON, James et alii. *Os Artigos Federalistas: 1787-1788*. Apresentação de Isaac Kramnick, Rio de Janeiro, Nova Fronteira, 1993. p. 482). O argumento utilizado pelos opositores do devido processo legal substantivo, portanto, é velho e surrado (a resposta de HAMILTON tem mais de 200 anos). Se algum dos Poderes do Estado deve ter, necessariamente, a última palavra a respeito da constitucionalidade das leis, que seja o Judiciário e não o Legislativo (lembremo-nos de COKE: *nemo debet esse judex in propria causa*), pois é a solução que melhor se conforma com a teoria dos *checks and balances* consagrada pela Constituição para obter a limitação do poder: "De outro ângulo, é também verdadeiro e até indispensável que, num sistema de partilha de competências institucionais radicado no ideal da legalidade qualificada pela nota da supremacia da Constituição, alguém, além do editor normativo, deva ter autoridade para emitir pronunciamentos conclusivos acerca da razoabilidade e da racionalidade das regras jurídicas sempre que for questionada lesão a direito individual ou coletivo, isto sob pena de permitir-se, ao menos em tese, o descontrole e a perpetuação do arbítrio do legislador" (CASTRO, Carlos Roberto Siqueira. *A Constituição Aberta e os Direitos Fundamentais*. Rio de Janeiro: Forense, 2003. p. 105).

[434] Cf. *Princípios Gerais de Direito Constitucional dos Estados Unidos da América do Norte*. 2. ed. São Paulo: RT, 1982. p. 145.

[435] "They may think a statute excellent in purpose and working, but if they cannot find in the Constitution a power for Congress to pass it, they must

Apoiado, como visto, tão apenas em argumentos de ordem lógica[436], talvez não tivesse resistido o *judicial review*, que antes da Guerra Civil ainda se encontrava "em estágio embrionário[437] e sujeito a controvérsia"[438], aos ataques de seus opositores[439].

Além de tais ponderações, de ordem predominantemente política, também razões de natureza jurídica conspiravam para que não se realizasse, naquele momento histórico, o controle da constitucionalidade das leis por falta de razoabilidade.

---

brush it aside as invalid. They may deem another statute pernicious, but if it is within the powers of Congress, they must enforce it" (BRYCE, James. The American Commonwealth. v. I. Indianapolis: Liberty Fund, 1995. p. 225). Outro argumento, que não se confunde, mas que tampouco se opõe à dedução do *judicial review* com base em dispositivos da Constituição, é a necessidade pragmática de se atribuir a algum órgão a palavra final a respeito da sua interpretação (WECHSLER, Herbert. "Toward Neutral Principles of Constitutional Law". *Harvard Law Review*, volume 73, number 1, November 1959, pp. 2-10).

[436] Relata JAMES BRYCE a estória de um cidadão inglês que durante dois dias procurou na Constituição dos Estados Unidos o dispositivo que autorizaria a Suprema Corte a declarar a nulidade das leis, sem encontrá-lo... (*The American Commonwealth*. v. I. Indianapolis: Liberty Fund, 1995. p. 224).

[437] Depois de *Marbury* passariam cinqüenta e quatro anos até que a Suprema Corte pronunciasse a inconstitucionalidade de outra lei federal, em *Dred Scott* (BAUM, Lawrence. A Suprema Corte Americana. Rio de Janeiro: Forense Universitária, 1987. p. 263).

[438] "... *the concept of judicial review in antebellum America was in an embryonic stage and a subject of controversy*" (ELY JR., James W. "The oxymoron reconsidered: myth and reality in the origins of substantive due process". *Constitutional Commentary*, volume 16, issue 2, June 22, 1999, p. 321).

[439] Segundo C. A. LÚCIO BITTENCOURT "pelo menos três vezes, até meados do século em que foi enunciada, esteve a doutrina a pique de perder a sua eficácia" (*O Controle Jurisdicional da Constitucionalidade das Leis*. 2. ed. Rio de Janeiro: Forense, 1968. p. 14).

Origem e Evolução do Devido Processo Legal Substantivo 179

A primeira, conseqüência da própria existência de uma Constituição escrita[440], era a necessidade de se fundamentar o controle da constitucionalidade das leis na alegação de violação de algum dos dispositivos do texto[441] constitucional:

> "Consequentemente, aquele que contesta a validade de um ato do Poder Legislativo deve indicar a proibição ou garantia específica que ele contraria. Não se pode recorrer ao espírito da Constituição, a não ser na medida em que manifestado no seu texto" (tradução livre)[442].

---

[440] Sem razão, pois, SUZANA DE TOLEDO BARROS, ao afirmar que "a necessidades de buscar o fundamento da inconstitucionalidade em uma norma constitucional determinada" seria própria dos países da família romano-germânica (*O Princípio da Proporcionalidade e o Controle de Constitucionalidade das Leis Restritivas de Direitos Fundamentais*. Brasília: Brasília Jurídica, 1996. p. 28). A necessidade decorre da existência de uma constituição escrita e não do sistema (*common law* ou *civil law*).

[441] "*If the principles of republican government were embodied in the document, fidelity to the text was the measure of fidelity to republicanism as the political creed of the nation*" (BELZ, Herman. *Living Constitution or Fundamental law? – American Constitutionalism in Historical Perspective*. Lanham: Rowman & Littlefield Publishers, Inc., 1998. p. 4). Tradução livre: "Se os princípios do governo republicano estavam corporificados no documento, a fidelidade ao texto era a medida da fidelidade ao republicanismo enquanto credo político da nação". Enquanto não se encontrou um preceito constitucional que pudesse fundamentar a alegação de inconstitucionalidade foram tímidas as tentativas de submeter o legislador aos princípios do direito natural (GRINOVER, Ada Pellegrini. *As Garantias Constitucionais do Direito de Ação*. São Paulo: RT, 1973. p. 33). Como ponderou WALTER DODD, citado por SAMPAIO DÓRIA, "uma limitação extraconstitucional (vale dizer, fundada em cânones do Direito Natural), que não encontrou ainda um dispositivo constitucional onde se aninhar, está fadada a uma frágil e evanescente existência" (*Direito Constitucional Tributário e "Due Process of Law"*. 2. ed. Rio de Janeiro: Forense, 1986. p. 30).

[442] "*Consequently, one who objects to the validity of an act of the legislature must be able to point out the specific prohibition, or garanty which it violates. And*

A segunda, intrinsecamente vinculada à anterior, era o entendimento, dominante na doutrina e na jurisprudência norte-americanas[443], de que as leis presumem-se constitucionais, devendo ser declarada a sua inconstitucionalidade apenas em caso de violação clara e inequívoca[444].

A terceira era a concentração, à época, do poder de polícia (*police power*), fonte tradicional de restrições a direitos individuais[445], nos Estados Federa-

---

the spirit of the constitution cannot be appelled to except as it is manifested in the letter" (BLACK apud MELLO, José Luiz de Anhaia. *Da Separação de Poderes à Guarda da Constituição*. São Paulo: RT, 1968. p. 94).

[443] E também entre nós, desde RUI BARBOSA, passando por C. A. LUCIO BITTENCOURT, ALFREDO BUZAID e THEMISTOCLES BRANDAO CAVALCANTI. "Data venia", pessoalmente entendemos que, na dúvida, deve-se preservar a Constituição e não a lei.

[444] Ou, para utilizar expressão que era corrente até o início do século XX, o juiz deve ter uma clara e forte convicção (*"clear and strong conviction"*) da inconstitucionalidade. Todavia, como bem demonstrou CASTRO NUNES, é nula a utilidade de tal regra para se determinar a constitucionalidade de uma lei: "É uma fórmula vazia de sentido como regra objetiva de exegese. Se um juiz pronuncia a inconstitucionalidade é porque esta se lhe afigura tão clara e irrecusável quão obscura e duvidosa se depara aos outros juízes do mesmo tribunal que lhe não descobrem o vício apontado. Entretanto, uns e outros estão aplicando a mesma regra, quer os que pronunciam a inconstitucionalidade, por entendê-la manifesta, quer os que opinam de modo contrário, por menos convencidos da irrecusabilidade da argüição. Outros haverá ainda que terão por absolutamente constitucional a lei ou ato impugnado" (*Teoria e Prática do Poder Judiciário*. Rio de Janeiro: Forense, 1943. p. 591).

[445] A necessidade de se compatibilizar o poder de polícia com o devido processo legal nada mais é do que manifestação do permanente conflito entre o poder e a liberdade, assim exposto por ALEXANDRE DE MORAES: "O poder e a liberdade são fenômenos sociais contraditórios, que tendem a anular-se reciprocamente, merecendo por parte do direito uma regulamentação, de forma a impedir tanto a anarquia quanto a arbitrariedade" (*Direitos Humanos Fundamentais*. São Paulo: Atlas, 1997. p. 21). Cf. SUNDFELD, Carlos Ari. *Fundamentos de Direito*

Origem e Evolução do Devido Processo Legal Substantivo 181

dos[446], aos quais, antes da promulgação da 14ª Emenda (1868), não eram aplicáveis os direitos e garantias do *Bill of Rights* (as dez primeiras Emendas Constitucionais), inclusive a garantia do devido processo legal (*due process of law*), constante da 5ª Emenda (1791)[447].

Somente a partir do momento em que a cláusula do devido processo legal (e a partir dela outras partes do *Bill of Rights*, através da doutrina da incorporação seletiva[448]) passou a limitar a atuação dos Estados Federados é que a Suprema Corte dos Estados Unidos teve maior oportunidade de apreciar, mediante provocação, a razoabilidade de leis[449].

Público. 4. ed. 7. tir. São Paulo: Malheiros, 2006. pp. 109-118 (Capítulo VIII – Equilíbrio entre Autoridade e Liberdade).

[446] Cf. CARR, Robert K. *The Supreme Court and Judicial Review*. New York: Farrar and Rinehart, Inc., 1942. p. 139; SCHWARTZ, Bernard. *Direito Constitucional Americano*. Rio de Janeiro: Forense, 1966. p. 268; SIEGAN, Bernard H. "Economic Liberties and the Constitution: Protection at the State Level". *Cato Journal*, volume 4, number 3, Winter 1985, p. 689.

[447] "Ninguém será detido para responder por um crime capital, ou qualquer outro infamante, a menos que exista denúncia ou pronúncia por um Grande Júri, exceto nos casos que ocorrerem nas forças terrestres ou navais, ou na Milícia, quando em serviço ativo em tempo de guerra ou de perigo público; ninguém, pelo mesmo crime, poderá ser exposto por duas vezes ao risco de perder a vida ou algum membro; nem será obrigado a ser testemunha contra si próprio em qualquer caso criminal, nem ser privado da vida, liberdade ou propriedade sem o devido processo legal; nem qualquer propriedade privada poderá ser desapropriada para uso público sem justa indenização".

[448] Cf. CORTNER, Richard C. "The Nationalization of the *Bill of Rights* in Perspective". In: *The Lanahan Readings in Civil Rights and Civil Liberties*. Edited by David M. O'Brien. Baltimore: Lanahan Publishers, 1999. pp. 31-47.

[449] Cf. SANDERS, Anthony B. "The 'New Judicial Federalism' Before its Time: A Comprehensive Review of Economic Substantive Due

"Até a véspera da Guerra Civil, nenhuma lei federal havia sido rejeitada por uma maioria dos juízes da Suprema Corte com fundamento na violação do devido processo legal e, de fato, 'apenas um caso envolveu uma discussão aprofundada do significado do termo'" (tradução livre)[450].

Sem embargo, observa o próprio ROBERT K. CARR[451] que "antes mesmo da Guerra Civil haviam crescentes sinais de que os tribunais inclinavam-se a utilizar o devido processo legal como um meio de controlar a constitucionalidade do mérito das leis" (tradução livre).

Realmente, muito antes de a Suprema Corte dos Estados começar a enfrentar o tema da amplitude do *due process of law*, demonstraram JAMES W. ELY JR.[452] e BERNARD H. SIEGAN[453] que os tribunais estaduais, no período anterior à Guerra Civil, já apresentavam um entendimento mais elaborado a respeito da garantia, que constava de praticamente todas as Constituições Estaduais (como *due process*

Process Under State Constitutional Law Since 1940 and the Reasons for its Decline". *American University Law Review*, Vol. 55, No. 2, December 2005, p. 13.

[450] "*Until de eve of the Civil War, no federal statute was condemned by a majority of the justices of the Supreme Court on the ground of lack of due process of law, and, indeed, 'only one case involved any serious consideration of the meaning of the term'*" (CARR, Robert K. *The Supreme Court and Judicial Review*. New York: Farrar and Rinehart, Inc., 1942. p. 143).

[451] "*However, even before the Civil War there were increasing signs that the courts were becoming inclined to utilize due process of law as a means for judicial review* of the subject matter of *statutes*" (*The Supreme Court and Judicial Review*. New York: Farrar and Rinehart, Inc., 1942. p. 144).

[452] Cf. ELY JR., James W. "The oxymoron reconsidered: myth and reality in the origins of substantive due process". *Constitutional Commentary*, volume 16, issue 2, June 22, 1999, p. 321.

[453] Cf. *Economic Liberties and the Constitution*. 2. ed. New Brunswick: Transaction Publishers, 2006. pp. 87-97.

of law ou *law of the land*, expressões que haviam se tornado sinônimas), resultado da existência de um maior número de casos (comparado com os tribunais federais) em que era invocada.

Nos casos citados questionava-se, basicamente, se uma lei aprovada pela assembléia legislativa, caso não contrariasse algum dispositivo específico da Constituição estadual, deveria ser considerada, automaticamente, *law of the land*, isto é, se atenderia ao requisito do devido processo legal.

Pela negativa manifestaram-se a Corte de Causas Comuns da Carolina do Sul, no caso *Bowman v. Middleton*[454], a Suprema Corte da Carolina do Norte, nos casos *Trustees of the University of North Carolina v. Foy and Bishop* (1805)[455] e *Hoke v. Henderson* (1833)[456], a Suprema Corte de Apelações do Tennessee, no caso *Townsend v. Townsend* (1821)[457] e a Suprema Corte de Nova York, no caso *Taylor v. Porter* (1843)[458], entre outras. Em todas as oportunidades, as leis foram consideradas inconstitucionais por conflitarem com regras e princípios da *common law*, tal como defendera COKE no caso *Bonham*.

De qualquer forma, parecia ser uma questão de tempo até que a questão chegasse à Suprema Corte. E o Tribunal, após o fim da Guerra Civil e a promulgação da 14ª Emenda, por muitas vezes resistiu à tentativa de vislumbrar na 14ª Emenda um instrumento para que o Poder Judiciário pudesse controlar as leis estaduais de conteúdo econômico e social.

---

[454] 1 Bay 252 (1792)
[455] 5 N.C. 58 (1805)
[456] 15. N.C. 1 (1833)
[457] 7 Tenn. 1, 17 (1821)
[458] 4 Hill 140 (1843)

Por exemplo, em 1873, nos chamados *Slaughter-House Cases*[459], o *Justice* MILLER[460], em nome da maioria (5 a 4) do Tribunal, negou que uma lei do Estado da Louisiana, que "atribuíra a uma determinada empresa dedicada à pecuária e ao abate de animais para consumo alimentar, em regime de monopólio pelo prazo de 25 anos, a exploração comercial de tal atividade econômica"[461], violava o devido processo legal, garantido pela 14ª Emenda.

Alguns dos julgadores, porém, divergiram, vigorosamente, de tal entendimento, defendendo uma interpretação mais ampla da cláusula do devido processo legal, que permitisse à Corte "sopesar os benefícios sociais do exercício do poder de polícia, no caso concreto, em cotejo com os direitos individuais dos particulares afetados pela medida" (tradução livre)[462].

---

[459] 83 U.S. 36 (1872). Considerado por SAMPAIO DÓRIA como um "tropeço original" (*Direito Constitucional Tributário e "Due Process of Law"*. 2. ed. Rio de Janeiro: Forense, 1986. p. 31).

[460] Juiz da Suprema Corte (1862-1890). No caso *Citizens' Savings & Loan Ass'n v. City of Topeka*, 87 U.S. 655 (1874), porém, o mesmo *Justice* MILLER reconheceu que "existem alguns direitos em qualquer governo democrático além do controle do Estado" ("*... there are such rights in every free government beyond the control of the State*"), "direitos individuais implicitamente reservados, sem os quais o tecido social não poderia existir e que são respeitados por todos os governos merecedores de tal nome" ("*implied reservations of individual rights, without which the social compact could not exist, and which are respected by all governments entitled to the name*").

[461] Cf. CASTRO, Carlos Roberto Siqueira. *O Devido Processo Legal e os Princípios da Razoabilidade e da Proporcionalidade*. 3. ed. Rio de Janeiro: Forense, 2005. p. 42.

[462] "*...weigh the social advantages of a particular exercise of the police power against the resulting interference with the rights of private individuals*" (CARR, Robert K. *The Supreme Court and Judicial Review*. New York: Farrar and Rinehart, Inc., 1942. p. 146).

Origem e Evolução do Devido Processo Legal Substantivo 185

É o caso do voto vencido proferido pelo *Justice* Bradley, do qual se extraem os seguintes trechos:

> "Obrigar um açougueiro ou, mais propriamente, todos os açougueiros de uma grande cidade e de uma vasta região, a abater seus animais no matadouro de um terceiro e a remunerá-lo por isso é uma restrição à sua atividade de tal ordem que ameaça diretamente a sua própria continuidade. É uma restrição onerosa, desarrazoada, arbitrária e injusta... Em minha opinião, uma lei que proíbe uma numerosa classe de cidadãos de ter um emprego lícito ou de continuar a exercer uma ocupação lícita, priva-os de sua liberdade e de sua propriedade sem o devido processo legal. O direito de escolha dos cidadãos é uma parcela da sua liberdade; a sua ocupação é parte do seu direito de propriedade" (tradução livre)[463].

Em 1877, a Suprema Corte, novamente, recusou-se a examinar a razoabilidade de lei uma do Estado de Illinois, em caso[464] relacionado a tabelamento de preços, tendo o *Chief Justice* WAITE[465] afirmado: "Para obter proteção contra os abusos das assembléias legislativas, o povo deve recorrer às urnas, não aos tribunais" (tradução livre)[466].

---

[463] *"To compel a butcher, or rather all the butchers of a large city and an extensive district, to slaughter their cattle in another person's slaughter-house and pay him a toll therefore, is such a restriction upon the trade as materially to interfere with its prosecution. It is onerous, unreasonable, arbitrary, and unjust... In my view, a law which prohibits a large class of citizens from adopting a lawful employment, or from following a lawful employment previously adopted, does deprive them of liberty as well as property, without due process of law. Their right of choice is a portion of their liberty; their occupation is their property".*

[464] *Munn v. Illinois* 94 U.S. 113 (1877).

[465] Presidente da Suprema Corte (1874-1888).

[466] *"For protection against abuses by the legislatures the people must resort to the polls, not to the courts".*

Com o tempo, a minoria conservadora viria a se tornar a maioria[467], como resultado da revolução industrial ocorrida nos Estados Unidos nas décadas de 70 e 80 do século XIX, que fez com que os pontos de vista dos empresários, contrários a qualquer forma de regulação estatal, tivessem uma influência cada vez maior sobre o Governo[468] (lá, como aqui, os juízes da Suprema Corte são nomeados pelo Presidente e aprovados pelo Senado).

Em outras palavras, "quando a classe empresarial conservadora perdeu a batalha na arena legislativa e se viu ameaçada por uma crescente onda de leis intervencionistas, ela frequentemente transferiu o confronto para a atmosfera, mais calma, mais ponderada e, incidentalmente, mais amistosa, dos tribunais"[469].

O primeiro passo na direção de "libertar" as empresas da indevida interferência estatal já havia ocorrido em 1886, quando a Suprema Corte, no caso *Santa Clara County v. Southern Pacific Railroad Co.* (118 U.S. 394), decidiu que pessoas jurídicas eram "pessoas" para os fins da 14ª Emenda e, portanto, gozavam da proteção por ela conferida.

Em seguida, em 1890, o Tribunal afirmou no chamado *Minnesota Rate Case*[470] que a fixação de tarifas ferroviárias pelos Estados sujeitava-se ao controle do Poder Judiciário

---

[467] Cf. HAINES, Charles Grove. *The American Doctrine of Judicial review.* 2. ed. New York: Russell & Russell, 1959. p. 413.

[468] Cf. CARR, Robert K. *The Supreme Court and Judicial Review.* New York: Farrar and Rinehart, Inc., 1942. p. 146.

[469] Cf. CARR, Robert K. *The Supreme Court and Judicial Review.* New York: Farrar and Rinehart, Inc., 1942. pp. 146-147. No mesmo sentido: BAUM, Lawrence. *A Suprema Corte Americana.* Rio de Janeiro: Forense Universitária, 1987. p. 274; TWISS, Benjamin R. *Lawyers and the Constitution: How Laissez Faire Came to the Constitution.* Westport: Greenwood Press, 1973. p. 12.

[470] *Chicago, Milwaukee and St. Paul Ry. Co. V. Minnesota*, 134 U.S. 418.

com fundamento na cláusula do devido processo legal constante da 14ª Emenda: "A questão da razoabilidade da fixação da tarifa cobrada por ferrovias pelo transporte é eminentemente uma questão sujeita à apreciação judicial, exigindo o devido processo legal para sua resolução" (tradução livre)[471]. Trata-se, a nosso ver, do primeiro caso[472] em

---

[471] "*The question of the reasonableness of a rate of charge for transportation by a railroad company, is eminently a question for judicial investigation, requiring due process of law for its determination*".

[472] Essa também é opinião de JUAN CIANCIARDO (*El Principio de Razonabilidad*. Buenos Aires: Editorial Ábaco, 2004. pp. 34-35), RICHARD C. CORTNER ("The Nationalization of the *Bill of Rights* in Perspective". In: *The Lanahan Readings in Civil Rights and Civil Liberties*. Edited by David M. O'Brien. Baltimore: Lanahan Publishers, 1999. p. 33) e EDWARD KEYNES (*Liberty, Property, and Privacy*. University Park: Pennsylvania State University Press, 1996. p. 116). Para alguns autores, nacionais (*v.g.*, LEDA BOECHAT RODRIGUES, LETÍCIA DE CAMPOS VELHO MARTEL, MARIA ROSYNETE OLIVEIRA LIMA, ROBERTO DEL CLARO, SÉRGIO FERNANDO MORO) e estrangeiros (*v.g.*, ROBERT H. BORK), o caso *Dred Scott* (*Scott v. Sandford*, 60 U.S. 393), julgado em 1857, nas vésperas da Guerra de Secessão, teria sido a primeira vez em que a Corte conferiu um aspecto substantivo à cláusula do devido processo legal (5ª Emenda), ao declarar inconstitucional lei federal que proibia a escravidão nos territórios, sob o argumento de que "a Constituição em nenhum momento autorizava o Congresso Nacional a assegurar a liberdade aos escravos ou a restringir o direito de propriedade dos seus senhores" (VIEIRA, Oscar Vilhena. *A Constituição e sua Reserva de Justiça*. São Paulo: Malheiros, 1999. p. 70). Não concordamos, porém, com tal interpretação, acatando os argumentos de JAMES ELY JR. no sentido de que a associação do *due process of law* ao caso *Dred Scott*, considerado uma mácula na história constitucional norte-americana e da Suprema Corte em especial (juntamente com *Plessy v. Ferguson* e *Lochner v. New York*, citados mais adiante), tem o propósito de desmoralizar a leitura substantiva do devido processo, ignorando que a decisão, antes de uma aplicação da cláusula (apenas três juízes, da maioria de seis, invocaram o *due process of law* em seus votos), representou um

que foi aplicado o devido processo legal substantivo[473] pela

---

ato político de defesa da escravidão, levada a cabo por uma maioria que defendia os interesses dos Estados sulistas e que poderia ter decidido o caso sem declarar a inconstitucionalidade da lei, afirmando que Dred Scott, livre ou não, não era um cidadão e que portanto não poderia recorrer aos tribunais federais para ver reconhecida a sua liberdade. De qualquer forma, ainda que se admita que *Dred Scott* foi decidido com base no devido processo substantivo, a crítica à decisão reside não na possibilidade do controle da razoabilidade da lei, mas no resultado do julgamento: "O erro de TANEY e seus companheiros não foi aceitar a questão, mas resolvê-la pelo cativeiro, em vez de lhe darem por solução a liberdade" (BARBOSA, Rui. *O Direito do Amazonas ao Acre Setentrional*. Obras Completas de Rui Barbosa, v. XXXVII, t. V. Rio de Janeiro: Fundação Casa de Rui Barbosa, 1983. p. 29). Também não é correto o entendimento de BARRY W. POULSON de que a primeira aplicação do devido processo legal substantivo teria ocorrido no caso *Murray's Lessee v. Hoboken Land and Improvement Co.*, 59. U.S. 272 (1855) ("Substantive Due Process and Labor Law". *The Journal of Libertarian Studies*, volume VI, number 3-4, Summer/Fall 1982, p. 267). Em *Hoboken*, discutia-se se a cobrança extrajudicial de tributos devidos por coletores de impostos violava o devido processo legal ou, em outras palavras, se a garantia exigia, necessariamente, um processo judicial para que alguém fosse privado de seus bens, e não a razoabilidade, em si, do procedimento extrajudicial Em resumo, a Corte apreciou uma questão procedimental (DÓRIA, Antonio Roberto Sampaio. *Direito Constitucional Tributário e "Due Process of Law"*. 2. ed. Rio de Janeiro: Forense, 1986. p. 19; ELY JR., James W. *The Guardian of Every Other Right: A Constitutional History of Property Rights*. New York: Oxford University Press, 1992. p. 79; MARTEL, Letícia de Campos Velho. *Devido Processo Legal Substantivo: Razão Abstrata, Função e Características de Aplicabilidade*. Rio de Janeiro: Lumen Juris, 2005. p. 80). O próprio POULSON, aliás, contraditoriamente, afirma em seguida que a primeira aplicação do *substantive due process* na esfera federal ocorreu no caso *Allgeyer v. Louisiana*, 165 U.S. 578 (1897).

[473] É importante mencionar que segundo JAMES W. ELY JR. a distinção entre os aspectos processual e substantivo do devido processo legal somente passou a ser feita pelos tribunais após a época do New

Origem e Evolução do Devido Processo Legal Substantivo 189

Suprema Corte, malgrado tenha sido rejeitada a alegação de inconstitucionalidade.

Não tardaria, entretanto, para que a Suprema Corte, aplicando o teste formulado inicialmente no caso *Lawton v. Steele*[474], fulminasse a validade de leis estaduais, sob a

---

Deal, em que caminhava para o fim a "Era Lochner" ("The oxymoron reconsidered: myth and reality in the origins of substantive due process". *Constitutional Commentary*, volume 16, issue 2, June 22, 1999, p. 317). Segundo JOHN V. ORTH, a expressão *substantive due process* aparece pela primeira vez em 1948, no voto vencido do *Justice* Rutledge no caso *Republic Natural Gas Co. v. Oklahoma*, 334 U.S. 62 (*Due Process of Law: A Brief History*. Lawrence: University Press of Kansas, 2003. p. 32).

[474] 152 U.S. 133 (1894). Segundo o *Justice* BROWN, a legitimidade do exercício do poder de polícia depende, "primeiro, que o interesse do público em geral, e não o de uma classe particular, exija tal interferência; e, em segundo lugar, que os meios sejam razoavelmente necessários para que se atinja o propósito e não sejam indevidamente opressivos aos indivíduos" (*"first, that the interests of the public generally, as distinguished from those of a particular class, require such interference; and, second, that the means are reasonably necessary for the accomplishment of the purpose, and not unduly oppresive upon individuals"*). Segundo a lição de LETÍCIA DE CAMPOS VELHO MARTEL, o teste de razoabilidade pode ser decomposto, em sua formulação básica, nas seguintes indagações: "a) Há privação de um bem ou de uma liberdade? a.1) O bem ou a liberdade alegados são tutelados pelo princípio do devido processo legal? a.2) Existe efetivamente uma privação do bem ou da liberdade provinda de um agente/órgão dotado de poder estatal? a.3) Qual o grau dessa privação? b) o fim almejado pelo Estado é legítimo, real e apto a justificar o meio? b.1) Existe nexo de causalidade entre o meio escolhido e o fim pretendido? b.2) Não existe meio alternativo menos intrusivo no bem ou na liberdade hábil a conduzir ao fim pretendido? b.3) O fim pretendido tem peso suficiente para justificar a constrição do bem ou da liberdade?" (*Devido Processo Legal Substantivo: Razão Abstrata, Função e Características de Aplicabilidade*. Rio de Janeiro: Lumen Juris, 2005. pp. 370-371).

alegação de falta de razoabilidade, o que, segundo um levantamento, teria ocorrido 232 (duzentas e trinta e duas) vezes entre 1890 e 1938, especialmente quanto à validade de leis fixando valores mínimos de remuneração (salário-mínimo) e limite de horas de trabalho[475].

Entre eles, encontram-se os casos *Allgeyer v. Louisiana*[476], que ampliou o conceito de "liberdade" protegido pela 14ª Emenda[477], e o famoso caso *Lochner v. New*

---

[475] Um exame das decisões proferidas pela Suprema Corte e pelos Tribunais Estaduais revela que as leis julgadas inconstitucionais incluíam, igualmente, a criação pelo Estado de barreiras artificiais ao estabelecimento de novas empresas, a proibição do exercício de determinadas atividades (POULSON, Barry W. "Substantive Due Process and Labor Law". *The Journal of Libertarian Studies*, volume VI, number 3-4, Summer/Fall 1982, p. 274) e outras espécies restrições à liberdade econômica a que não correspondiam, ao menos imediatamente, qualquer benefício social (i.e, aos trabalhadores). Ou seja, as decisões relativas à constitucionalidade de leis trabalhistas, embora sejam as mais controversas, não são necessariamente as mais representativas do período (SIEGAN, Bernard H. *Economic Liberties and the Constitution*. Chicago: University of Chicago Press, 1980. p. 110).

[476] 165 U.S. 578 (1897)

[477] *"The liberty mentioned in that amendment means not only the right of the citizen to be free from the mere physical restraint of his person, as by incarceration, but the term is deemed to embrace the right of the citizen to be free in the enjoyment of all his faculties; to be free to use them in all lawful ways; to live and work where he will; to earn his livelihood by any lawful calling; to pursue any livelihood or avocation, and for that purpose to enter into all contracts which may be proper, necessary and essential to his carrying out to a successful conclusion the purposes above mentioned"*. Tradução livre: "A liberdade mencionada na Emenda em questão significa não apenas o direito do cidadão de ter assegurada a sua liberdade física, como em caso de prisão, mas nela também se considera incluído o direito do cidadão de ser livre para exercitar as suas faculdades e utilizá-las de forma legítima; de viver e trabalhar onde quiser; de prover o seu sustento por qualquer meio legítimo; de exercer qualquer atividade ou seguir qualquer vocação e para tanto celebrar

York⁴⁷⁸, que daria nome ao período acima referido (a chamada "Era *Lochner*"⁴⁷⁹), em que a Suprema Corte, por 5 votos

---

quaisquer contratos que sejam adequados, necessários e essenciais para levar a bom termo os propósitos acima mencionados". É a consagração da liberdade de contratar (*liberty of contract*) como direito fundamental garantido pela Constituição, concepção que foi duramente criticada, no início do século XX, por ROSCOE POUND, em clássico artigo publicado no *Yale Law Journal* ("Liberty of Contract". *Yale Law Journal*, volume 18, 1909, pp. 454-487), no qual o autor sustenta que a liberdade de contratar é uma "invenção" relativamente recente (sem base no *common law*), decorrente, em grande parte, da excessiva valorização do direito de propriedade e da obrigatoriedade dos contratos nos Estados Unidos.

⁴⁷⁸ 198 U.S. 366 (1905). Para maiores detalhes a respeito de *Lochner* (*v.g.*, julgamento do caso nas instâncias inferiores), recomenda-se a leitura do livro de PAUL KENS (*Lochner v. New York: Economic Regulation on Trial*, Lawrence: University Press of Kansas, 1998). Advertimos o leitor, porém, que não concordamos com as críticas do autor ao caso *Lochner* e à atuação da Suprema Corte no período.

⁴⁷⁹ É curioso que o período que vai de 1890 a 1937 tenha recebido o nome de "Era *Lochner*". Em primeiro lugar, porque ninguém além das partes aguardava com ansiedade o resultado do julgamento, o qual foi divulgado pela imprensa de forma desapaixonada (*dispassionate*). A reação publica inicial não indicava que *Lochner* teria alguma relevância na história constitucional americana (KENS, Paul. *Lochner v. New York: Economic Regulation on Trial*, Lawrence: University Press of Kansas, 1998. pp. 146-147). Em segundo lugar, antes de *Lochner* o controle da razoabilidade das leis já havia sido admitido (*Minnesota Rate Case*) e colocado em prática (*v.g., Allgeyer v. Louisiana*) mais de uma vez. Em resumo, não se tratava de uma decisão pioneira, de um *leading case* (EPSTEIN, Richard A. "Of Citizens and Persons: Reconstructing the Privileges and Immunities Clause of the Fourteenth Amendment". *NYU Journal of Law & Liberty*, volume 1, number 1, 2005, p. 337). Para HOWARD GILLMAN, inclusive, a decisão em *Lochner* sequer foi considerada importante o suficiente para ser formalmente revogada ("De-*Lochner*izing *Lochner*". Boston University Law Review, volume 85, number 3, June 2005, p. 860), como é o costume da Corte. Para o referido autor, *Lochner* somente se tornou importante a

a 4, revertendo posicionamento anterior[480], julgou inconstitucional uma lei do Estado de Nova York que limitava a jornada de trabalho de padeiros a 60 horas por semana e 10 horas por dia, considerando-a uma interferência indevida, contrária ao devido processo legal, pois limitava a liberdade de contratar de empregados e empregadores[481].

---

partir do momento em que foi escolhido como um símbolo de uma suposta usurpação de poderes legislativos pelo Poder Judiciário e tal escolha foi feita porque constatou-se ser politicamente conveniente para as futuras gerações de advogados e juízes utilizar os argumentos utilizados pelo *Justice* OLIVER WENDELL HOLMES (1902-1932) em seu voto vencido (a respeito do qual se falará em seguida). Em resumo, o caso *Lochner* não era, em si, significativo, ao contrário do que afirmou RUITEMBERG NUNES PEREIRA (*O Princípio do Devido Processo Legal Substantivo*. Rio de Janeiro: Renovar, 2005. p. 183) e a sua relevância tem sido exagerada (BIANCHI, Alberto B. *Capitalismo y Derecho Constitucional*. Buenos Aires, Rap, 2005. p. 59). Não se deve atribuir maior importância ao fato de o caso ter dado nome à "Era *Lochner*", até porque ela, como visto, começou muito antes...

[480] *Holden v. Hardy* 169 U.S. 366 (1898). Outra interpretação, porém, é a de que a lei do Estado de Utah julgada constitucional em *Holden*, que limitava a jornada de trabalho em minas a oito horas diárias, a não ser em caso de emergência, era substancialmente distinta da lei do Estado de Nova York, que tratava do trabalho em padarias, possivelmente (e corretamente) considerado menos perigoso e prejudicial à saúde e que não admitia qualquer exceção. O exemplo mostra, a nosso ver, o exagero existente na afirmação de que o Estado Liberal seria totalmente alheio ao "social", como bem ressaltou IVO DANTAS ("O Econômico e o Constitucional". São Paulo, *Revista de Direito Administrativo*, n. 200, abr./jun., 1995, pp. 63-66).

[481] "O direito de alguém celebrar um contrato relativo aos seus negócios é parte da liberdade do indivíduo protegida pela 14ª Emenda da Constituição – *Allgeyer v. Louisiana*, 165 U.S. 578, 41 L. ed. 832, 17 Sup. Ct. Rep. 427. De acordo com esta norma, nenhum Estado pode privar qualquer pessoa da vida, liberdade ou propriedade sem o devido processo legal. O direito de comprar e vender trabalho é parte da liberdade protegida por esta emenda, a não ser que existam circunstâncias que

O entendimento da Suprema Corte, porém, ainda não estava consolidado. Com efeito, anos depois de Lochner, a constitucionalidade de leis limitando a jornada de trabalho foi reconhecida nos casos *Muller v. Oregon*[482] e *Bunting v. Oregon*[483], nos quais, não obstante, o Tribunal silenciou a respeito de *Lochner*, abstendo-se de revogar (*overrule*) tal precedente.

---

excluam esse direito" ("*The general right to make a contract in relation to his business is part of the liberty of the individual protected by the 14th Amendment of the Federal Constitution. Allgeyer v. Louisiana, 165 U.S. 578, 41 L. ed. 832, 17 Sup. Ct. Rep. 427. Under that provision no state can deprive any person of life, liberty, or property without due process of law. The right to purchase or sell labor is part of the liberty protected by this amendment, unless there are circumstances which exclude the right*"). Além disso, afirmou o *Justice* PECKHAM (1895-1909) em seu voto que a limitação da jornada de trabalho poderia comprometer seriamente a capacidade do trabalhador de sustentar a si próprio e à sua família (SIEGAN, Bernard H. "Protecting Economic Liberties". *Chapman Law Review*, volume 6, number 1, Spring 2003, p. 91), pois trabalhadores que trabalhavam menos horas recebiam menores salários (SIEGAN, Bernard H. *Property Rights From Magna Carta to the Fourteenth Amendment*. New Brunswick: Transaction Publishers, 2001. p. 217), afirmação com base na qual autores contemporâneos têm questionado se a lei de fato trouxe benefícios para os padeiros do Estado de Nova York (WONNELL, Christopher T. "*Lochner v. New York as Economic Theory*. Law and Economics Research Paper No. 9. University of San Diego: School of Law. Disponível em: http://papers.ssrn.com/paper.taf?abstract_id=259857. Acesso em 20 jan. 2006). É perfeitamente possível, portanto, que a decisão em *Lochner* tenha sido vista por muitos, à época, "como uma vitória dos trabalhadores contra as corruptas maquinações e politicagens dos legisladores e sindicatos" (tradução livre), como afirmam alguns autores (ADKINS, Jason A. "Meet Me at the (*West Coast*) Hotel: The *Lochner* Era and the Demise of *Roe v. Wade*". *Minnesota Law Review*, volume 90, 2005, p. 505).

[482] 208 U.S. 412 (1908).
[483] 243 U.S. 426 (1917).

A omissão mostrar-se-ia decisiva, permitindo que em 1923, após a nomeação de juízes conservadores[484] pelo Presidente HARDING, a Suprema Corte, no caso *Adkins v. Children's Hospital*[485], declarasse inconstitucional, por 5 votos a 3, uma lei do Distrito de Columbia que fixava um salário-mínimo para mulheres e crianças trabalhadoras.

A opinião da maioria, escrita pelo *Justice* SUTHERLAND, rejeitou todo e qualquer argumento favorável à lei[486], "ressuscitando" a decisão proferida no caso *Lochner* (que nunca fora oficialmente revogada), considerando-a um precedente válido e descartando as decisões da Corte em *Muller* e *Bunting*.

Para a Corte, a lei, ao fixar o salário mínimo com base apenas nas necessidades dos trabalhadores (foi adotado o menor valor que, segundo o órgão administrativo competente, permitiria às mulheres proteger a sua saúde e moral), desconsiderou o valor (de mercado) dos serviços prestados pelos trabalhadores, privando, assim, os empregadores de sua propriedade sem o devido processo legal. "Em outras palavras, o Tribunal sugeriu que não haveria diferença entre esta lei e uma lei que obrigasse supermercados a vender às pessoas alimentos suficientes para a sua subsistência, pudessem elas pagar ou não o preço" (tradução livre)[487].

---

[484] *Justices* SUTHERLAND (1922-1938) e BUTLER (1923-1939), que juntamente com os Justices MCREYNOLDS (1914-1941) e VAN DEVANTER (1910-1937), conhecidos como os "Quatro Cavaleiros" (*Four Horsemen*, uma alusão aos quatro cavaleiros do apocalipse), formariam a base da maioria conservadora do tribunal.

[485] 261 U.S. 525 (1923).

[486] Cf. CARR, Robert K. *The Supreme Court and Judicial Review*. New York: Farrar and Rinehart, Inc., 1942. p. 154.

[487] *"In other words, suggested the Court, there was no difference between this law and one that would require grocers to sell people enough food to enable them to live, whether they could pay the regular price for it or not"* (CARR,

Apesar dos protestos e da veemência dos votos da minoria, que incluiu o *Chief Justice* TAFT[488], considerado um conservador, e o *Justice* HOLMES[489], que entre outros argumentos

> Robert K. *The Supreme Court and Judicial Review*. New York: Farrar and Rinehart, Inc., 1942. p. 155).
>
> [488] Ex-Presidente dos Estados Unidos (1909-1913) e Presidente da Suprema Corte (1921-1930).
>
> [489] O voto de HOLMES tornou-se um dos grandes *dissenting opinions* (votos vencidos) da história da Suprema Corte. Holmes, porém, não afasta, antes admite a possibilidade de controle da razoabilidade das leis pelo Poder Judiciário, ao afirmar que uma lei não deve ser considerada nula "a não ser que se possa dizer que um indivíduo justo e racional forçosamente admitiria que a lei proposta infringiria os princípios fundamentais entendidos pelas tradições de nosso povo e nossas leis" (SCHWARTZ, Bernard. *Direito Constitucional Americano*. Rio de Janeiro: Forense, 1966. p. 261). Portanto, HOLMES, no fundo, aceitava o devido processo legal substantivo (BORK, Robert H. *The Tempting of America*.New York: The Free Press, 1990. p. 45). Com efeito, em decisões posteriores (*Louisville and Nashville Railroad v. Central Stock Yards Co.*, 212 U.S. 132 (1909), *Missouri Pacific Railway Co. v. Nebraska*, 217 U.S. 196 (1910), *Brooks-Scanlon Co. v. Railroad Commission of Louisiana*, 251 U.S. 396 (1920), *Forbes Pioneer Boat Line v. Everglades Drainage District*, 258 U.S. 338 (1922)), HOLMES aplicou o *substantive due process* para julgar inconstitucionais leis estaduais que a seu ver interferiam indevidamente (*i.e.*, sem o pagamento de compensação) no direito de propriedade (LEONARD, Gerald. "Holmes on the *Lochner* Court". Boston University Law Review, volume 85, number 3, June 2005, pp. 1001-1015). O "critério" de HOLMES, no entanto, não é melhor (no sentido de ser mais preciso, objetivo) nem substancialmente distinto daquele utilizado pela maioria, como têm observado, a nosso ver com razão, alguns críticos do devido processo legal substantivo (LUND, Nelson R. e MCGINNIS, John O. "Lawrence v. Texas and Judicial Hubris". *Northwestern University School of Law: Public Law and Legal Theory Papers*", paper 16, 2004, p. 11). Também o *Justice* BRANDEIS, outro opositor de *Lochner*, reconheceu em *Whitney v. California*, 274 U.S. 357 (1927), que o devido processo legal não se aplica apenas a questões processuais ("*the due process clause of the*

ressaltaram a inconsistência da opinião com as decisões mais recentes (como permitir a limitação da jornada de trabalho e proibir a fixação de salários mínimos?), a decisão em *Adkins* bloqueou por mais de uma década a tentativa de estabelecer salários mínimos nos Estados Unidos[490].

Somente na década de 30, depois da "Grande Depressão"[491], diante da proposta do Presidente ROOSEVELT de aumentar o número de juízes da Suprema Corte[492], que lhe permitiria nomear juízes favoráveis à legislação do *New Deal*[493] e obter a maioria necessária para assegurar a

---

Fourteenth Amendment applies to matters of substantive law as well as to matters of procedure").

[490] Cf. CARR, Robert K. *The Supreme Court and Judicial Review*. New York: Farrar and Rinehart, Inc., 1942. p. 157.

[491] É duvidoso que o "excesso de liberdade" (*i.e.*, de capitalismo) do final do século XIX e início do século XX tenha causado a crise econômica dos anos 30, como afirma João Gualberto Garcez Ramos (*Curso de Processo Penal Norte-Americano*. São Paulo: RT, 2006. p. 175). Para BERNARD H. SIEGAN, por exemplo, a crise teria sido causada por uma conjunção de fatores, relacionados ao sistema bancário norte-americano (*Federal Reserve System*). Em apoio a tal conclusão, o autor cita a opinião de MILTON FRIEDMAN (prêmio Nobel de Economia) e ANNA J. SCHWARTZ. Cf. *Economic Liberties and the Constitution*. 2. ed. New Brunswick: Transaction Publishers, 2006. pp. 185-187.

[492] Cf. PUSEY, Merlo J. *The Supreme Court Crisis*. New York: Da Capo Press, 1973.

[493] "O *New Deal* da Administração Roosevelt significou a própria negação do *laissez-faire*. O *New Deal* envolveu um grau de controle governamental da parte de Washington muito maior do que qualquer outro tentado antes no sistema americano" (SCHWARTZ, Bernard. *O Federalismo Norte-Americano*. Rio de Janeiro: Forense Universitária, 1984. p. 31). Para BERNARD H. SIEGAN a mudança de interpretação da Suprema Corte representou uma mudança substantiva, que somente poderia ser implementada através de emenda do texto constitucional (*Economic Liberties and the Constitution*. 2. ed. New Brunswick: Transaction Publishers, 2006. pp. 175-190). Cf. EPSTEIN,

declaração da sua constitucionalidade, somada ao desgaste da imagem do Tribunal perante a opinião pública[494], é que a Suprema Corte altera a sua posição[495], repudiando os argumentos utilizados no caso *Lochner*.

Apesar de alguns estudos mais recentes (a partir da década de 80 do século XX) procurarem reabilitar[496] o caso *Lochner* (ou reexaminar[497] a atuação da Suprema

---

Richard A. *How Progressives Rewrote the Constitution*. Washington: Cato Institute, 2006.

[494] Durante mais de uma década, porém, a Suprema Corte mostrou-se alheia às críticas que lhe foram dirigidas, o que, como bem percebeu LOUREIRO JUNIOR, deveria ser louvado como demonstração de independência do Poder Judiciário: "Acusada de retrógrada, de possuir espírito reacionário, de manter ligações secretas com os 'trusts' e os interesses da 'Wall Street', não se atemorizou diante de seus detratores. Enfrentou, com serenidade, as incompreensões e as iras de presidentes da República, a cuja vontade jamais se curvou, quer se chamassem Jefferson, Van Buren, Jackson, Theodore ou Franklin Roosevelt" (*Da Constitucionalidade das Leis*. São Paulo: [s.n.], 1949. p. 238).

[495] A inconstitucionalidade das leis estabelecendo salários mínimos, reafirmada em *Morehead v. Tipaldo* 298 U.S. 587 (1936), foi expressamente abandonada em *West Coast Hotel v. Parrish* 300 U.S. 379 (1937) e em *United States v. Darby Lumber Co* .312 U.S. 100 (1941). A tendência de mudança, no entanto, remonta ao início da década de 30. Cf. WOOD, Virginia. *Due Process of Law*. Baton Rouge: Louisiana State University Press, 1951 (especialmente os capítulos II e IV).

[496] Cf. BARNETT, Randy E. "Justice Kennedy's Libertarian Revolution: *Lawrence v. Texas*". 2002-2003 Cato Supreme Court Review, 2003, p. 22; GILLMAN, Howard. "De-Lochnerizing *Lochner*". Boston University Law Review, volume 85, number 3, June 2005, pp. 859-865; MEYER, David D. "*Lochner* Redeemed: Family Privacy after *Troxel* and *Carhart*". UCLA Law Review, volume 48, June 2001, pp. 1133-1198.

[497] Cf. BAUM, Lawrence. *A Suprema Corte Americana*. Rio de Janeiro: Forense Universitária, 1987. p. 271; CUSHMAN, Barry. "Some Varieties and Vicissitudes of Lochnerism". *Boston University Law Review*, volume 85, 2005, pp. 881-1000; GILLMAN, Howard. *The Constitution Besieged: The Rise and Demise of Lochner Era Powers Jurisprudence*.

Corte durante a "Era *Lochner*"), o entendimento ainda dominante nos Estados Unidos[498] é de que a cláusula do devido

---

Durham: Duke University Press, 1993; PHILLIPS, Michael J. *The Lochner Court, Myth and Reality: Substantive Due Process from the 1890s to the 1930s*. Westport: Praeger, 2001; SHAPIRO, Martin. "A Constituição e os Direitos Econômicos". In: *Ensaios sobre a Constituição dos Estados Unidos*. Editado por M. Judd Harmon. Rio de Janeiro: Forense Universitária, 1978; SHUGHART II, William F. "Bending before the Storm: The U.S. Supreme Court in Economic Crisis, 1935-1937". *The Independent Review*, v. IX, n. 1, Summer 2004, pp. 53-83; SIEGAN, Bernard H. "Protecting Economic Liberties". *Chapman Law Review*, volume 6, number 1, Spring 2003, p. 85). Do texto de MARTIN SHAPIRO, por exemplo, extrai-se a seguinte passagem: "Antes de tudo, a Corte das décadas de 1880 e 1890 não se tornou subitamente o peculiar paladino dos direitos de propriedade em conseqüência da intoxicação pela recém-criada ideologia do *laissez-faire*. A Corte da virada do século mantinha uma tradução constitucional de preocupação com os direitos de propriedade que remontava à filosofia política dos Fundadores e ao saber jurídico de John Marshall. Marshall usara tanto o dispositivo sobre comércio como o sobre contrato ao procurar alcançar as mesmas espécies de proteções constitucionais para os direitos de propriedade que a Corte posterior organizava usando os dispositivos sobre comercio e sobre o devido processo. A explicação de que uma lei dasarrazoada não era uma lei válida, implícita no espírito do devido processo substantivo, recuava muito além de Marshall até a fonte do Direito natural medieval, com o qual haviam sido talhados tanto a Constituição como a instituição da revisão judicial. A noção de que o Governo não podia invadir desarrazoada e arbitrariamente a propriedade de um indivíduo simplesmente por julgar que o fazia pelo bem público está tão profundamente incrustrada na matriz constitucional que não necessitava e, na verdade, não podia, ter sido inventada pelos juízes da década de 1890" (pp. 115-116). Em suma, é uma visão anacrônica "retratar a Corte de *Lochner* como se essa abusasse da idéia da interpretação constitucional, impondo seus pontos de vista idiossincráticos e reacionários sobre a política compadecida com o *New Deal*" (ACKERMAN, Bruce. *Nós, o Povo Soberano: Fundamentos do Direito Constitucional*. Belo Horizonte: Del Rey, 2006. p. 141).

[498] Cf. BERGER, Raoul. *Government by Judiciary: The Transformation of the Fourteenth Amendment*. 2. ed. Indianapolis: Liberty Fund, 1997;

processo legal[499] foi utilizada pela maioria para impor suas "predileções econômicas pessoais"[500] (*personal economic pre-*

BLACK, Hugo Lafayette. Crença na Constituição. Rio de Janeiro, Forense, 1970; BORK, Robert H. *The Tempting of America*. New York: The Free Press, 1990; KENS, Paul. *Lochner v. New York: Economic Regulation on Trial*, Lawrence: University Press of Kansas, 1998; TRIBE, Laurence H. *American Constitutional Law*. v. 1. 3. ed. New York: Foundation Press, 2000. É interessante a posição de FRANK R. STRONG (*Substantive Due Process of Law: A Dichotomy of Sense and Nonsense*. Durham: Carolina Academic Press, 1986). Para o autor, as decisões que invalidavam a expropriação de direitos (representada pela expressão *"taking from A and giving to B"* e que correspondem à "espoliação legal" de que fala BASTIAT) e a constituição de monopólios eram consistentes com a história do direito anglo-americano e, destarte, aplicações legítimas do aspecto substantivo do devido processo legal. Já as decisões fundadas na liberdade contratual (*v.g.*, *Allgeyer, Lochner*) ou em liberdades não-enumeradas (*v.g.*, *Meyer*) seriam "perversões" do devido processo legal.

[499] Juntamente com o dispositivo constitucional sobre comércio interestadual (*commerce clause*): "Dizia a história do *New Deal* que a Corte consideraria que as normas comerciais federais eram inconstitucionais porque invadiam o comércio local, cuja regulamentação estava reservada aos estados. Depois declararia inconstitucionais as normas comerciais estaduais porque invadiam o comércio interestadual, que somente o governo federal estava constitucionalmente habilitado a regular. Com essas duas ações, a Corte criou para os empreendimentos comerciais um abrigo contra toda forma de regulamentação governamental" (SHAPIRO, Martin. "A Constituição e os Direitos Econômicos". In: *Ensaios sobre a Constituição dos Estados Unidos*. Editado por M. Judd Harmon. Rio de Janeiro: Forense Universitária, 1978. p. 113).

[500] A expressão foi utilizada pelo *Justice* STONE no voto divergente proferido no caso *Morehead v. Tipaldo*, 298 U.S. 587 (1936).

dilections), com base em critérios subjetivos[501], indefinidos[502],

---

[501] "Para ser aceita dentro nos limites do *due process*, precisava a lei, na opinião da Corte Suprema, ser 'razoável'(*reasonable*) e 'não arbitrária'. Lei 'razoável' era aquela que parecia 'sensata, digna de aplauso e compreensível aos intérpretes'" (RODRIGUES, Leda Boechat. *A Corte Suprema e o Direito Constitucional Americano*. 2. ed. Rio de Janeiro: Civilização Brasileira, 1992. p. 140).

[502] Escreveu o *Justice* FELIX FRANKFURTER (1939-1962) que a cláusula do devido processo legal se encontra expressa "em palavras tão indefinidas, seja por seu significado intrínseco, seja pela história, seja pela tradição, que elas deixam cada um dos *Justice*s livre, se é que não o obrigam, a preencher esse vazio com as suas próprias noções a respeito dos fatos econômicos e sociais com relação aos quais elas são invocadas" (*apud* CARR, Robert K. *The Supreme Court and Judicial Review*. New York: Farrar and Rinehart, Inc., 1942. pp. 142-143). Para minorar tal problema, a Suprema Corte dos Estados Unidos tentou estabelecer, recentemente, critérios para a aplicação do devido processo legal substantivo, os quais, todavia, podem se revelar conflitantes. Em *Planned Parenthood of Southeastern Pennsylvania v. Casey*, 505 U.S. 833 (1992) afirmou o Tribunal que os direitos protegidos pelo devido processo legal substantivo são aqueles que "envolvem as decisões mais íntimas e pessoais que uma pessoa pode tomar em sua vida, decisões essenciais para a sua autonomia e dignidade pessoal"("*involving the most intimate and personal choices a person may make in a lifetime, choices central to personal dignity and autonomy*"). Já em *Washington v. Glucksberg*, 521 U.S. 702 (1997), decidiu a Corte que a cláusula do devido processo legal oferece proteção especial aos direitos e liberdades fundamentais que, objetivamente, estejam "profundamente enraizados na história e tradição da nação" ("*deeply rooted in this Nation's history and tradition*") e "implícitos no conceito de liberdade ordenada pelo Direito" ("*implicit in the concept of ordered liberty*"), de tal forma que "nem a liberdade nem a justiça existiriam se fossem sacrificados" ("*neither liberty nor Justice would exist if they were sacrificed*"). Para a Suprema Corte, ainda, a referida proteção exige uma "descrição minuciosa da liberdade fundamental alegada" ("*a 'careful description'of the asserted fundamental liberty interest*"), que "dirija e restrinja o exame da cláusula do devido processo legal pelo Tribunal" ("*direct[s] and restrain[s] [the Court's] exposition of the*

Origem e Evolução do Devido Processo Legal Substantivo 201

que permitiam à Corte Suprema se colocar acima do povo e seus representantes eleitos.

Em que pese essas críticas sejam procedentes, ao menos em parte[503], não se pode negar, por outro lado, que a

---

Due Process Clause"). A validade do "teste" estabelecido em *Glucksberg*, porém, foi colocada em dúvida pela decisão proferida no caso *Lawrence v. Texas*, a respeito do qual se discorrerá a seguir, em que o Tribunal, segundo RANDY E. BARNETT, estabeleceu uma presunção de liberdade, na linha do que defendeu o *Justice* SUTHERLAND em seu voto no caso *Adkins v. Children's Hospital* ("a liberdade é a regra, a restrição é a exceção"), que obrigaria o Estado a justificar a lei, independentemente do *status* do direito envolvido (fundamental ou não) (*"Justice* Kennedy's Libertarian Revolution: *Lawrence v. Texas".* 2002-2003 Cato Supreme Court Review, 2003, pp. 21-41; *Restoring the Last Constitution*. Princeton and Oxford: Princeton University Press, 2004). De fato, outra não pode ser a solução, pois, como bem apontou LEONARD W. LEVY, a Constituição existe para definir e limitar a autoridade estatal, não para definir e limitar os direitos individuais (*apud* SUANNES, Adauto. *Os Fundamentos Éticos do Devido Processo Penal*. 2. ed. São Paulo: RT, 2004. pp. 68-69). "A liberdade só prevalecerá se for aceita como um princípio geral cuja aplicação a casos particulares não requer justificativa alguma" (HAYEK, Friedrich A. *Direito, Legislação e Liberdade*. v. I. São Paulo: Visão, 1985. p. 68).

[503] Realmente, "liberdade" é um conceito aberto (*open-ended*) ou indeterminado, mas não é o único constante da Constituição Norte-Americana, como bem ressaltaram ELLEN ALDERMAN e CAROLINE KENNEDY, ao lembrar que a 4ª Emenda proíbe, por exemplo, buscas e apreensões desarrazoadas (*"unreasonable searches and seizures"*), o que demonstra a necessidade da sua interpretação pela Suprema Corte (The Right to Privacy. New York: Knopf, 1995. p. 57). Entre nós, também a Constituição Federal não define, por exemplo, o que se deve entender por "ampla defesa" (artigo 5º, LV), cabendo ao Supremo Tribunal fazê-lo, no exercício de suas competências constitucionais. Como pondera RONALD DWORKIN, "a Constituição, através da cláusula do processo legal regular, da cláusula da igual proteção perante a lei, da Primeira Emenda e das outras disposições que mencionei, injeta uma extraordinária quantidade de elementos

interpretação meramente formal do devido processo legal conspira contra o propósito da garantia constitucional[504],

---

de nossa moralidade política na questão da validade de uma lei" (*Levando os Direitos a Sério*. São Paulo: Martins Fontes, 2002. p. 329). A teoria de JOHN HART ELY (*Democracy and Distrust: A Theory of Judicial review*. Cambridge: Harvard University Press, 1980), segundo a qual a jurisdição constitucional teria por função promover o funcionamento adequado da democracia (e não a guarda dos valores da sociedade), não é, no fundo, diferente, vez que "democracia" não é uma palavra de sentido unívoco (DWORKIN, Ronald. *Uma Questão de Princípio*. 2. ed. São Paulo: Martins Fontes, 2005. p. 82; POSNER, Richard A. *Law, Pragmatism, and Democracy*. Cambridge: Harvard University Press, 2003. p. 15) e há vários preceitos constitucionais que não tem qualquer relação com o funcionamento do processo democrático (MORO, Sergio Fernando. *Jurisdição Constitucional como Democracia*. São Paulo: RT, 2004. p. 144). Sob certo aspecto, é até pior, pois ELY defende o controle da constitucionalidade da motivação do legislador.

[504] Para RANDY BARNETT (entre outros autores) a função desempenhada pela cláusula do devido processo legal (nenhum Estado "privará qualquer pessoa da vida, liberdade ou propriedade sem o devido processo legal") em *Lochner* (e casos semelhantes, diríamos nós) deveria caber, na realidade, à cláusula dos privilégios ou imunidades ("nenhum Estado fará ou executará qualquer lei restringindo os privilégios ou imunidades dos cidadãos dos Estados Unidos"), também constante da 14ª Emenda, a qual, todavia, foi "esvaziada" pela jurisprudência da Suprema Corte a partir dos *Slaughter-House Cases*, 83 U.S. 36 (1873). Ao assumir tal função, porém, tornando-se uma limitação ao exercício do Poder Legislativo, a cláusula do devido processo legal terminou por restaurar o significado original da 14ª Emenda, como um todo (BARNETT, Randy E. "What's so Wicked About *Lochner*?". *NYU Journal of Law & Liberty*, volume 1, number 1, 2005, p. 329). Além disso, a cláusula dos privilégios e imunidades dificilmente ofereceria uma proteção tão ampla quanto a do devido processo legal, porquanto é duvidosa a sua aplicação a estrangeiros (*aliens*) e pessoas jurídicas (*corporations*), que não se enquadram no conceito de "cidadão" (*citizen*) (TRIBE, Laurence H. *American Constitutional Law*. v. 1. 3. ed. New York: Foundation Press, 2000. pp. 1320-1331).

qual seja, a de evitar abusos por parte do Poder Legislativo[505], possibilidade sempre presente, vez que há muito caiu por terra a concepção rousseauniana[506] de que não existem leis opressivas ou injustas[507].

Seria como se se dissesse "você não pode fazer o mal, a não ser que escolha fazê-lo"[508].

O Poder Legislativo seria onipotente[509] (algo que não encontra justificação lógica[510]) e, conseqüentemente,

---

[505] "La única manera efectiva de proteger los derechos fundamentales es insertarlos en una norma superior e inmune a la Ley" (GARCÍA DE ENTERRÍA, Eduardo. *Justicia y seguridad jurídica em un mundo de leyes desbocadas*. Madrid: Civitas, 2000. p. 42). Tradução livre: "A única maneira efetiva de proteger os direitos fundamentais é inseri-los em uma norma superior e imune à lei". No mesmo sentido: GARCÍA DE ENTERRÍA, Eduardo. *La Lucha contra las Inmunidades del Poder*. 3. ed. Madrid: Civitas, 1995. p. 81.

[506] Cf. GARCÍA DE ENTERRÍA, Eduardo. *Justicia y seguridad jurídica em un mundo de leyes desbocadas*. Madrid: Civitas, 2000. p. 25. A justiça "automática" da lei também foi defendida por HOBBES: "o único padrão de justiça é a própria lei, de modo que, seja qual for a norma fixada pela lei, ela deve ser *ipso facto* justa" (*apud* LLOYD, Dennis. *A Idéia de Lei*. São Paulo: Martins Fontes, 1985. p. 107).

[507] O critério da maioria não garante, por si só, que as leis sejam "justas" e "razoáveis". Um idiota é um idiota, e trezentos idiotas continuam sendo trezentos idiotas... Em outras palavras, "os legisladores não estão, institucionalmente, em melhor posição que os juízes para decidir questões sobre direitos" (DWORKIN, Ronald. *Uma Questão de Princípio*. 2. ed. São Paulo: Martins Fontes, 2005. p. 27).

[508] *Taylor v. Porter*, 4 Hill (NY) 140.

[509] "A onipotência parece-me em si uma coisa ruim e perigosa. Seu exercício parece-me acima das forças do homem, qualquer que ele seja, e penso que apenas Deus pode ser, sem perigo, onipotente, porque sua sabedoria e sua justiça são sempre iguais a seu poder" (TOCQUEVILLE, Alexis de. *A Democracia na América: Leis e Costumes*. São Paulo: Martins Fontes, 1998. p. 295).

[510] Conforme ressaltou HERBERT SPENCER, os órgãos legislativos, por serem eleitos, sequer poderiam alegar, como os Reis do passado,

despótico⁵¹¹. "Um despotismo da maioria⁵¹², é verdade, se assim quisermos chamá-lo, mas ainda assim um despotismo" (tradução livre)⁵¹³.

Deveras, caso o devido processo legal se contentasse com a mera aprovação da lei, não haveria qualquer limitação à atuação do Poder Legislativo⁵¹⁴, o que tornaria o preceito

---

uma origem ou mandato divinos. Cf. *The Man Versus the State*. Indianapolis: Liberty Fund, 1982. pp. 123-129.

⁵¹¹ *Vanhorne's Lessee v. Dorrance*, 2 U.S. 304 (1795)

⁵¹² Segundo RUI BARBOSA, "a democracia mesma, não disciplinada pelo direito, é apenas uma das expressões da força, e talvez a pior delas" (*apud* COSTA, Edgard. *Os Grandes Julgamentos do Supremo Tribunal Federal*. v. 1. Rio de Janeiro: Civilização Brasileira, 1.964. p. 24). Por tal razão, comungamos do entendimento liberal de que "inscrevendo os direitos nas Constituições, eles são colocados a salvo das paixões e irracionalidades das massas" (VIEIRA, Oscar Vilhena. *A Constituição e sua Reserva de Justiça*. São Paulo: Malheiros, 1999. p. 22). Não que a Constituição seja "sóbria" e a maioria "bêbada", como pretendeu HAYEK. A maioria pode estar "sóbria" ou "bêbada". O que permite a Constituição, através dos Tribunais, é afastar os efeitos da "embriaguez".

⁵¹³ *Citizens' Savings & Loan Ass'n v. City of Topeka*, 87 U.S. 655 (1874). No mesmo sentido: "Não é porque uma parte do governo é eletiva que isso o torna menos despótico, se as pessoas, após eleitas, passam a possuir posteriormente, como um parlamento, poderes ilimitados. Eleição neste caso se divorcia da representação e os candidatos são candidatos ao despotismo" (PAINE, Thomas. *Direitos do Homem*. Bauru: Edipro, 2005. p. 171). Como advertiu F. A. HAYEK "não é a fonte do poder, mas a limitação do poder, que impede que este seja arbitrário" (*O Caminho da Servidão*. Rio de Janeiro: Biblioteca do Exército, 1994. p. 84).

⁵¹⁴ A restrição da liberdade individual deve ser justificada pelo bem comum, razão pela qual, como proclama a parte inicial do artigo 5º da Declaração dos Direitos do Homem e do Cidadão de 1789, "a lei não pode proibir senão as ações nocivas à sociedade". Ou seja, a vontade legislativa apenas não é suficiente para autorizar a limitação dos direitos e liberdades garantidos pela Constituição (BARNETT, Randy

inútil[515], idéia rejeitada pela Suprema Corte de Nova York, no caso *Wynehamer v. People*[516], e por doutrinadores de escol, como COOLEY[517], que em sua clássica obra *A Treatise on the Constitutional Limitations Which Rest Upon the Legislative Power of the States of the American Union* afirmou que um ato legislativo não era necessariamente *law of the land*[518] e que "uma lei válida deveria ser compatível com os valores fundamentais inerentes ao sistema constitucional americano" (tradução livre)[519].

E. "The Intersection of Natural Rights and Positive Constitutional Law". *Connecticut Law Review*, volume 25, Spring 1993, p. 864).

[515] Cf. POMEROY, John Norton. *An Introduction to the Constitutional Law of the United States*. 4th ed. Littleton: Fred B. Rothman, 1997. p. 156.

[516] 13. N.Y. 378 (1856)

[517] A respeito da contribuição de COOLEY para o desenvolvimento do aspecto substantivo do devido processo legal: TWISS, Benjamin R. *Lawyers and the Constitution: How Laissez Faire Came to the Constitution*. Westport: Greenwood Press, 1973. pp. 18-41.

[518] Em outras palavras, a existência de um procedimento, seja legislativo, seja judicial, é uma condição necessária para que alguém seja privado de sua vida, bens ou liberdade, porém não é por si só suficiente (PILON, Roger. "Legislative Activism, Judicial Activism, and the Decline of Private Sovereignty". *Cato Journal*, volume 4, number 3, Winter 1985, p. 828).

[519] *"A valid statute had to be congruent with the fundamental values inherent in the American constitutional system"* (apud ELY JR., James W. "The oxymoron reconsidered: myth and reality in the origins of substantive due process". *Constitutional Commentary*, volume 16, issue 2, June 22, 1999, p. 330). À primeira vista, parece não ser possível conciliar as posições de COOLEY, que como já visto negava aos tribunais a possibilidade de substituir o critério adotado pelo órgão legislativo pelo seu próprio. CORWIN chega mesmo a afirmar que se o autor "fecha uma porta" em seguida "abre uma janela" (*Liberty Against Government*. Westport: Greenwood Press: 1978. p. 68). A incongruência, todavia, pode ser afastada se entendermos que os tribunais, ao aplicar a garantia do devido processo legal, não estão substituindo

o legislador, mas aferindo a compatibilidade da lei com as máximas, regras e princípios de direito consagrados pelo direito (uma espécie de "consciência jurídica coletiva"), ao longo do tempo (o que, todavia, não impede automaticamente o legislador de inovar, como afirmou a Suprema Corte dos Estados Unidos em *Hurtado v. California*, 110 U.S. 516 (1884)). Como asseverou KARL ENGISCH, "a lei não é uma grandeza apoiada sobre si própria e absolutamente autônoma, algo que haja de ser passivamente aceito como mandamento divino mas, antes, estratificação e expressão de pensamentos jurídicos aos quais cumpre recorrer a cada passo, sempre que pretendamos compreender a lei correctamente ou ainda eventualmente restringi-la, completa-la e corrigi-la" (*apud* GARCIA, Maria. *Desobediência Civil*. 2. ed. São Paulo: RT, 2004. p. 94). Essa concepção histórica do direito (*historical jurisprudence*), cuja origem pode ser encontrada em COKE, serve, destarte, para limitar a possibilidade de utilização abusiva do *judicial review*, evitando que a constitucionalidade das leis ficasse inteiramente sujeita ao arbítrio dos juízes, vez que as diretrizes (*guidelines*) fornecidas pela história seriam aplicáveis a todos os poderes do Estado, inclusive o Judiciário (BERMAN, Harold J. "The origins of historical jurisprudence: Coke, Selden, Hale (Sir Edward Coke, John Selden, Sir Matthew Hale). *Yale Law Journal*, volume 103, issue 7, May 1, 1994, p. 1675). Assim, não se trata de substituir um critério por outro, e sim de aplicar *standards* (LINARES, Juan Francisco. Razonabilidad de las leyes. 2. ed. Buenos Aires, Astrea, 1989. p. 26; TEIXEIRA, J. H. Meirelles. *Curso de Direito Constitucional*. Rio de Janeiro: Forense Universitária, 1991. p. 399) consagrados pelo tempo, pois "a história, ao iluminar o passado, ilumina o presente e, ao iluminar o presente, ilumina o futuro" (CARDOZO, Benjamin N. *A Natureza do Processo Judicial*. São Paulo: Martins Fontes, 2004. p. 37). Para utilizar, com algumas modificações, a distinção proposta por ANDREW T. HYMAN ("The Little Word 'Due'". *Akron Law Review*, volume 38, number 1, 2005, p. 2), é uma interpretação objetiva (em que a lei é avaliada considerando-se o direito positivo como um todo – leis constitucionais e infraconstitucionais, regras e princípios sedimentados ao longo do tempo) e não subjetiva (em que a lei é examinada de acordo com as noções de justiça do julgador) do devido processo legal, que permite assegurar a observância pelo legislador dos valores consagrados pelo ordenamento de cada país, na base

Aliás, para alguns, segundo ISAAC KRAMNICK, foi precisamente o abuso de poder por parte dos legislativos estaduais, após a independência, "a principal razão da necessidade de uma nova Constituição para a América"[520] (e do *judicial review*)[521]. Entre aqueles que compartilhavam de tal opinião encontrava-se nada menos do que o federalista JAMES MADISON, "pai" da Constituição, o qual, escrevendo sob o pseudônimo de PUBLIUS[522], denunciava que "em toda parte, o legislativo estende a esfera de sua autoridade e suga todo poder para seu vórtice impetuoso" e advertia contra "o perigo das usurpações legislativas, que, ao reunir

---

e na cúpula do qual se encontra a Constituição (REALE, Miguel. *Aplicações da Constituição de 1988*. Rio de Janeiro: Forense, 1991. p. 2), sem ter de recorrer a uma doutrina de incorporação de princípios do direito natural (suprapositivo) ao texto constitucional (MENDES, Gilmar Ferreira. *Jurisdição Constitucional*. 3. ed. São Paulo: Saraiva, 1999. p. 188), com base na cláusula dos direitos não-enumerados (ou no princípio da dignidade da pessoa humana, que para alguns serve para justificar qualquer decisão), que produziria decisões menos previsíveis e insuficientemente fundamentadas, faltando a "reserva de consistência" de que fala SERGIO FERNANDO MORO (*Jurisdição Constitucional como Democracia*. São Paulo: RT, 2004. pp. 221-227).

[520] Cf. MADISON, James *et alii*. *Os Artigos Federalistas: 1787-1788*. Apresentação de Isaac Kramnick, Rio de Janeiro, Nova Fronteira, 1993. p. 18. Segundo DICEY, os autores da Constituição Americana estavam ansiosos, ainda mais do que os franceses, para limitar a autoridade de todos os corpos legislativos da República (*Introduction to the Study of the Law of the Constitution*. Indianapolis: Liberty Fund, 1982. p. 72).

[521] Em substituição à proposta (denominada Plano da Virgínia) de outorgar ao Congresso poder de veto sobre as leis estaduais (CORWIN, Edward S. *Court Over Constitution*. Gloucester: Peter Smith, 1957. p. 26).

[522] Juntamente com ALEXANDER HAMILTON (1757-1804), Secretário do Tesouro de GEORGE WASHINGTON, e JOHN JAY (1745-1829), autor da Constituição do Estado de Nova York, duas vezes Governador do Estado de Nova York e primeiro Presidente da Suprema Corte dos Estados Unidos.

todo o poder nas mesmas mãos, conduz à mesma tirania que se teme das usurpações executivas"[523].

Em suma, a ausência de proibições expressas ou a enumeração de direitos no texto constitucional não pode ser uma desculpa para o arbítrio. A Constituição não pode ser um "álibi jurídico"[524] para o abuso do poder. Ela existe para proteger, não para suprimir direitos:

> "As Constituições não podem continuar a ser utilizadas como instrumentos com que se privem dos seus direitos aqueles mesmos que elas eram destinadas a proteger, e que mais lhes necessitam da proteção"[525].

Logo, contando com apoio doutrinário e precedentes jurisprudenciais, não é estranho[526] que a Suprema Corte,

---

[523] Cf. *Os Artigos Federalistas: 1787-1788*. Apresentação de Isaac Kramnick, Rio de Janeiro, Nova Fronteira, 1993. pp. 338-339.

[524] A expressão é de JORGE REIS NOVAIS (*Contributo para uma Teoria do Estado de Direito*. Coimbra: Faculdade de Direito da Universidade de Coimbra, 1987. p. 112).

[525] Cf. BARBOSA, Ruy. *Commentarios à Constituição Federal Brasileira*. v. I. São Paulo: Saraiva, 1932. p. 38.

[526] É evidente que sempre houve, e provavelmente haverá, controvérsia a respeito do aspecto substantivo do devido processo legal, dado que as posições são antagônicas e inconciliáveis. Não se pode, contudo, afirmar que se trata de "instituto anômalo", refutando a sua própria existência (DEL CLARO, Roberto. "Devido Processo Legal – Direito Fundamental, Princípio Constitucional e Cláusula Aberta do Sistema Processual Civil". São Paulo, *RePro*, n. 126, ago., 2005, p. 269). Como ignorar que a cláusula do devido processo legal da Magna Carta já era interpretada por COKE, no *Second Institute*, como tendo um aspecto substantivo. Como ignorar a existência de decisões como, por exemplo, *Calder v. Bull*, 3 U.S. 386 (1798), em que se reconheceu que uma lei poderia ser inconstitucional ainda que não contrariasse nenhum dispositivo específico da Constituição (SEGAL, Jeffrey A. & SPAETH, Harold J. *The Supreme Court and the*

em uma "segunda fase"[527] de sua jurisprudência, após

Attitudinal Model. Cambridge: Cambridge University Press, 1993. p. 92)? Como ignorar que a idêntica conclusão chegaram os Tribunais de diversos Estados com base nas expressões devido processo legal ou *law of the land* constantes de suas Constituições? Como ignorar que o congressista John Bingham, principal autor da cláusula do devido processo legal, bem como outros integrantes do 39º Congresso dos Estados Unidos (que aprovou a 14ª Emenda), viam o devido processo como uma limitação substantiva aos poderes do Legislativo e do Executivo (SIEGAN, Bernard H. *Property Rights From Magna Carta to the Fourteenth Amendment*. New Brunswick: Transaction Publishers, 2001. p. 207)? O pior cego é o que não quer ver...

[527] A versão "oficial" é a de que a Suprema Corte, a partir de determinado momento, "arrependeu-se de seus pecados" e substituiu a proteção dos direitos econômicos pela proteção das liberdades civis: "Somente em 1925 começou a Suprema Corte a percorrer demorado caminho tentando desfazer, pouco a pouco, a heresia de 1873 – talvez indispensável ao progresso do capitalismo – de considerar mais importantes e mais dignos de proteção contra os abusos dos Estados os direitos das empresas que os direitos humanos" (RODRIGUES, Leda Boechat. *A Corte de Warren*. Rio de Janeiro: Civilização Brasileira, 1991. p. 167). Os fatos, porém, não confirmam tal interpretação. Como dão prova as decisões proferidas nos casos *Meyer v. Nebraska*, 262 U.S. 390 (1923) e *Pierce v. Society of Sisters*, 268 U.S. 510 (1925), em que foram invalidadas leis estaduais que proibiam, respectivamente, o ensino em língua estrangeira e em escolas privadas, a proteção das liberdades civis teve início ainda durante a "Era Lochner" (que terminaria apenas ao final da década de 30), para desespero de seus detratores... O preconceito contra a "Era Lochner" leva muitas pessoas a desconsiderar (ou omitir) outras decisões proferidas no período, como *Buchanan v. Warley*, 245 U.S. 60 (1917), raramente lembrada, em que uma Corte unânime considerou inconstitucional uma lei municipal que impedia a venda de imóveis residenciais de brancos para negros (e vice-versa), por privar o vendedor (no caso, um branco) do seu direito de propriedade sem o devido processo legal. Embora a decisão aparentemente diga respeito apenas ao direito de propriedade (o que faz dela uma típica lochneriana), o Tribunal, em sua fundamentação, reconheceu

abandonar[528] a proteção dos assim chamados "direitos

---

que uma classificação baseada na raça não poderia privar cidadãos negros dos seus direitos constitucionais, ainda que o propósito da legislação (evitar "conflitos" entre brancos e negros) fosse desejável. Como observou JAMES W. ELY JR., a defesa da propriedade resultou em uma vitória contra a discriminação racial (*The Guardian of Every Other Right: A Constitutional History of Property Rights*. New York: Oxford University Press, 1992. p. 107; "Reflections on *Buchanan v. Warley*, Property Rights and Race". *Vanderbuilt Law Review*, volume 51, 1998, pp. 953-973), o que prova que as decisões da Corte *Lochner* eram muito mais progressistas do que afirma a "versão oficial" (PHILLIPS, Michael J. *The Lochner Court, Myth and Reality: Substantive Due Process from the 1890s to the 1930s*. Westport: Praeger, 2001. p. ix).

[528] Como demonstrou ANTHONY B. SANDERS, porém, o devido processo substantivo não foi abandonado por alguns tribunais estaduais, que com base em dispositivos de suas Constituições, continuaram (e continuam) a proteger os *economic rights* (SANDERS, Anthony B. "The 'New Judicial Federalism' Before its Time: A Comprehensive Review of Economic Substantive Due Process Under State Constitutional Law Since 1940 and the Reasons for its Decline". *American University Law Review*, Vol. 55, No. 2, December 2005, pp. 1-69). Com exceção de New Jersey, todos os Estados têm, em sua Constituição, a cláusula do devido processo legal ou outra similar: *due process of law* (Alabama, Alaska, Arizona, California, Colorado, Connecticut, Florida, Georgia, Hawaii, Idaho, Illinois, Iowa, Louisiana, Maine, Michigan, Mississippi, Missouri, Montana, Nebraska, Nevada, New Mexico, New York, North Dakota, Oklahoma, Rhode Island, South Carolina, South Dakota, Utah, Virginia, Washington, West Virginia, Wisconsin, Wyoming), *law of the land* (Delaware, Kentucky, Maryland, Massachusetts, Minnesota, New Hampshire, North Carolina, Pennsylvania, Tennessee, Vermont), *due course of law* (Indiana, Kansas, Ohio, Oregon) ou *due course of the law of the land* (Texas). A respeito do *economic due process* nos Estados de Alabama, Arizona, Florida, Georgia, Iowa, Nebraska, New York e South Dakota, recomenda-se a leitura dos seguintes artigos: J.L.H. "Rediscovering Means Analysis in State Economic Substantive Due Process: *Mount Royal Towers, Inc. v. Alabama Board of Health*". *Alabama Law Review*, volume 34, 1983, pp. 161-172; SMITH, David. "Economic Substantive Due Process

econômicos"[529], tenha utilizado a garantia constitucional

---

in Arizona: A Survey". *Arizona State Law Journal*, volume 20, 1988, pp. 327-344; NACHWALTER, Michael. "Substantive Due Process in Florida". *Florida Law Review*, volume XXI, 1966, pp. 99-131; HOGUE, L. Lynn. "Regulating Business Activity by Means of Substantive Due Process and Equal Protection Doctrines Under the Georgia Constitution: An Analysis and a Proposal". *Georgia Law Review*, volume 3, number 1, Fall/Winter, 1986-1987, pp. 1-17; MURRAY, Kyle T. "Looking for *Lochner* in All the Wrong Places: The Iowa Supreme Court and Substantive Due Process Review". *Iowa Law Review*, volume 84, 1999, pp. 1141-1181; FURMAN, Barry A. "Nebraska Supreme Court Adopts Substantive Due Process Approach in Striking Down Price Control Legislation". *Creighton Law Review*, volume 8, pp. 508-522; TUSSUSOV, Gabriella. "A Modern Look at Substantive Due Process: Judicial Review of State Economic Regulation Under the New York and Federal Constitutions". *New York Law School Law Review*, volume 33, 1988, pp. 529-567; PARSONS JR, Ronald A. & WOODWARD, Sheila S. "The Heart of the Matter: Substantive Due Process in the South Dakota Courts". *South Dakota Law Review*, volume 47, 2002, pp. 185-232.

[529] Concordamos com a opinião atribuída ao *Justice* SCALIA (1986-), no sentido de que é inaceitável a exclusão, *a priori*, dos "direitos econômicos" da proteção do devido processo legal substantivo (*apud* ELY JR., James W. "The oxymoron reconsidered: myth and reality in the origins of substantive due process". *Constitutional Commentary*, volume 16, issue 2, June 22, 1999, p. 1), ainda que se interprete restritivamente a palavra "liberdade" (interpretação que não nos parece correta), uma vez que a cláusula também veda que o indivíduo seja privado de seus "bens". A nossa posição, assim, coincide com a de RANDY BARNETT (*Restoring the Last Constitution*. Princeton and Oxford: Princeton University Press, 2004), WALTER DELLINGER ("The Indivisibility of Economic Rights and Personal Liberty". *2003-2004 Cato Supreme Court Review*, 2004, pp. 9-21), JAMES A. DORN ("Economic Liberties and the Judiciary". *Cato Journal*, volume 4, number 3, Winter 1985, pp. 661-687), RICHARD A. EPSTEIN ("Judicial review: Reckoning on Two Kinds of Error". *Cato Journal*, volume 4, number 3, Winter 1985, pp. 711-718; "The 'Necessary' History of Property and Liberty". *Chapman Law Review*,

volume 6, number 1, Spring 2003, pp. 1-30), STEPHEN MACEDO ("Majority Power, Moral Skepticism, and the New Right's Constitution". In: *Economic Liberties and the Judiciary*. Edited by James A. Dorn & Henry G. Manne. Fairfax: George Mason University Press, 1987. pp. 111-136), MICHAEL J. PHILLIPS (*The Lochner Court, Myth and Reality: Substantive Due Process from the 1890s to the 1930s*. Westport: Praeger, 2001. pp. 185-192), ROGER PILON ("Economic Liberty, the Constitution, and the Higher Law". *George Mason University Law Review*, volume 11, number 2, 1988, pp. 27-34; "Legislative Activism, Judicial Activism, and the Decline of Private Sovereignty". *Cato Journal*, volume 4, number 3, Winter 1985, pp. 813-833), TIMOTHY SANDEFUR ("The Common Right to Earn a Living". *The Independent Review*, v. VII, n. 1, Summer 2002, p. 84) e BERNARD H. SIEGAN (*Economic Liberties and the Constitution*. Chicago: University of Chicago Press, 1980; *Property Rights From Magna Carta to the Fourteenth Amendment*. New Brunswick: Transaction Publishers, 2001. p. 3), para quem tanto os direitos econômicos quanto os não-econômicos encontram-se igualmente protegidos pela Constituição. De fato, é um grave erro menosprezar a importância dos "direitos econômicos" (basicamente o direito de propriedade e a liberdade de contratar), como demonstrou F. A. HAYEK: "Infelizmente, a idéia de que o poder exercido sobre a vida econômica só afeta questões de importância secundária – idéia que leva as pessoas a menosprezar a ameaça à liberdade de ação no campo econômico – é de todo infundada. Ela decorre em grande parte da noção errônea de que existem objetivos puramente econômicos, distintos dos outros objetivos da existência. No entanto, afora o caso patológico do avarento, não existe tal distinção. Os objetivos últimos da atividade dos seres racionais nunca são econômicos. Rigorosamente falando, não existe 'interesse econômico', mas apenas fatores econômicos que condicionam nossos esforços pela obtenção de outros fins. Aquilo que na linguagem comum se costuma definir por equívoco como 'interesse econômico' significa apenas o desejo de oportunidades, o desejo do poder de alcançar objetivos não-especificados. Se lutamos pelo dinheiro, é porque ele nos permite escolher da forma mais ampla como melhor desfrutar os resultados de nossos esforços" (*O Caminho da Servidão*. Rio de Janeiro: Biblioteca do Exército, 1994. p. 99). É nesse sentido que se deve entender a afirmação de BERNARD H. SIEGAN de que para muitas pessoas a liberdade de iniciativa, em sentido amplo (liberdade de trabalho e de empresa), é a mais importante liberdade que a sociedade pode oferecer (*Economic Liberties and the Constitution*. Chicago: University of Chicago Press, 1980. p. 4). Como ponderou ROBERT G. MCCLOSKEY, a atribuição de maior importância a determinados direitos, entre os vários protegidos pela Constituição, pode revelar muito mais uma preferência dos juízes do que a opinião do homem comum ("Economic Due Process and the Supreme Court: An Exhumation and Reburial". In: *The Lanahan Readings in Civil Rights and Civil Liberties*. Edited by David M. O'Brien. Baltimore: Lanahan Publishers, 1999. p. 26). Outrossim, demonstrou SIEGAN que a proteção do direito de propriedade, por exemplo, é essencial para o exercício de outras liberdades (*v.g.*, de expressão, de religião), pois se o Estado pudesse privar arbitrariamente os indivíduos de seus bens (em sentido amplo) as pessoas teriam receio de falar, escrever ou pregar algo que desagradasse às autoridades (p. 83). Ou seja, os direitos à vida, à liberdade e à propriedade encontram-se de tal modo ligados que não há como prejudicar um deles sem afetar os demais (TAYLOR, John. "Construction Construed, and Constitution Vindicated". In: *Democracy, Liberty, and Property*. Edited by Francis W. Coker. New York: The Macmillan Company, 1949. p. 496). Por tal razão, a opressão dos direitos econômicos implica a opressão dos próprios indivíduos (GIOFFRÉ, Marcelo A. e MORANDO, Mario J. *Economia y Orden Jurídico*. Buenos Aires: Ad-Hoc, 1994. p. 21). Se há alguma diferença entre as liberdades civis e as liberdades econômicas, o que é negado por alguns juristas (EPSTEIN, Richard A. "The 'Necessary' History of Property and Liberty". *Chapman Law Review*, volume 6, number 1, Spring 2003, p. 16; SHAPIRO, Martin. "A Constituição e os Direitos Econômicos". In: *Ensaios sobre a Constituição dos Estados Unidos*. Editado por M. Judd Harmon. Rio de Janeiro: Forense Universitária, 1978. p. 139), ela é, quando muito, de grau e não de espécie (SCALIA, Antonin. "Economic Affairs as Human Affairs". *Cato Journal*, volume 4, number 3, Winter 1985, pp. 703-709), o que torna a distinção usualmente aceita uma "falsa dicotomia" (DORN, James A. "Economic Liberties and the Judiciary". *Cato Journal*, volume 4, number 3, Winter 1985, p. 674), como já reconheceu a própria Suprema Corte, no caso *Lynch v. Household Finance Corp.*, 405 U.S. 538 (1972). Contrariamente ao que defende RONALD DWORKIN do devido processo legal em defesa das liberdades civis[530],

---

(*Levando os Direitos a Sério*. São Paulo: Martins Fontes, 2002. p. 427), entendemos que existe, sim, uma liberdade geral (ou direito geral à liberdade) da qual as liberdades específicas são manifestações. É o que demonstrou, entre nós, MANOEL GONÇALVES FERREIRA FILHO: "Na verdade, a liberdade – a autodeterminação da conduta – é uma só e incindível, conquanto se possam distinguir, para facilidade de análise, os campos – político, econômico, social – em que reponta" (*Direito Constitucional Econômico*. São Paulo: Saraiva, 1990. p. 27). Por tal razão, concordamos com a proposta "radical" do jurista italiano BRUNO LEONI de "reavaliar o lugar do indivíduo dentro do sistema legal como um todo": "Não é mais uma questão de se defender essa ou aquela liberdade em particular – fazer negócios, falar, associar-se a outras pessoas, etc.; nem se trata de decidir que tipo de legislação "boa" devemos adotar no lugar de uma "má". A questão é decidir se a liberdade individual é compatível, quanto ao seu princípio, com o atual sistema centrado na legislação e quase inteiramente identificado com ela" (*Liberdade e a Lei*. Porto Alegre: Ortiz/IL-RS/IEE, 1993. p. 27). "Com a avalancha da cada vez maior interferência estatal na esfera da liberdade individual, mais acentuado deve ser o limite do Estado perante o Direito" (DIREITO, Carlos Alberto Menezes. *O Estado Moderno e os Direitos do Homem*. Rio de Janeiro: Freitas Bastos, 1968. p. 16).

[530] O que foi feito, a partir do final dos anos 30, recorrendo-se à teoria exposta pelo *Justice* HARLAN FISK STONE (1925-1946) na nota de rodapé 4 do seu voto em *United States v. Carolene Products*, 304 U.S. 144 (1938), segundo a qual a presunção de constitucionalidade das leis deveria ser afastada em casos envolvendo direitos protegidos pelo *Bill of Rights*, o processo eleitoral e minorias. Tais critérios permitiram aplicar o devido processo legal às chamadas liberdades públicas, sem, contudo, "ressuscitar" a proteção dos direitos econômicos da era *Lochner*, repudiada pelos *Justices* favoráveis ao *New Deal* de ROOSEVELT, como HUGO BLACK (1937-1971), WILLIAM O. DOUGLAS (1939-1975) e FELIX FRANKFURTER (1939-1962). A "solução", porém, é logicamente inaceitável (o direito de propriedade é protegido pela 5ª Emenda tanto quanto a liberdade de imprensa o é pela 1ª Emenda) e redundaria, no futuro, em um dilema até hoje, para nós, insolúvel: como repudiar *Lochner* e aceitar decisões

com os juízes liberais (HOLMES, BRANDEIS e STONE), com o apoio de moderados (HUGHES e ROBERTS) tornando-se a maioria, ficando vencidos os conservadores (SUTHERLAND, VAN DEVANTER, MCREYNOLDS e BUTLER)[531], em casos envolvendo liberdade de expressão e de imprensa[532], liberdade de reunião[533] e liberdade de culto[534] (através da doutrina da incorporação do *Bill of Rights* à 14ª Emenda).

A utilização do devido processo legal em defesa das liberdades civis seria consagrada no conhecido caso *Brown v.*

---

como *Roe* (que reconheceu o direito ao aborto, como se verá a seguir) e vice-versa? Tais decisões são "irmãs gêmeas filosóficas", para utilizar as palavras de JOHN HART ELY (*apud* BALKIN, Jack M. "Wrong the day it was decided: *Lochner* and constitutional historicism". Boston University Law Review, volume 85, number 3, June 2005, p. 683).

[531] O que demonstra que a divisão dos juízes em liberais e conservadores, aqueles partidários do ativismo e estes da auto-restrição judicial, pode depender, muitas vezes, da questão constitucional em discussão: "Ativismo judicial não é sinal de uma Corte socialmente progressista. Assim como um tribunal mais recatado não significa necessariamente conservadorismo. Pois quando a Corte se abstém de interferir e bloquear medidas progressistas, ela atende aos interesses desta ideologia circunstancialmente promovida pela vontade da maioria. Mas caso a vontade da maioria esteja promovendo interesses conservadores, abster-se em favor da vontade da maioria significa permitir a consolidação desses valores" (VIEIRA, Oscar Vilhena. *Supremo Tribunal Federal – Jurisprudência Política*. 2. ed. São Paulo: Malheiros, 2002. p. 62). O ativismo está nos olhos do observador, como sugeriu JAMES W. ELY JR. ("Property Rights and Judicial Activism". *The Georgetown Journal of Law & Public Policy*, Inaugural volume, 2002, p.125.

[532] *Near v. Minnesota*, 283 U.S. 697 (1931).

[533] *De Jonge v. Oregon*, 299 U.S. 353 (1937).

[534] *Cantwell v. Connecticut*, 310 U.S. 296 (1940).

*Board of Education*⁵³⁵⁻⁵³⁶, que a nosso ver redimiu⁵³⁷ a Suprema Corte de quaisquer erros que possa ter cometido anteriormente⁵³⁸ (inclusive em *Dred Scott*), em que um Tribunal

---

⁵³⁵ 347 U.S. 483 (1954). Reputada por muitos autores a mais importante decisão do século XX (MORO, Sergio Fernando. *Jurisdição Constitucional como Democracia*. São Paulo: RT, 2004. p. 42; SILVEIRA, Paulo Fernando. *Devido Processo Legal*. 3. ed. Belo Horizonte: 2001. p. 473).

⁵³⁶ *Brown v. Board of Education* foi decidido, oficialmente, com base no princípio da igualdade (equal protection) constante da 14ª Emenda. O caso *Bolling v. Sharpe*, 347 U.S. 497 (1954), em que a segregação racial nas escolas do Distrito de Columbia foi julgada inconstitucional com base na 5ª Emenda (que não contém a cláusula da equal protection), bem como a primeira versão da decisão que o *Chief Justice* fez circular entre os demais membros da Corte, na qual a segregação era qualificada como "uma privação arbitrária da liberdade em violação do devido processo legal" (WHITE, G. Edward. *Earl Warren – A Public Life*. New York: Oxford University Press, 1982. p. 226), porém, revelam outra realidade. O verdadeiro fundamento de ambas as decisões foi o devido processo substantivo, em que pese as duas cláusulas convizinhem e frequentemente se confundam (DANTAS, San Tiago. "Igualdade perante a Lei e *Due Process of Law*". In: *Problemas de Direito Positivo: Estudos e Pareceres*. 2. ed. Rio: Forense, 2004. p. 33) e ainda que WARREN, para garantir a unanimidade da Corte (HUGO BLACK e FELIX FRANKFURTER eram adversários declarados do substantive due process e da "Era *Lochner*"), o tenha omitido. Para ele, o importante era o resultado, não a fundamentação doutrinária da decisão (Idem, p. 228).

⁵³⁷ Se a Suprema Corte não tivesse aplicado o *substantive due process* em *Lochner* e nos demais casos acima citados "as escolas do Sul poderiam ainda estar segregadas" (DWORKIN, Ronald. *O Império do Direito*. 1. ed. 2. tir. São Paulo: Martins Fontes, 2003. p. 449). Igualmente, várias das garantias do *Bill of Rights* não teriam sido aplicadas aos Estados (CORTNER, Richard C. "The Nationalization of the *Bill of Rights* in Perspective". In: *The Lanahan Readings in Civil Rights and Civil Liberties*. Edited by David M. O'Brien. Baltimore: Lanahan Publishers, 1999. p. 33).

⁵³⁸ Ao se tratar do devido processo legal substantivo, deve-se ter em mente que uma coisa é se opor às decisões tomadas pela Corte (*v.g.*, em *Locher* ou *Roe*), por considerá-las equivocadas, e outra, muito

unânime, revogando um precedente que parecia cristalizado[539], determinou o fim da segregação de crianças negras nas escolas públicas (a doutrina "separados mas iguais"), prática comum nos Estados sulistas, reconhecendo que "o direito de um estudante de não estudar em escolas segregadas por motivos raciais é tão fundamental e tão amplo que está abrangido no conceito de *due process of law*"[540]. Do voto do *Chief Justice* EARL WARREN[541], grande arquiteto da decisão[542], extrai-se a seguinte lição:

> "A liberdade protegida pela cláusula de *due process* é mais que a simples ausência de restrição corporal: estende-se a toda a esfera de procedimento livremente escolhida pelo indivíduo e não pode ser restringida salvo em vista de objetivos governamentais. A segregação nas escolas não está relacionada a nenhum objetivo governamental"[543].

Ainda no século XX, lembra RENÉ DAVID[544] as decisões proferidas pela Suprema Corte nos casos *Gideon v.*

---

diferente, é se opor à autoridade da Corte para tomar decisões (BARBER, Sotirios A. *The Constitution of Judicial Power*. Baltimore and London: The John Hopkins University Press, 1993. p. 1). Juristas como ROBERT BORK, que pertence ao que SOTIRIOS BARBER denomina "Nova-Direita" (*New Right*), adotam a segunda posição, que apesar de equivocada ao menos é coerente ao dispensar o mesmo tratamento a casos como *Lochner* e *Roe*.

[539] *Plessy v. Ferguson*, 163 U.S. 537 (1896).

[540] Cf. RODRIGUES, Leda Boechat. *A Corte de Warren*. Rio de Janeiro: Civilização Brasileira, 1991. p. 174.

[541] Presidente da Suprema Corte (1953-1969).

[542] Conforme mostrado no telefilme *Separate But Equal* (EUA, 1991).

[543] Cf. RODRIGUES, Leda Boechat. *A Corte de Warren*. Rio de Janeiro: Civilização Brasileira, 1991. p. 171.

[544] Cf. *Os Grandes Sistemas do Direito Contemporâneo*. 3. ed. São Paulo: Martins Fontes, 1998. p. 399-400.

Wainwright[545] e *Roe v. Wade*[546]:

"Em uma decisão, *Gideon v. Wainwright*, proferida em 1963, o Supremo Tribunal dos Estados Unidos, efetuando uma mudança de jurisprudência, considerou que a lei do Estado da Flórida violava o *due process of law*, ao não reconhecer o direito de assistência judiciária gratuita a um indigente acusado, que incorria numa pena de prisão por cinco anos. Em outro acórdão, *Roe v. Wade*, proferido em 1973, o Supremo Tribunal dos Estados Unidos julgou inconstitucional a disposição que na lei de um Estado punia criminalmente a mulher que praticasse o aborto: a liberdade objetivada pelas quinta e décima-quarta emendas[547] comporta, segundo o tribunal, o direito de cada um levar sua vida privada como preferir (*right of privacy*); em particular o direito da mulher de interromper livremente sua gravidez nos três primeiros meses".

Mais ou menos da mesma época, podemos citar, ainda, o caso *Griswold v. Connecticut*[548], em que foi considerada inconstitucional uma lei estadual que proibia o uso de contraceptivos, por violação ao direito à privacidade[549], e

---

[545] 372 U.S. 335 (1963)
[546] 410 U.S. 113 (1973). Cf. WOODWARD, Bob e ARMSTRONG, Scott. *Por detrás da Suprema Corte*. São Paulo: Saraiva, 1985.
[547] Relata RICHARD POSNER que o fato de *Roe* ter sido decidido com base na 14ª Emenda, o que faz do caso um exemplo de aplicação do devido processo substantivo (a la *Lochner*), expôs a decisão a uma série de críticas, o que levou muitos doutrinadores a tentar justificá-la (a nosso ver sem sucesso) recorrendo a outros dispositivos do *Bill of Rights* como a 1ª Emenda (liberdade de religião), 9ª Emenda (direitos não-enumerados) e 13ª Emenda (proibição da "servidão" involuntária) (*Overcoming Law*. Cambridge: Harvard University Press, 1995. pp. 180-181).
[548] 381 U.S. 479 (1965).
[549] Segundo o *Justice* SCALIA, em seu voto divergente em *Lawrence* (v. abaixo), em *Griswold* a Suprema Corte teria fundamentado a sua

os casos *Moore v. East Cleveland*[550] e *Zablocki v. Redhail*[551], em

decisão não no devido processo legal, mas em um direito à privacidade localizado nas "penumbras" (= projeções) de outros dispositivos constitucionais que não a cláusula do devido processo legal. Tal interpretação, porém, não se sustenta. Cf. "Substantive Due Process Comes Home to Roost: Fundamental Rights, *Griswold* to *Bowers*". *Women's Rights Law Reporter*, volume 10, number 2-3, Winter 1988, pp. 177-208. Com efeito, da maioria do Tribunal (seis votos), apenas o *Justice* DOUGLAS afasta a aplicação da cláusula do devido processo legal contida na 14ª Emenda (repudiando expressamente a decisão da Corte em *Lochner*), para fundamentar a declaração de inconstitucionalidade em um direito à privacidade que permearia o *Bill of Rights*. O *Justice* GOLDBERG (acompanhado pelo *Chief Justice* WARREN e pelo *Justice* BRENNAN) claramente fundamentou o seu voto concorrente na garantia do devido processo legal, afirmando que o conceito de liberdade compreendia o direito à privacidade (o que seria afirmado anos mais tarde em *Roe v. Wade*), entendimento que, no seu entender, seria reforçado pela 9ª Emenda à Constituição, segundo a qual "a enumeração de certos direitos na Constituição não poderá ser interpretada como negando outros direitos inerentes ao povo". Idem os *Justices* HARLAN e WHITE (embora sem referência à 9ª Emenda). Tanto é assim que o *Justice* BLACK, em seu voto divergente, critica a maioria por entender que o Tribunal não teria o poder de declarar a inconstitucionalidade de uma lei por considerá-la "irracional, não razoável ou ofensiva" (*"irrational, unreasonable or offensive"*), que é, precisamente, o conceito do devido processo legal substantivo. Como observou ERWIN CHEMERISNKY, o *Justice* DOUGLAS utilizou o devido processo substantivo, ainda que, à época, o tenha negado ("Substantive Due Process".*Touro Law Review*, volume 15, 1999, p. 1508). Com efeito, entendemos que as "penumbras" do *Bill of Rights* correspondem, nada mais, nada menos, ao caráter residual do *due process of law* (o controle da razoabilidade atua nos casos em que não há um preceito constitucional expresso aplicável ao caso), afirmado pela Corte em *U.S. v. Salerno*, 481 U.S. 739 (1987), *Graham v. Connor*, 490 U.S. 386 (1989), *Albright v. Oliver*, 510 U.S. 266 (1994) e *County of Sacramento v. Lewis*, 523 U.S. 833 (1998).

[550] 431 U.S. 494 (1977)
[551] 434 U.S. 374 (1978).

que foram declaradas inconstitucionais leis que proibiam que pessoas sem determinado grau de parentesco (no caso dois primos-irmãos e sua avó) residissem no mesmo imóvel e que exigiam autorização judicial e comprovação do pagamento de pensão alimentícia para que pessoas pudessem casar.

No início dos anos 90, em *Pacific Mutual Life Insurance Co. v. Haslip*[552], a Supreme Corte, pela primeira vez, afirmou que o *substantive due process* seria um limite à discricionariedade de juízes e jurados[553] para fixar o valor de *punitive damages*[554]. Nos anos seguintes, a tese seria colocada em prática nos casos *BMW of North America, Inc. v. Gore*[555] e *State Farm Mutual Automobile Insurance Co. v. Campbell*[556], nos quais foram cassadas decisões proferidas por Tribunais

---

[552] 499 U.S. 1 (1991).

[553] Ao longo da presente exposição, deu-se ênfase ao controle da razoabilidade das leis e não de atos administrativos e judiciais. Não, evidentemente, porque tal controle não seja possível, vez que todos os atos estatais encontram-se submetidos ao devido processo legal, mas porque, quanto aos primeiros, tal possibilidade sempre deu margem a maiores controvérsias. A menção aos casos acima é oportuna, não obstante, como um alerta, diante da chamada "indústria do dano moral", a qual, guardadas as diferenças entre os ordenamentos e as economias dos dois países, reproduz muitos dos abusos verificados nos Estados Unidos, ensejando, pois, uma privação de bens ilegítima, não autorizada pela Constituição.

[554] Segundo a Suprema Corte (em *State Farm*, acima), no direito norte-americano a prática de um ato ilícito pode dar origem a dois tipos de obrigações pecuniárias: *compensatory damages* e *punitive damages*. Aquelas destinam-se a compensar uma perda efetiva (embora não necessariamente material, englobando também o que nós compreendemos como dano moral), enquanto que estas tem o propósito de intimidar e punir o autor do ilícito.

[555] 517 U.S. 559 (1996).

[556] 538 U.S. 408 (2003).

Origem e Evolução do Devido Processo Legal Substantivo

Estaduais que fixaram indenizações em valores considerados excessivos (no primeiro caso, uma revendedora de automóveis fora condenada a pagar quatro mil dólares a títulos de *compensatory damages* e dois milhões de dólares a títulos de *punitive damages* por ter omitido que um veículo vendido havia sido repintado em razão de danos sofridos no transporte; no segundo, uma seguradora foi condenada a pagar um milhão de dólares a título de *compensatory damages* e cento e quarenta e cinco milhões de dólares (!) a título de *punitive damages* por ter insistido em não reconhecer a responsabilidade de seu segurado por um acidente de trânsito, obrigando-o a defender-se em juízo).

Mais recentemente, a Suprema Corte dos Estados Unidos voltou a aplicar o devido processo legal substantivo, nos casos *Troxel v. Granville*[557] e *Lawrence v. Texas*[558]. Em *Troxel*, decidiu o Tribunal que a cláusula do devido processo legal não permite que um Estado viole o direito fundamental dos pais de tomar decisões a respeito da criação de seus filhos. Já em *Lawrence*, a Suprema Corte dos Estados Unidos, revogando o precedente estabelecido em *Bowers v. Hardwick*[559], declarou a inconstitucionalidade de uma lei do Estado do Texas que considerava crime determinadas formas de contato sexual entre pessoas do mesmo sexo, sob

---

[557] 530 U.S. 57 (2000).
[558] 539 U.S. 58 (2003). A respeito do caso *Lawrence*, a favor e contra, respectivamente, a decisão da Suprema Corte recomenda-se a leitura dos textos de RANDY E. BARNETT (*"Justice* Kennedy's Libertarian Revolution: *Lawrence v. Texas". 2002-2003 Cato Supreme Court Review*, 2003, pp. 21-41) e NELSON R. LUND e JOHN O. MCGINNIS ("Lawrence v. Texas and Judicial Hubris". *Northwestern University School of Law: Public Law and Legal Theory Papers*", paper 16, 2004, pp. 1-69).
[559] 478 U.S. 186 (1986). Vencidos os *Justices* BLACKMUN, BRENNAN, MARSHALL e STEVENS, cujo voto, aliás, é citado em *Lawrence v. Texas*.

o fundamento de que ela se intrometia na vida pessoal e privada dos indivíduos sem que houvesse um legítimo interesse estatal que a justificasse[560].

É bem verdade que, nas últimas décadas, têm sido menos freqüentes decisões da Suprema Corte dos Estados Unidos declarando a inconstitucionalidade de leis por violação ao *substantive due process of law*, situação que é resultado, em grande parte, da divisão do tribunal entre liberais e conservadores, em que nenhum dos lados tem assegurada a maioria dos votos e o resultado freqüentemente depende da adesão de juízes ditos "moderados" ou "independentes".

Os precedentes acima citados[561] (especialmente os mais recentes), contudo, demonstram de forma incontestável que o devido processo legal substantivo é uma realidade, encontrando-se incorporado de forma definitiva[562] ao direito constitucional norte-americano.

---

[560] A respeito da aplicação do devido processo legal substantivo em matéria penal: LIMONGI, Celso Luiz. "O Devido Processo Legal Substantivo e o Direito Penal". São Paulo, *Revista da Escola Paulista da Magistratura*, v. 2, n. 1, jan./jun., 2001, pp. 151-174.

[561] Para maiores informações a respeito dos casos citados (tendo em vista que uma análise aprofundada de cada um deles desborda dos objetivos deste livro) e de outros envolvendo o *due process of law* (foram mencionados apenas os considerados mais relevantes), recomenda-se a leitura, entre outras, da seguinte obra: ROTUNDA, Ronald D. *Modern Constitutional Law: Cases and Notes*. 7. ed. St. Paul: West, 2003. Em português, os principais casos são abordados por LETÍCIA DE CAMPOS VELHO MARTEL (*Devido Processo Legal Substantivo: Razão Abstrata, Função e Características de Aplicabilidade*. Rio de Janeiro: Lumen Juris, 2005).

[562] Segundo PETER J. RUBIN, o devido processo legal substantivo teve uma aceitação "lenta porém crescente" (*"slow but growing"*) pela Suprema Corte, até se tornar parte do "firmamento constitucional" (*"constitutional firmament"*) (RUBIN, Peter J. "Square Pegs and Round Holes: Substantive Due Process, Procedural Due Process, and the

Bill of Rights". *Columbia Law Review,* volume 103, May 2003, p. 833 e 839). Tal entendimento é confirmado pelo fato de que nenhuma das decisões mais importantes (*v.g., Griswold, Roe*), acima mencionadas, foi revogada pela Suprema Corte (embora tenha havido pressões nesse sentido), ao ponto de mesmo os integrantes mais conservadores do Tribunal, como o recém-falecido *Chief Justice* REHNQUIST, reconhecerem que o devido processo legal "garante mais do que um processo justo e que a liberdade por ele protegida inclui mais do que a ausência de restrição à liberdade física" (*Washington v. Glucksberg,* 505 U.S. 833 (1992)).

11
INTRODUÇÃO E DESENVOLVIMENTO DO DEVIDO PROCESSO LEGAL SUBSTANTIVO NO DIREITO BRASILEIRO

Com a Constituição Federal de 1988 o direito brasileiro adotou, pela primeira vez[563], o princípio[564] do devido

---

[563] Cf. MACIEL, Adhemar Ferreira. "O Devido Processo Legal e a Constituição Brasileira de 1988". São Paulo, *RePro*, n. 85, jan./mar., 1997, p. 175; MORAES, Alexandre de. *Direitos Humanos Fundamentais*. São Paulo: Atlas, 1997. p. 249. Em sentido contrário manifestou-se LUIZ RODRIGUES WAMBIER, segundo o qual o devido processo surge no direito brasileiro com o artigo 141, § 4º, da CF/46 ("A lei não poderá excluir da apreciação do Poder Judiciário qualquer lesão de direito individual") (WAMBIER, Luiz Rodrigues. "Anotações sobre o Princípio do Devido Processo Legal". São Paulo, *RePro*, n. 63, jul./set., 1991, p. 59). *Data venia*, não podemos concordar com tal posição, vez que o princípio da inafastabilidade do controle jurisdicional tem amplitude muito menor do que o do devido processo, não possibilitando o controle da razoabilidade das leis que resultem em restrição à liberdade e à propriedade ou do próprio conteúdo do processo (*v.g.*, direito à citação, direito à produção de provas, etc.), por meio do qual poderá se dar tal restrição. Como reconheceu DINAMARCO, o devido processo legal "não se resume a garantir o processo jurisdicional" ("Vocabulário de Direito Processual". In: *Fundamentos do Processo Civil Moderno*. t. I. 3. ed. São Paulo: Malheiros, 2000. p. 176). Vale dizer, o direito ao "processo justo" decorre do art. 5º, LIV, e não do art. 5º, XXXV, da CF.

[564] A doutrina tradicionalmente se refere ao devido processo legal como princípio. Entendemos, no entanto, que seria mais correto qualificá-lo

processo legal (artigo 5º, XLIV), sob a inspiração do direito norte-americano (5ª e 14ª Emendas)[565].

E a novidade, como se poderia imaginar, provocou profundas transformações no direito constitucional brasileiro, ainda que, em um primeiro momento, tenha servido apenas para reforçar as garantias processuais previstas na própria Constituição (e nas leis ordinárias).

Não tardou, porém, para que o Supremo Tribunal Federal, seguido por outros Tribunais[566], à semelhança do que

---

como postulado normativo, segundo definição proposta por HUMBERTO ÁVILA, vez que se trata de uma norma que estabelece critérios de aplicação dos princípios e das regras, ou seja, estrutura a aplicação de outras normas (*Teoria dos Princípios: da definição à aplicação dos princípios jurídicos*. 5. ed. São Paulo: Malheiros, 2006. p. 125).

[565] A "paternidade" do devido processo legal cabe ao eminente Professor CARLOS ROBERTO SIQUEIRA CASTRO, estudioso e profundo conhecedor do direito constitucional norte-americano (SILVA, José Afonso da. "Prefácio". In: CASTRO, Carlos Roberto Siqueira. *O Devido Processo Legal e os Princípios da Razoabilidade e da Proporcionalidade*. 3. ed. Rio de Janeiro: Forense, 2005. p. xx).

[566] Como, por exemplo, o Tribunal de Justiça do Estado de São Paulo, em julgamento relatado pelo Des. Cezar Peluso, hoje Ministro do Supremo Tribunal Federal: "CASAMENTO – Regime de bens – Separação legal obrigatória – Nubente sexagenário – Doação à consorte – Validez – Inaplicabilidade do artigo 258, parágrafo único, II, do Código Civil, que não foi recepcionado pela ordem jurídica atual – Norma jurídica incompatível com os artigos 1º, III, e 5º, I, X e LIV, da Constituição da República em vigor – Improcedência da ação anulatória – Recursos não providos. É válida toda doação feita ao outro cônjuge que se casou sexagenário, porque, sendo incompatível com as cláusulas constitucionais da tutela da dignidade da pessoa humana, da igualdade jurídica e da intimidade, bem como com a garantia do justo processo da lei, tomado na acepção substantiva (*substantive due process of law*), já não vige a restrição constante do artigo 258, parágrafo único, II, do Código Civil" (TJSP – 2ª Câmara de Direito Privado – Apelação Cível nº 007.512-4/2-00 – Rel. Des. CEZAR PELUSO – j. 18.08.98 – v.u.). O TJSP também declarou inconstitucional, por

ocorreu no direito norte-americano[567], embora em muito menos tempo[568], passasse a reconhecer no princípio do devido processo legal um mecanismo por meio do qual seria possível ao Poder Judiciário controlar a razoabilidade[569] das

---

ofensa ao princípio da razoabilidade, presente na Constituição do Estado (artigo 111) lei municipal que atribuía responsabilidade por multas aplicadas pelo descumprimento des posturas municipais aos proprietários de imóveis locados para o funcionamento de bares, restaurantes e congêneres (TJSP – Órgão Especial – Ação Direta de Inconstitucionalidade nº 35.627-0/2-00 – Rel. Des. Viseu Júnior – j. 02.09.98 – v.u.).

[567] O STF, evidentemente, não se encontrava obrigado a adotar o conteúdo da cláusula do *due process of law* tal como interpretada pela *U.S. Supreme Court*, mediante simples transposição de conceitos (como o de devido processo legal substantivo). É natural, todavia, que o tenha feito, eis que a adoção de um instituto oriundo de outro país não pode ser feita com abstração do entendimento (doutrinário e jurisprudencial) existente no sistema jurídico do qual é originário.

[568] A primeira decisão do STF declarando a inconstitucionalidade de lei por ofensa ao princípio do devido processo substantivo foi proferida no julgamento da ADI(MC) nº 855, julgada em 01.07.93, cerca de cinco anos, portanto, após a promulgação da Constituição Federal. Nos Estados Unidos, a primeira declaração de inconstitucionalidade de uma lei com base no *substantive due process of law* ocorreu no *Minnesota Rate Case*, de 1890, vinte e dois anos após a promulgação da 14ª Emenda (1868). Fenômeno similar ocorreu na Argentina, segundo relato de JUAN CIANCIARDO (*El Principio de Razonabilidad*. Buenos Aires: Editorial Ábaco, 2004. p. 45).

[569] Escapa do objetivo do presente trabalho ingressar na discussão (a nosso ver inútil) sobre se os conceitos de razoabilidade e proporcionalidade seriam ou não sinônimos, que tanto agrada a alguns autores, vez que a jurisprudência do STF entende que ambas se encontram compreendidas na garantia do devido processo legal (*v.g.*, ADI(MC) nº 1407, ADI (MC) nº 1922 e 1976). Pessoalmente, entendemos que se a proporcionalidade se destina a confrontar "o fim e o fundamento de uma intervenção" (BONAVIDES, Paulo. *Curso de Direito Constitucional*. 16. ed. São Paulo: Malheiros, 2005. p. 393), ela se

leis e atos normativos, isto é, a sua conformidade substancial, e não apenas formal, com a ordem jurídica consagrada pelo texto constitucional.

Pode-se citar, por exemplo, as decisões proferidas na ações diretas de inconstitucionalidade de nºs 855[570] (MC),

---

encontra compreendida no conceito de razoabilidade, como já visto (cf., *supra*, notas 7 e 474), ainda que se admita, com GISELE SANTOS FERNANDES GÓES (*Princípio da Proporcionalidade no Processo Civil*. São Paulo: Saraiva, 2004. p. 62), que o princípio da proporcionalidade tem aplicação mais ampla que o da razoabilidade, servindo não apenas para bloquear atos estatais arbitrários, como também para resguardar a "materialização da melhor medida possível dos direitos constitucionais fundamentais". Se o resultado desejado pelo legislador for considerado, *prima facie*, arbitrário, não será necessário investigar se os meios empregados são ou não idôneos e adequados para obtê-lo (MARTEL, Letícia de Campos Velho. *Devido Processo Legal Substantivo: Razão Abstrata, Função e Características de Aplicabilidade*. Rio de Janeiro: Lumen Juris, 2005. p. 363). Isto não significa, contudo, que o exame dos meios, quando necessário, não implique um juízo de razoabilidade (*v.g.*, o *Justice* PECKHAM julgou inconstitucional a lei do Estado de Nova York em *Lochner* precisamente por considerar que o fim visado – proteção da saúde – não guardava relação direta com o meio utilizado pelo legislador – limitação da jornada de trabalho em padarias). Na realidade, as indagações que compõem o teste de razoabilidade relacionam-se de forma subsidiária entre si, como explicou VIRGÍLIO AFONSO DA SILVA, no sentido de que a resposta negativa a uma delas dispensa a formulação das subseqüentes. Cf. "O Proporcional e o Razoável". São Paulo, *Revista dos Tribunais*, n. 798, abr., 2002, pp. 34-35 (advirta-se, no entanto, que o autor não admite a equiparação entre razoabilidade e proporcionalidade e faz tal observação a propósito das sub-regras do princípio da proporcionalidade, à luz da doutrina alemã).

[570] "Gás liquefeito de petróleo: lei estadual que determina a pesagem de botijões entregues ou recebidos para substituição à vista do consumidor, com pagamento imediato de eventual diferença a menor: argüição de inconstitucionalidade fundada nos arts. 22, IV e VI (energia e metrologia), 24 e pars., 25, par. 2º, 238, além de violação

Origem e Evolução do Devido Processo Legal Substantivo 229

1063[571] (MC), 1158[572] (MC), 1407[573] (MC),

---

ao principio de proporcionalidade e razoabilidade das leis restritivas de direitos: plausibilidade jurídica da argüição que aconselha a suspensão cautelar da lei impugnada, a fim de evitar danos irreparáveis à economia do setor, no caso de vir a declarar-se a inconstitucionalidade: liminar deferida" (STF – Tribunal Pleno – ADI(MC) nº 855 – Rel. Min. Sepúlveda Pertence – j. 01.07.93 – m.v.).

[571] "A cláusula do devido processo legal – objeto de expressa proclamação pelo art. 5º, LIV, da Constituição – deve ser entendida, na abrangência de sua noção conceitual, não só sob o aspecto meramente formal, que impõe restrições de caráter ritual à atuação do Poder Público, mas, sobretudo, em sua dimensão material, que atua como decisivo obstáculo à edição de atos legislativos de conteúdo arbitrário. A essência do substantive due process of law reside na necessidade de proteger os direitos e as liberdades das pessoas contra qualquer modalidade de legislação que se revele opressiva ou destituída do necessário coeficiente de razoabilidade. Isso significa, dentro da perspectiva da extensão da teoria do desvio de poder ao plano das atividades legislativas do Estado, que este não dispõe de competência para legislar ilimitadamente, de forma imoderada e irresponsável, gerando, com o seu comportamento institucional, situações normativas de absoluta distorção e, até mesmo, de subversão dos fins que regem o desempenho da função estatal" (STF – Tribunal Pleno – ADI(MC) nº 1.063-DF – Rel. Min. Celso de Mello – j. 18.05.94 – m.v.).

[572] "A norma legal, que concede a servidor inativo gratificação de férias correspondente a um terço (1/3) do valor da remuneração mensal, ofende o critério da razoabilidade que atua, enquanto projeção concretizadora da cláusula do 'substantive due process of law', como insuperável limitação ao poder normativo do Estado. Incide o legislador em desvio ético-jurídico, quando concede a agentes estatais determinada vantagem pecuniária cuja razão de ser se revela absolutamente destituída de causa" (STF – Tribunal Pleno – ADI(MC) nº 1.158-AM – Rel. Min. Celso de Mello – j. 19.12.94 – m.v.).

[573] "O Estado não pode legislar abusivamente. A atividade legislativa está necessariamente sujeita à rígida observância de diretriz fundamental, que, encontrando suporte teórico no princípio da proporcionalidade, veda os excessos normativos e as prescrições irrazoáveis

2019[574], 2290 e 2623[575], bem como votos proferidos por

> do Poder Público. O princípio da proporcionalidade – que extrai a sua justificação dogmática de diversas cláusulas constitucionais, notadamente daquela que veicula a garantia do substantive due process of law – acha-se vocacionado a inibir e a neutralizar aos abusos do Poder Público no exercício de suas funções, qualificando-se como parâmetro de aferição da própria constitucionalidade material dos atos estatais. A norma estatal, que não veicula qualquer conteúdo de irrazoabilidade, presta obséquio ao postulado da proporcionalidade, ajustando-se à cláusula que consagra, em sua dimensão material, o princípio do *substantive due process of law* (CF, art. 5º, LIV). Essa cláusula tutelar, ao inibir os efeitos prejudiciais decorrentes do abuso de poder legislativo, enfatiza a noção de que a prerrogativa de legislar outorgada ao Estado constitui atribuição jurídica essencialmente limitada, ainda que o momento de abstrata instauração normativa possa repousar em juízo meramente político ou discricionário do legislador" (STF – Tribunal Pleno - ADI(MC) nº 1.407- Rel. Min. Celso de Mello – j. 07.03.96 – m.v.).

[574] "EMENTA: AÇÃO DIRETA DE INCONSTITUCIONALIDADE. LEI N.º 1.949, DE 22.01.99, DO ESTADO DO MATO GROSSO DO SUL. PENSÃO MENSAL PARA CRIANÇAS GERADAS A PARTIR DE ESTUPRO. CONTRARIEDADE AO ART. 5.º, LIV, DA CONSTITUIÇÃO FEDERAL. Ato normativo que, ao erigir em pressuposto de benefício assistencial não o estado de necessidade dos beneficiários, mas sim as circunstâncias em que foram eles gerados, contraria o princípio da razoabilidade, consagrado no mencionado dispositivo constitucional. Ação direta julgada procedente, para declarar a inconstitucionalidade da lei sob enfoque" (STF – Tribunal Pleno – ADI nº 2019-MS – Rel. Min. Ilmar Galvão – j. 02.08.01 – m.v.).

[575] "EMENTA: AÇÃO DIRETA DE INCONSTITUCIONALIDADE. LEI ESTADUAL. PROIBIÇÃO DE PLANTIO DE EUCALIPTO PARA FINS DE PRODUÇÃO DE CELULOSE. DISCRIMINAÇÃO. IMPOSSIBILIDADE. AFRONTA AOS POSTULADOS DA ISONOMIA E DA RAZOABILIDADE. DIREITO DE PROPRIEDADE. TEMA DE DIREITO CIVIL. COMPETÊNCIA PRIVATIVA DA UNIÃO. 1. Vedação de plantio de eucalipto no Estado do Espírito Santo, exclusivamente quando destinado à produção de celulose. Ausência de intenção de controle ambiental. Discriminação entre os produtores

alguns integrantes do STF (*v.g.*, FRANCISCO REZEK[576]

---

rurais apenas em face da destinação final do produto da cultura, sem qualquer razão de ordem lógica para tanto. Afronta ao princípio da isonomia. 2. Direito de propriedade. Garantia constitucional. Restrição sem justo motivo. Desvirtuamento dos reais objetivos da função legislativa. Caracterizada a violação ao postulado da proporcionalidade. 3. Norma que regula direito de propriedade. Direito civil. Competência privativa da União para legislar sobre o tema (CF, artigo 22, I). Precedentes. Presença dos requisitos do fumus boni iuris e do periculum in mora. Pedido cautelar deferido" (STF – Tribunal Pleno – ADI(MC) nº 2.623-ES – Rel. Min. Maurício Corrêa – j. 06.06.02 – v.u.). No voto do Relator é mencionado um importante precedente do Tribunal a respeito da proteção do direito de propriedade pela garantia do devido processo legal: "O POSTULADO CONSTITUCIONAL DO DUE PROCESS OF LAW, EM SUA DESTINAÇÃO JURÍDICA, TAMBÉM ESTA VOCACIONADO A PROTEÇÃO DA PROPRIEDADE. NINGUEM SERÁ PRIVADO DE SEUS BENS SEM O DEVIDO PROCESSO LEGAL (CF, ART. 5., LIV)" (STF – Tribunal Pleno – MS nº 22.164-SP – Rel. Min. Celso de Mello – j. 30.10.95 – v.u.).

[576] "Mas o que me parece é que, neste caso, a Assembléia Legislativa, sem o abono do Governador, foi por demais infeliz no seu generoso propósito de prestigiar o deficiente físico. Não se fala aqui em transporte coletivo urbano. Não é o ônibus urbano, onde, pela rotatividade com que as pessoas entram e saem, ainda faria algum sentido, fôssemos um país próspero o bastante para fazer isso, facilitar ao máximo o ingresso e a saída de deficientes. Mas não! Aqui cuida-se do transporte intermunicipal. É o ônibus que sai de Belo Horizonte para Montes Claros, para Varginha ou para Pedra Azul. É aí que o legislador manda que, em nome daquele breve instante em que o deficiente entra e sai – uma irrisão em confronto com o tempo da viagem – instale-se equipamento da natureza, do custo e da sofisticação do elevador hidráulico, coisa que não conheço sequer em ônibus urbanos, nos países cuja prosperidade já lhes permitiu ter uma primorosa legislação protetiva do deficiente físico. Com um mínimo de bom senso podia ter-se pensado em prover cada estação rodoviária, no Estado de Minas Gerais, com mecanismo que facilitasse, em todos os carros, o embarque e desembarque de deficientes" (STF

e MOREIRA ALVES[577]) em outros casos, em que o funda-

– Tribunal Pleno – ADI(MC) nº 903 - Rel. Min. Celso de Mello – j. 14.10.93 – m.v.

[577] Diversamente do que sustentou ROBERTO DEL CLARO ("Devido processo substancial?". In: *Estudos de Direito Processual Civil – Homenagem ao Professor Egas Dirceu Moniz de Aragão*. Coordenador Luiz Guilherme Marinoni. São Paulo: RT, 2005. pp. 209-210), o eminente Ministro MOREIRA ALVES, que por décadas abrilhantou o Supremo Tribunal Federal, aceitava, sim, o aspecto substantivo do devido processo legal, como bem demonstrou SUZANA DE TOLEDO BARROS (BARROS, Suzana de Toledo. *O Princípio da Proporcionalidade e o Controle de Constitucionalidade das Leis Restritivas de Direitos Fundamentais*. Brasília: Brasília Jurídica, 1996. p. 121) e como deixou claro, a não mais poder, o próprio MOREIRA ALVES em seu voto proferido na ADI nº 958: "A Constituição, em seu art. 5º, inciso LIV – e aqui trata-se de direitos não apenas individuais, mas também coletivos e aplica-se, inclusive, às pessoas jurídicas – estabelece que: *ninguém será privado da liberdade ou de seus bens sem o devido processo legal*. Processo legal, aqui, evidentemente, não é o processo da lei, senão a Constituição não precisaria dizer aquilo que é óbvio, tendo em vista, inclusive o inciso II do art. 5º que diz: *ninguém será obrigado a fazer ou deixar de fazer alguma coisa senão em virtude da lei*. Esse princípio constitucional que tem a sua origem histórica nos Estados Unidos, lá é interpretado no sentido de abarcar os casos em que há falta de razoabilidade de uma norma. Por isso mesmo já houve quem dissesse que é um modo de a Suprema Corte americana ter a possibilidade de certa largueza de medidas para declarar a inconstitucionalidade de leis que atentem contra a razoabilidade" (STF – Tribunal Pleno – ADI(MC) nº 958 – Rel. Min. Marco Aurélio – j. 11.05.94 – v.u.). A falta de razoabilidade da lei foi expressamente admitida pelo eminente Ministro como fundamento para a declaração de inconstitucionalidade ainda nas decisões proferidas nas ADI's nºs 2019, 2290 (da qual foi o relator) e 2623 (em que afirmou que a hipótese era "um caso típico de falta de razoabilidade"). No voto proferido na ADIN nº 1511, invocado pelo autor paranaense, o Ministro MOREIRA ALVES não rejeita o *substantive due process*, apenas defende, como o fizera o *Justice* HOLMES, que a falta de razoabilidade seja evidente, que "aberre da lógica mesma das coisas". O voto proferido pelo Ministro

mento da falta de razoabilidade não logrou ser acatado pela maioria do Tribunal.

Na realidade, sob a égide das Constituições anteriores o Supremo Tribunal Federal já havia chegado a resultados semelhantes, como salientado por SUZANA DE TOLEDO BARROS, mediante a aplicação de outros princípios ou preceitos constitucionais.

Por exemplo, nas decisões proferidas no *Habeas Corpus* nº 45.232 e na Representação nº 930 foram considerados inconstitucionais dispositivos de lei que limitavam o exercício de atividades profissionais (o *"right to earn a living"*[578]):

> "Em fevereiro de 1968, teve o Tribunal oportunidade de declarar a inconstitucionalidade de norma constante da Lei de Segurança Nacional, que obstava a que o acusado de prática de crime contra a Segurança Nacional desempenhasse qualquer atividade profissional ou privada, tal como previsto no art. 48 do Decreto-Lei nº 314, de 1967. A Corte reconheceu que a referida restrição revelava-se desproporcional (*exorbitância dos efeitos da condenação*) e era, portanto, inconstitucional, por manifesta afronta ao próprio direito à vida em combinação

---

MOREIRA ALVES na ADI nº 958, aliás, evidencia que ou se faz uma leitura substantiva do preceito constitucional ou o artigo 5º, LIV, da CF seria mera repetição (inútil, portanto) do princípio da legalidade (artigo 5º, II), solução que de plano deve ser descartada: "...o devido processo legal não se resume a um contexto de *legalidade*, nem sua garantia coincide com aquela segundo a qual *ninguém será obrigado a fazer ou deixar de fazer alguma coisa senão em virtude de lei* (Const., art. 5º, inc. II). Observá-lo não significa simplesmente cumprir a lei. A própria lei deve estar conforme com o *due process of law*. Observar essa garantia é, como dito, andar de acordo com os valores que a Constituição consagra" (DINAMARCO, Cândido Rangel. "Vocabulário de Direito Processual". In: *Fundamentos do Processo Civil Moderno*. t. I. 3. ed. São Paulo: Malheiros, 2000. p. 177).

[578] Cf. SANDEFUR, Timothy. "The Common Right to Earn a Living". *The Independent Review*, v. VII, n. 1, Summer 2002, pp. 69-90.

com a cláusula de remissão referida (HC nº 45.232, Relator Ministro Themistocles Cavalcanti, RTJ, nº 44, pp. 322 (327-328)). Um exame mais acurado da referida decisão, com a utilização dos recursos da moderna doutrina constitucional, haveria de demonstrar que, em verdade, a Corte se valeu da cláusula genérica de remissão contida no art. 150, § 36[579], da Constituição de 1967, para poder aplicar, sem risco de contestação, a idéia de *razoabilidade* ou de *proporcionalidade* da restrição como princípio constitucional.

O tema voltou a merecer a atenção da nossa jurisprudência, na Representação nº 930, quando se discutiu a extensão da liberdade profissional e o sentido da expressão *condições de capacidade*, tal como estabelecido no art. 153, § 23, da Constituição de 1967/69. O voto então proferido pelo Ministro Rodrigues Alckmin enfatizava a necessidade de preservar-se o núcleo essencial do direito fundamental, ressaltando-se, igualmente, que, ao fixar as condições de capacidade, haveria o legislador de *'atender ao critério da razoabilidade'*"[580].

Na doutrina, igualmente, encontrava-se vozes favoráveis à utilização de outros princípios constitucionais para coibir eventuais abusos do Poder Legislativo.

É o caso de SAN TIAGO DANTAS[581], que vislumbrava no recurso ao princípio da igualdade o meio para se obter resultados idênticos aos do devido processo legal:

"Entendo que o Estado de Direito, a cujo conceito se acolhe a república organizada em 1946, tem como sua característica fundamental o chamado *império da lei*, ou seja, a subordinação

---

[579] Na realidade, a referência é ao § 35, correspondente ao artigo 5º, § 2º da atual Constituição.
[580] Cf. BARROS, Suzana de Toledo. *O Princípio da Proporcionalidade e o Controle de Constitucionalidade das Leis Restritivas de Direitos Fundamentais*. Brasília: Brasília Jurídica, 1996. pp. 14-15.
[581] Cf. "Igualdade perante a Lei e *Due Process of Law*". In: *Problemas de Direito Positivo: Estudos e Pareceres*. 2. ed. Rio: Forense, 2004. p. 43-44.

de todos os poderes do Estado à norma de direito, que os limita, abrange e mensura.

O Poder Legislativo, em tal regime, não escapa à limitação constitucional, e os atos que pratica, embora tenham sempre *forma de lei*, nem sempre são leis, por lhes faltarem requisitos substanciais, deduzidos da própria Constituição.

Esses requisitos se deduzem de um princípio, que é o centro fiscal do regime jurídico-político: o princípio da igualdade. Graças a ele, podemos atingir, no direito constitucional brasileiro, os mesmos recursos jurisprudenciais que, nos Estados Unidos, a Corte Suprema construiu, partindo do *due process of law*".

Outros autores, como ADA PELLEGRINI GRINOVER[582], deduziam o *due process of law* do princípio da inafastabilidade da jurisdição, que garante o direito incondicionado de ação.

É curioso que no Brasil, assim como nos Estados Unidos[583], o controle da razoabilidade das leis não tenha se desenvolvido, antes de 1988, mediante a aplicação da cláusula dos direitos não-enumerados[584], atualmente constante do artigo

---

[582] Cf. GRINOVER, Ada Pellegrini. *As Garantias Constitucionais do Direito de Ação*. São Paulo: RT, 1973. p. 179.

[583] Segundo lembram LAURENCE TRIBE e MICHAEL DORF "nunca houve na Suprema Corte uma opinião *majoritária* que se baseasse exclusivamente na 9ª Emenda" (*Hermenêutica Constitucional*. Belo Horizonte: Del Rey, 2006. p. 68).

[584] Roberto Del Claro, inclusive, chega a se valer de tal argumento para sustentar que o devido processo legal substantivo não teria utilidade no direito brasileiro ("Devido processo substancial?". In: *Estudos de Direito Processual Civil – Homenagem ao Professor Egas Dirceu Moniz de Aragão*. Coordenador Luiz Guilherme Marinoni. São Paulo: RT, 2005. p. 192-213. p. 211). Todavia, como o resultado da aplicação do artigo 5º, § 2º, da CF seria o mesmo (o controle da razoabilidade das leis e a proibição do arbítrio do legislador), não vislumbramos, *data venia*, qualquer utilidade na posição defendida pelo referido

5º, § 2º, da CF/88, a qual, com pequenas variações, foi adotada por todas as Constituições desde 1891[585], sob a inspiração da 9ª Emenda à Constituição dos Estados Unidos (1787)[586].

Nesse sentido manifestou-se o douto ADHEMAR FERREIRA MACIEL, reafirmando entendimento doutrinário[587] que já existia ao tempo da Constituição de 1967:

> autor. Por outro lado, a se utilizar tal linha de raciocínio também o aspecto processual do devido processo legal (*procedural due process*), defendido pelo autor, tornar-se-ia supérfluo, diante dos inúmeros preceitos da Constituição Federal (*v.g.*, artigo 5º, III, XI, XII, XXXV, XXXVII, XXXVIII, LIII, LV, LVI, LX, LXI, LXII, LXIII, LXIV, LXV, LXI, LXVIII, LXXIV, LXVII) que já asseguram um "procedimento justo". Idêntico raciocínio pode ser feito quanto à 5ª Emenda à Constituição Americana, que originariamente consagra o devido processo legal, eis que todas as garantias processuais tradicionalmente reconhecidas pelo *common law* (v.g., *trial by jury*), desde a época de COKE (e mesmo antes), foram objeto de menção expressa na Constituição, na própria Emenda ou em outras partes do *Bill of Rights*. Cf. STEWART, Cynthia. *The evolution and interpretation of due process of law.* Ann Arbor: UMI/ProQuest, 2005. pp. 82-83 e 90-91.

[585] A Constituição de 1937 (artigo 123), no entanto, incluía ressalva ("O uso desses direitos e garantias terá por limite o bem público, as necessidades da defesa, do bem estar, da paz e da ordem coletiva, bem como as exigências da segurança da Nação e do Estado em nome dela constituído e organizado nesta Constituição") que a nosso ver permitia ao Estado tornar inócua a cláusula dos direitos não-enumerados.

[586] "A enumeração de certos direitos na Constituição não poderá ser interpretada como negando outros direitos inerentes ao povo". É a doutrina dos *vested rights*: "Em outras palavras, existem certos direitos de caráter tão fundamental que nenhum governo livre pode invadi-los, estejam ou não enumerados na Constituição" (CORWIN, Edward S. *A Constituição Norte-Americana e seu Significado Atual.* Rio de Janeiro: Jorge Zahar Editor, 1986. p. 283).

[587] Cf. BITTENCOURT, C. A. Lúcio. *O Controle Jurisdicional da Constitucionalidade das Leis.* 2. ed. Rio de Janeiro: Forense, 1968. p. 90; MARQUES, José Frederico. "A garantia do 'due process of law' no direito tributário". São Paulo, *Revista de Direito Público*, n. 5, jul./set., 1968, p. 28.

"Hoje, mesmo se a cláusula do 'devido processo legal' não estivesse contemplada expressamente no texto constitucional, como está, ela poderia entrar pela porte ampla do § 2º do art. 5º da Constituição"[588].

Com a consagração do princípio do devido processo legal pelo direito brasileiro, porém, o exame da razoabilidade das leis passou a não mais depender da alegação de ofensa a um preceito constitucional determinado, como ocorria no passado, o que é indispensável para coibir, de forma eficiente, o abuso do poder de legislar.

---

[588] Cf. *Dimensões do Direito Público*. Belo Horizonte: Del Rey, 2000. p. 229.

12
CONCLUSÃO

O presente livro é, basicamente, um relato da história do controle da razoabilidade das leis, que passou a ser identificado com a expressão devido processo legal substantivo, desde o seu nascimento, em 1610, pela pena de COKE, passando pela sua redescoberta e desenvolvimento pela Suprema Corte dos Estados Unidos nos séculos XIX e XX, a partir do qual foi transportado para outros países, como o Brasil.

Tão importante quanto a história do devido processo legal substantivo, porém, são as lições que ela nos ensinam.

Em primeiro lugar, que a lei, em um Estado Democrático de Direito, em que o exercício do poder se encontra regulado e limitado por uma Constituição, não pode ser apenas um ato de vontade do órgão legiferante. O Estado não pode legislar de forma desarrazoada, arbitrária ou abusiva[589], afrontando os valores consagrados pelo texto constitucional[590].

---

[589] "As leis positivas estão sujeitas às contingências da vida política. Mas a atividade do legislador não pode ser arbitrária; há de ter em vista a realização do bem comum" (BUZAID, Alfredo. *Conferências*. [s.l.]: [s.n.], 1971. p. 20).

[590] "Dos valores consagrados pela Constituição, dos *standards* valorativos densificados nos princípios constitucionais e nos preceitos, especialmente aqueles definidores de direitos fundamentais, é possível deduzir uma teoria da justiça, válida e suficiente para servir de parâmetro obrigatório para a atuação dos operadores jurídicos, inclusive os juízes" (CLÈVE, Clemerson Merlin. *A Fiscalização Abstrata da Constitucionalidade no Direito Brasileiro*. 2. ed. São Paulo: RT, 2000. p. 26).

Em segundo lugar, que cabe a todos nós (e especialmente aos membros do Poder Judiciário) diligenciar para que o Estado se mantenha dentro dos limites que lhe são traçados pela Constituição.

Sir EDWARD COKE poderia ter tido uma vida tranquila como juiz, mas preferiu desafiar o poder real, numa época em que a obediência era a regra[591], arriscando a sua liberdade e a própria vida, para criar as bases do *rule of law*[592], ao qual todos, inclusive o Rei, estão sujeitos.

Além disso, tentou estabelecer limites ao poder do Parlamento, propondo um modelo de Constituição[593], em que caberia ao Poder Judiciário a palavra final sobre a validade dos atos do Rei (Executivo) e do Parlamento (Legislativo), em uma forma de separação de poderes muito mais sofisticada do que a proposta por MONTESQUIEU e por LOCKE e que somente seria colocada em prática pelos *Founding Fathers*, com a criação do *judicial review* (depois aprimorada pela redescoberta do aspecto substantivo do *due process of law*).

Em uma época em que os juízes não eram independentes e que não havia uma Constituição escrita, COKE defendeu o controle da razoabilidade das leis.

É paradoxal, portanto, que juízes independentes (que gozam das garantias de vitaliciedade, inamovibilidade e irredutibilidade de vencimentos), nos dias atuais, tanto no Brasil como nos Estados Unidos, ainda relutem em efetuar tal controle, com base em constituições escritas que consagram que ninguém pode ser privado de sua vida, liberdade

---

[591] Cf. WOOLRYCH, Humphry W. *The Life of the Right Honourable Sir Edward Coke*. South Hackensack: Rothman Reprints Inc., 1972. p. 3.

[592] Cf. BIRKENHEAD, Earl of. *Fourteen English Judges*. London: Cassell and Company, 1926. p. 36.

[593] Cf. STRECK, Lenio Luiz. *Jurisdição Constitucional e Hermenêutica*. 2. ed. Rio de Janeiro: Forense, 2004. p. 305.

ou bens sem o devido processo legal e que não foram criadas senão para limitar o poder e evitar o arbítrio. O objetivo do devido processo legal substantivo é a preservação de um espaço em que o indivíduo se encontre a salvo do poder do Estado[594]-[595] (princípio da

---

[594] Segundo ROSCOE POUND a liberdade "consiste na reserva, para o indivíduo, de certas expectativas fundamentais razoáveis que entendem com a vida na sociedade civilizada e liberação em relação ao exercício arbitrário e desarrazoado do poder e da autoridade por parte daqueles que são nomeados ou escolhidos em sociedade politicamente organizada com o objetivo de ajustar relações e ordenar a conduta e se tornam, dessa maneira, capazes de aplicar a força dessa sociedade aos indivíduos" (*Liberdade e Garantias Constitucionais*. 2. ed. São Paulo: Ibrasa, 1976. p. 5). Assim, "o que distingue a sociedade livre da sociedade não livre é o fato de, na primeira, cada indivíduo dispor de uma reconhecida e ampla esfera privada, um domínio protegido onde a autoridade governamental não se pode intrometer" (BUTLER, Eamonn. *A Contribuição de Hayek às Idéias Políticas e Econômicas de Nosso Tempo*. Rio de Janeiro: IL/Nórdica, 1987. p. 33). Como observou VIRGINIA WOOD, a expressão devido processo legal contém em si, potencialmente, toda a proteção contra o Estado de que o indivíduo possa necessitar (*Due Process of Law*. Baton Rouge: Louisiana State University Press, 1951. p. vii). Entre nós, a idéia também aparece na obra de DINAMARCO, que se refere à cláusula do *due process of law* como "autêntico *sistema de limitações ao poder*" ("Vocabulário de Direito Processual". In: *Fundamentos do Processo Civil Moderno*. t. I. 3. ed. São Paulo: Malheiros, 2000. p. 175).

[595] Não se ignora, evidentemente, que "não é somente o Estado que pode ameaçar os direitos fundamentais dos cidadãos, mas também outros cidadãos, nas relações horizontais entre si" (SILVA, Virgílio Afonso da. *A Constitucionalização do Direito – Os direitos fundamentais nas relações entre particulares*. São Paulo: Malheiros, 2005. p. 52). Entretanto, pensamos que assiste razão a Paul Johnson quando afirma: "A capacidade destrutiva do indivíduo, por mais perverso que seja, é pequena; a do Estado, por melhor intencionado que seja, quase ilimitada" (*apud* CAMPOS, Roberto. *O Século Esquisito*. São Paulo: Topbooks, 1.990. p. 109).

mínima intervenção estatal na vida privada[596].
A sua antítese é o totalitarismo[597], sob qualquer de suas formas ou denominações[598] (*v.g.*, ditadura do proletariado, fascismo, nazismo).
Por tal razão, urge que se coloque em prática o artigo 5º, LIV, da Constituição Federal[599]. É isto o que se espera do Poder Judiciário e em especial do Supremo Tribunal Federal.
O caso *Bonham* nos mostra que algumas vezes os resultados demoram a aparecer (o controle dos atos do Parlamento proposto por COKE seria adotado nos Estados Unidos cerca de dois séculos depois), mas, quando afinal aparecem, podem superar todas as expectativas.

---

[596] "O Estado de Direito é governado por uma fundamental finalidade: fazer com que o exercício do poder político não elimine o necessário espaço da liberdade individual. A sociedade que o Estado de Direito quer construir é aquela onde os indivíduos disponham do máximo possível de liberdade e onde, não obstante, se possam realizar os interesses públicos" (SUNDFELD, Carlos Ari. *Direito Administrativo Ordenador*. 1. ed. 2. tir. São Paulo: Malheiros, 1997. p. 67).

[597] TRIBE, Laurence H. *American Constitutional Law*. v. 1. 3. ed. New York: Foundation Press, 2000. p. 1371. "A injustiça e a novidade do Estado totalitário consistem na estatalização de toda a vida humana" (SOUSA, José Pedro Galvão de. *O Totalitarismo nas Origens da Moderna Teoria do Estado*. São Paulo: [s.n.], 1972. p. 197.

[598] Cf. WHEARE, K. C. *Modern Constitutions*. London: Oxford University Press, 1952. p. 204.

[599] Pois não faltam leis (federais, estaduais e municipais) que, a nosso ver, carecem de razoabilidade, como é o caso, por exemplo, do artigo 7º, § 2º, II, da Lei nº 4.717/65 (YOSHIKAWA, Eduardo Henrique de Oliveira. "Inconstitucionalidade da citação por edital na ação popular (artigo 7º, § 2º, II, da Lei nº 4.717/65". *Revista Dialética de Direito Processual* nº 33, São Paulo: Dialética, dez. 2005. pp. 11-17) e do artigo 185-A do Código Tributário Nacional (YOSHIKAWA, Eduardo Henrique de Oliveira. "Indisponibilidade de bens na execução do crédito fiscal (artigo 185-A do Código Tributário Nacional". *Revista Dialética de Direito Processual* nº 28, São Paulo: Dialética, jul. 2005. pp. 45-57).

A jurisprudência norte-americana revela que, no exercício de tal poder-dever, erros podem ser cometidos (o que mais se esperar de um instituto criado e aplicado por seres humanos?), mas que, no longo prazo, os acertos podem ser mais numerosos e significativos do que os erros.

É como observou, com sabedoria, SANDRA DAY O'CONNOR, a primeira mulher a integrar a Suprema Corte dos Estados Unidos: "Eu tenho certeza de que nós nem sempre conseguimos acertar o perfeito equilíbrio entre os ideais concorrentes de direito, liberdade e justiça. Mas nós nunca desistimos" (tradução livre)[600].

Realmente, a experiência demonstra que não há outra alternativa senão confiar em um Judiciário eficiente, "porque ainda não se descobriu meio mais eficaz de conciliar a busca de soluções para os problemas da coletividade com preservação das liberdades e direitos"[601].

---

[600] "I am sure we do not always succeed in striking precisely the right balance among the competing ideals of law, freedom, and Justice. But we never stop trying" (The Majesty of the Law. New York: Random House, 2004. p. 15).

[601] Cf. CORRÊA, Oscar Dias. A Crise da Constituição, a Constituinte, e o Supremo Tribunal Federal. São Paulo: RT, 1986. p. 120.

APÊNDICE – LISTA DE CASOS

I) BRASIL

STF – Tribunal Pleno – ADI(MC) nº 855 – Rel. Min. Sepúlveda Pertence – j. 01.07.93 – m.v.
STF – Tribunal Pleno – ADI(MC) nº 903 – Rel. Min. Celso de Mello – j. 14.10.93 – m.v.
STF – Tribunal Pleno – ADI nº 958 – Rel. Min. Marco Aurélio – j. 11.05.94 – v.u.
STF – Tribunal Pleno – ADI(MC) nº 1063 – Rel. Min. Celso de Mello – j. 18.5.94 – m.v.
STF – Tribunal Pleno – ADI(MC) nº 1158 – Rel. Min. Celso de Mello – j. 19.12.94 – m.v.
STF – Tribunal Pleno – ADI(MC) nº 1407 – Rel. Min. Celso de Mello – j. 07.03.96 – m.v.
STF – Tribunal Pleno – ADI(MC) nº 1511 – Rel. Min. Carlos Velloso – j. 16.10.96 – m.v.
STF – Tribunal Pleno – ADI(MC) nº 1922 e 1976 – Rel. Min. Moreira Alves – j. 06.10.99 – v.u.
STF – Tribunal Pleno – ADI nº 2019-MS – Rel. Min. Ilmar Galvão – j. 02.08.01 – m.v.
STF – Tribunal Pleno – ADI(MC) nº 2290-DF – Rel. Min. Moreira Alves – j. 18.10.00 – v.u.
STF – Tribunal Pleno – ADI(MC) nº 2.623-ES – Rel. Min. Maurício Corrêa – j. 06.06.02 – v.u.
STF – Tribunal Pleno – HC nº 45.232 – Rel. Min. Themistocles Cavalcanti – j. 21.2.68 – m.v.

STF – Tribunal Pleno – MS nº 22.164-SP – Rel. Min. Celso de Mello – j. 30.10.95 – v.u.
STF – Tribunal Pleno – Representação nº 930 – Rel. p/ acórdão Min. Rodrigues Alckmin – j. 5.5.76 – m.v.
TJSP – Órgão Especial – Ação Direta de Inconstitucionalidade nº 35.627-0/2-00 – Rel. Des. Viseu Júnior – j. 02.09.98 – v.u.
TJSP – 2ª Câmara de Direito Privado – Apelação Cível nº 007.512-4/2-00 – Rel. Des. CEZAR PELUSO – j. 18.08.98 – v.u.

II) ESTADOS UNIDOS

Adkins v. Children's Hospital, 261 U.S. 525 (1923)
Albright v. Oliver, 510 U.S. 266 (1994)
Allgeyer v. Louisiana, 165 U.S. 578 (1897)
Anti-Facist Committee v. McGrath, 341 U.S. 123 (1951)
BMW of North America, Inc. v. Gore, 517 U.S. 559 (1996)
Bolling v. Sharpe, 347 U.S. 497 (1954)
Bowers v. Hardwick, 478 U.S. 186 (1986)
Bowman v. Middleton, 1 Bay 252
Brooks-Scanlon Co. v. Railroad Commission of Louisiana, 251 U.S. 396 (1920)
Brown v. Board of Education, 347 U.S. 483 (1954)
Buchanan v. Warley, 245 U.S. 60 (1917)
Bunting v. Oregon, 243 U.S. 426 (1917)
Calder v. Bull, 3 U.S. 386 (1798)
Cantwell v. Connecticut, 310 U.S. 296 (1940)
Chicago, Milwaukee and St. Paul Ry. Co. V. Minnesota (Minnesota Rate Case), 134 U.S. 418 (1890)
Chisholm v. State of Georgia, 2 U.S. 419 (1793)
Citizens' Savings & Loan Ass'n v. City of Topeka, 87 U.S. 655 (1874)
Cohens v. Virginia, 19 U.S. 264 (1821)

Origem e Evolução do Devido Processo Legal Substantivo 247

County of Sacramento v. Lewis, 523 U.S. 833 (1998)
De Jonge v. Oregon, 299 U.S. 353 (1937)
Forbes Pioneer Boat Line v. Everglades Drainage District, 258 U.S. 338 (1922)
Ford v. Wainright, 477 U.S. 399 (1986)
Gideon v. Wainwright, 372 U.S. 335 (1963)
Graham v. Connor, 490 U.S. 386 (1989)
Griswold v. Connecticut, 381 U.S. 479 (1965).
Guaranty Trust Co. of New York v. United States, 304 U.S. 126 (1938)
Hoke v. Henderson, 15. N.C. 1 (1833)
Holden v. Hardy 169 U.S. 366 (1898)
Hurtado v. California, 110 U.S. 516 (1884)
Lawrence v. Texas, 539 U.S. 58 (2003)
Lawton v. Steele, 152 U.S. 133 (1894)
Lochner v. New York, 198 U.S. 366 (1905)
Louisville and Nashville Railroad v. Central Stock Yards Co., 212 U.S. 132 (1909)
Luther v. Borden, 48 U.S. 1 (1849)
Lynch v. Household Finance Corp., 405 U.S. 538 (1972)
Marbury v. Madison, 1 Cranch 137 (1803)
Meyer v. Nebraska, 262 U.S. 390 (1923)
Missouri Pacific Railway Co. v. Nebraska, 217 U.S. 196 (1910)
Moore v. East Cleveland, 431 U.S. 494 (1977)
Morehead v. Tipaldo, 298 U.S. 587 (1936)
Muller v. Oregon, 208 U.S. 412 (1908)
Munn v. Illinois 94 U.S. 113 (1877)
Murray's Lessee v. Hoboken Land and Improvement Co., 59. U.S. 272 (1855)
Near v. Minnesota, 283 U.S. 697 (1931)
Pacific Mutual Life Insurance Co. v. Haslip, 499 U.S. 1 (1991)
Pierce v. Society of Sisters, 268 U.S. 510 (1925)
Planned Parenthood of Southeastern Pennsylvania v. Casey, 505 U.S. 833 (1992)

Plessy v. Ferguson, 163 U.S. 537 (1896)
Republic Natural Gas Co. v. Oklahoma, 334 U.S. 62 (1948)
Roe v. Wade, 410 U.S. 113 (1973)
Santa Clara County v. Southern Pacific Railroad Co., (118 U.S. 394)
Scott v. Sandford (Dred Scott Case), 60 U.S. 393 (1857)
Slaughter-House Cases, 83 U.S. 36 (1872)
State Farm Mutual Automobile Insurance Co. v. Campbell, 538 U.S. 408 (2003)
Taylor v. Porter, 4 Hill 140 (1843)
Townsend v. Townsend, 7 Tenn. 1, 17 (1821)
Troxel v. Granville, 530 U.S. 57 (2000)
Trustees of the University of North Carolina v. Foy and Bishop, 5 N.C. 58 (1805)
United States v. Bevans, 16 U.S. 336 (1818)
United States v. Carolene Products, 304 U.S. 144 (1938)
United States v. Darby Lumber Co .312 U.S. 100 (1941)
United States v. Salerno, 481 U.S. 739 (1987)
Vanhorne's Lessee v. Dorrance, 2 U.S. 304 (1795)
Washington v. Glucksberg, 521 U.S. 702 (1997)
West Coast Hotel v. Parrish, 300 U.S. 379 (1937)
Whitney v. California, 274 U.S. 357 (1927)
Wynehamer v. People, 13. N.Y. 378 (1856)
Zablocki v. Redhail, 434 U.S. 374 (1978).

III) INGLATERRA

Dr. Bonham's Case, 8 Coke *Reports* 114 ou 77 Eng. Rep. 638 (1610)
Calvin's Case, 7 Coke *Reports* 1 ou 77 Eng. Rep. 377 (1609)
Carr's Case (1680)
Case of Non Obstante or the Dispensing Power, 12 Coke *Reports* 18 (1607)

City of London v. Wood, 12 Modern 669 (1701)
Day v. Savadge, Hobart 85 (1614)
Earl of Oxford's Case, 1 Rep. Ch. 1 ou 21 Eng. Rep. 485 (1615)
Five Knights Case ou *Darnel's Case* (1627)
Fitzherbert's Abridgement ou *Cessavit 42*, Pasch. 27 Hen. VI (1450)
Garland v. Jekyll, 2 Bing. 296 (1824)
Godden v. Hales (1686)
Harri's Case (1680)
Jentleman's Case, 6 Reports 11a (1583)
Lord Sheffield v. Ratcliffe, 80 Eng. Rep. 475 (1615)
Rowles v. Mason, 2 Brownl. 192 (1612)
Ship Money Case (1638)
Strowd's Case, 16 & 17 Eliz. (1573)
Thomas v. Sorrell, Vaughan's Reports 330 (1674)

BIBLIOGRAFIA

ACCIOLI, Wilson. *Instituições de Direito Constitucional*. Rio de Janeiro: Forense, 1978.

ACKERMAN, Bruce. *Nós, o Povo Soberano: Fundamentos do Direito Constitucional*. Belo Horizonte: Del Rey, 2006.

ACTON, John Emerich Edward Dalberg. *Essays in the History of Liberty*. Indianapolis: Liberty Fund, 1985.

ADAMS, John. *The Revolutionary Writings of John Adams*. Selected and with a Foreword by C. Bradley Thompson. Indianapolis: Liberty Fund, 2000.

ADKINS, Jason A. "Meet Me at the (*West Coast*) Hotel: The *Lochner* Era and the Demise of *Roe v. Wade*". *Minnesota Law Review*, volume 90, 2005, pp. 500-535.

ALDERMAN, Ellen & KENNEDY, Caroline. *The Right to Privacy*. New York: Knopf, 1995.

ALMEIDA JÚNIOR, João Mendes de. *Direito Judiciário Brasileiro*. 5. ed. Rio de Janeiro: Freitas Bastos, 1960.

ANTINORI, Michael R. "Does *Lochner* live in Luxembourg?: An Analysis of the Property Rights Jurisprudence of the European Court of Justice". *Fordham International Law Journal*, volume 18, 1995, pp. 1778-1851.

ARAUJO, José Antonio Estévez. *La Constitución como Proceso y la Desobediencia Civil*. Madrid: Editorial Trotta, 1994.

ARRIETA, Carlos Jáuregui. *Breve Historia del Parlamento Inglés y Otros Temas Afines*. Buenos Aires: Depalma, 1993.

ASCENSÃO, José de Oliveira. O *Direito: Introdução e Teoria Geral*. Rio de Janeiro: Renovar, 1994.

ASHTON, Robert. *Reformation and Revolution 1558-1660*. London: Paladin Books, 1984.

_____. "Assessing the viability of a substantive due process right to in vitro fertilization". *Harvard Law Review*, volume 118, issue 8, 2005, pp. 2792-2813.

ATALIBA, Geraldo. *República e Constituição*. 2. ed. São Paulo: Malheiros, 1998.

AUMANN, F.R. "Lord Coke, the Compleat Student of the Common Law". *Kentucky Law Journal*, volume 18, 1929, pp. 65-69.

ÁVILA, Humberto. *Teoria dos Princípios: da definição à aplicação dos princípios jurídicos*. 5. ed. São Paulo: Malheiros, 2006.

BACHOF, Otto. *Jueces y Constitución*. Madrid: Civitas, 1987.

_____. *Normas Constitucionais Inconstitucionais?* Coimbra: Almedina, 1994.

BAGEHOT, Walter. *The English Constitution*. Cambridge: Cambridge University Press, 2001.

BAILYN, Bernard. *As Origens Ideológicas da Revolução Americana*. Bauru: EDUSC, 2003.

BAKER, John. "The *Common Law*yers and the Chancery: 1616". In: *Law, Liberty, and* Parliament: *Selected Essays on the Writings of Sir Edward Coke*. Edited by Allen D. Boyer. Indianapolis: Liberty Fund, 2004.

_____. "Human Rights and the Rule of Law in Renaissance England". Northwestern University Journal of International Human Rights, volume 2, April 2004, pp. 1-16.

BALEEIRO, Aliomar. *O Supremo Tribunal Federal, Esse outro Desconhecido*. Rio de Janeiro: Forense, 1968.

BALKIN, Jack M. "Wrong the day it was decided: *Lochner* and constitutional historicism". Boston University Law Review, volume 85, number 3, June 2005, pp. 677-725.

BARACHO, José Alfredo de Oliveira. *Processo Constitucional*. Rio de Janeiro: Forense,1984.
BARBER, Sotirios A. *The Constitution of Judicial Power*. Baltimore: The John Hopkins University Press, 1993.
BARBOSA, Rui. *Atos Inconstitucionais*. Campinas: Russell, 2003.
_____. *Commentarios à Constituição Federal Brasileira*. v. I. São Paulo: Saraiva, 1932.
_____. *O Direito do Amazonas ao Acre Setentrional*. Obras Completas de Rui Barbosa, v. XXXVII, t. V. Rio de Janeiro: Fundação Casa de Rui Barbosa, 1983.
_____. *O Liberalismo e a Constituição de 1988*. Organização de Vicente Barretto. Rio de Janeiro: Nova Fronteira, 1991.
BARNETT, Randy E. "The Intersection of Natural Rights and Positive Constitutional Law". *Connecticut Law Review*, volume 25, Spring 1993, pp. 853-868.
_____. "Justice Kennedy's Libertarian Revolution: *Lawrence v. Texas*". *2002-2003 Cato Supreme Court Review*, 2003, pp. 21-41.
_____. *Restoring the Lost Constitution*. Princeton and Oxford: Princeton University Press, 2004.
_____. "What's so Wicked About *Lochner*?". *NYU Journal of Law & Liberty*, volume 1, number 1, 2005, pp. 325-333.
BARROS, Suzana de Toledo. *O Princípio da Proporcionalidade e o Controle de Constitucionalidade das Leis Restritivas de Direitos Fundamentais*. Brasília: Brasília Jurídica, 1996.
BARROSO, Luís Roberto. "Razoabilidade e Isonomia no Direito Brasileiro". In: *Temas de Direito Constitucional*. 2. ed. Rio de Janeiro: Renovar, 2002.
BASTIAT, Frédéric. *A Lei*. São Paulo: José Olympio/Instituto Liberal, 1987.
BAUM, Lawrence. *A Suprema Corte Americana*. Rio de Janeiro: Forense Universitária, 1987.

BEARD, Charles. *A Suprema Corte e a Constituição*. Rio de Janeiro: 1965.

BEAUTÉ, Jean. *Un Grand Juriste Anglais: Sir Edward Coke 1552-1634*. Paris: Presses Universitaires de France, 1975.

BELZ, Herman. *Living Constitution or Fundamental law?: American Constitutionalism in Historical Perspective*. Lanham: Rowman & Littlefield Publishers, Inc., 1998.

BERGER, Raoul. *Congress v. the Supreme Court*. New York: Bantam Books, 1975.

_____. *Government by Judiciary: The Transformation of the Fourteenth Amendment*. 2. ed. Indianapolis: Liberty Fund, 1997.

BERMAN, Harold J. "The origins of historical jurisprudence: Coke, Selden, Hale (Sir Edward Coke, John Selden, Sir Matthew Hale)". *Yale Law Journal*, volume 103, issue 7, May 1, 1994, pp. 1651-1738.

BIANCHI, Alberto B. *Capitalismo y Derecho Constitucional*. Buenos Aires: Rap, 2005.

BIRKENHEAD, Earl of. *Fourteen English Judges*. London: Cassell and Company, 1926.

BITTAR, Orlando. *Obras Completas de Orlando Bittar: Estudos de Direito Constitucional e Direito do Trabalho*. 2. v. Rio de Janeiro: Renovar, 1996.

BITTENCOURT, C. A. Lúcio. *O Controle Jurisdicional da Constitucionalidade das Leis*. 2. ed. Rio de Janeiro: Forense, 1968.

BLACK, Henry Campbell. *Black's Law Dictionary*. 5. ed. St. Paulo: West Publishing Co., 1979.

BLACK, Hugo Lafayette. *Crença na Constituição*. Rio de Janeiro, Forense, 1970.

BOBBIO, Norberto. *O Positivismo Jurídico*. São Paulo: Ícone, 1995.

BONAVIDES, Paulo. *Curso de Direito Constitucional*. 16. ed. São Paulo: Malheiros, 2005.

BORGES, José Souto Maior. *Ciência Feliz*. 2. ed. São Paulo: Malheiros, 2000.

BORK, Robert H. *Slouching Towards Gomorrah*. New York: Regan Books, 1996.

_____. *The Tempting of America*. New York: The Free Press, 1990.

BOUDIN, Louis B. "Lord Coke and the American Doctrine of Judicial Power". *New York University Law Review*, volume VI, number 3, March 1929, pp. 223-246.

BOWEN, Catherine Drinker. *The Lion and the Throne*. Boston: Little, Brown and Company, 1957.

BOYER, Allen D. *Law, Liberty, and Parliament: Selected Essays on the Writings of Sir Edward Coke*. Indianapolis: Liberty Fund, 2004.

_____. *Sir Edward Coke and the Elizabethan Age*. Stanford: Stanford University Press, 2003.

_____. "Understanding, Authority, and Will: Sir Edward Coke and the Elizabethan Origins of Judicial Review". *Boston College Law Review*, volume 39, December 1997, pp. 43-93.

BRITTO, Carlos Ayres. *Teoria da Constituição*. Rio de Janeiro: Forense, 2003.

BRYCE, James. *The American Commonwealth*. v. I. Indianapolis: Liberty Fund, 1995.

BURGESS, Glenn. *The Politics of the Ancient Constitution: An Introduction to English Political Thought, 1603-1642*. University Park, Pennsylvania: The Pennsylvania State University Press, 1993.

BUTLER, Eamonn. *A Contribuição de Hayek às Idéias Políticas e Econômicas de nosso Tempo*. Rio de Janeiro: IL/Nórdica, 1987.

BUTT, Ronald. *The Power of Parliament*. New York: Walker and Company, 1967.

BUZAID, Alfredo. *Conferências*. [s.l.]: [s.n.], 1971.

_____. *Da Ação Direta de Declaração de Inconstitucionalidade no Direito Brasileiro*. São Paulo: Saraiva, 1958.

_____. *Do Mandado de Segurança*. v. I. São Paulo: Saraiva, 1989.

CALMON, Pedro. "A Lei na Inglaterra". In: *Inglaterra: 8 Estudos* por Alceu Amoroso Lima, Delgado de Carvalho, Eugenio Gudin, Gilberto Freyre, Lúcia Miguel Pereira, Mario de Andrade, Orlando M. Carvalho, Pedro Calmon. Rio de Janeiro, AMERIC = EDIT., 1946.

CAMPANHOLE, Adriano e CAMPANHOLE, Hilton Lobo. *Constituições do Brasil*. 10. ed. São Paulo: Atlas, 1989.

CAMPOS, Francisco. *Direito Administrativo*: Rio de Janeiro: Forense, 1943.

CAMPOS, Roberto. *O Século Esquisito*. Rio de Janeiro: Topbooks, 1990.

CANOTILHO, J. J. Gomes. *Direito Constitucional e Teoria da Constituição*. 7. ed. Coimbra: Almedina, 2003.

CAPPELLETTI, Mauro. *O Controle Judicial de Constitucionalidade das Leis no Direito Comparado*. 2. ed. Porto Alegre: Fabris, 1992.

CARDOZO, Benjamin N. *A Natureza do Processo Judicial*. São Paulo: Martins Fontes, 2004.

CARR, Robert K. *The Supreme Court and Judicial review*. New York: Farrar and Rinehart, Inc., 1942.

CARUSO, Daniela. "*Lochner* in Europe: A Comment on Keith Whittington's 'Congress Before the *Lochner* Court'". *Boston University Law Review*, volume 85, 2005, pp. 867-879.

CASTRO, Araújo. *A Constituição de 1937*. Ed. fac-similar. Brasília: Senado Federal, 2003.

CASTRO, Carlos Roberto Siqueira. *A Constituição Aberta e os Direitos Fundamentais*. Rio de Janeiro: Forense, 2003.

_____. *O Devido Processo Legal e os Princípios da Razoabilidade e da Proporcionalidade*. 3. ed. Rio de Janeiro: Forense, 2005.

CAVALCANTI, Themistocles Brandão. *Do Controle da Constitucionalidade*. Rio de Janeiro: Forense, 1966.

CHEMERINSKY, Erwin. "In Defense of Judicial review: The Perils of Popular Constitutionalism". *University of Illinois Law Review*, number 3, 2004, pp. 673-690.

_____. "Substantive Due Process". *Touro Law Review*, volume 15, 1999, pp. 1501-1534.

_____. "Under the Bridges of Paris: Economic Liberties Should Not Be Just for the Rich". *Chapman Law Review*, volume 6, number 1, Spring 2003, pp. 31-42.

CHURCHILL, Winston S. *História dos Povos de Língua Inglesa*. v. II. São Paulo: IBRASA, 1960.

CIANCIARDO, Juan. *El Principio de Razonabilidad*. Buenos Aires: Editorial Ábaco, 2004.

CLÈVE, Clemerson Merlin. *A Fiscalização Abstrata da Constitucionalidade no Direito Brasileiro*. 2. ed. São Paulo: RT, 2000.

COÊLHO, Sacha Calmon Navarro. *O Controle da Constitucionalidade das Leis e do Poder de Tributar na Constituição de 1988*. 3. ed. Belo Horizonte: Del Rey, 1999.

COKER, Francis W. *Democracy, Liberty, and Property*. New York: The Macmillan Company, 1949.

COMMAGER, Henry Steele. "Constitutional History and the Higher Law". In: *The Constitution Reconsidered*. Edited by Conyers Read. New York: Columbia University Press, 1938.

COOK, Harold J. "Against Common Right and Reason: The College of Physicians v. Dr. Thomas Bonham". In: *Law, Liberty, and* Parliament: *Selected Essays on the Writings of Sir Edward Coke*. Edited by Allen D. Boyer. Indianapolis: Liberty Fund, 2004.

COOLEY, Thomas. *Princípios Gerais de Direito Constitucional dos Estados Unidos da América do Norte*. 2. ed. São Paulo: RT, 1982.

COPE, Esther S. "Sir Edward Coke and Proclamations, 1610". *The American Journal of Legal History*, volume XV, 1971, pp. 215-221.

CORRÊA, Oscar Dias. *A Crise da Constituição, a Constituinte, e o Supremo Tribunal Federal*. São Paulo: RT, 1986.

CORTNER, Richard C. "The Nationalization of the Bill of Rights in Perspective". In: *The Lanahan Readings in Civil Rights and Civil Liberties*. Edited by David M. O'Brien. Baltimore: Lanahan Publishers, 1999.

CORWIN, Edward S. *A Constituição Norte-Americana e seu Significado Atual*. Rio de Janeiro: Jorge Zahar Editor, 1986.

_____. *Court Over Constitution*. Gloucester: Peter Smith, 1957.

_____. *The Doctrine of Judicial review*. Gloucester, Peter Smith, 1963.

_____. *The "Higher law" Background of American Constitutional Law*. 14. ed. Ithaca and London: Cornell University Press, 1995.

_____. *Liberty Against Government*. Westport: Greenwood Press, 1978.

COSTA, Edgard. *Os Grandes Julgamentos do Supremo Tribunal Federal*. v. 1. Rio de Janeiro: Civilização Brasileira, 1.964.

COX, Archibald. *The Court and the Constitution*. Boston: Houghton Mifflin Company, 1987.

COXE, Brinton. *An Essay on Judicial Power and Unconstitutional Legislation*. New York, Da Capo Press, 1970.

CURTIS, Michael Kent. *No State Shall Abridge: The Fourteenth Amendment and the Bill of Rights*. Durham: Duke University Press, 1986.

CUSHMAN, Barry. "Some Varieties and Vicissitudes of Lochnerism". *Boston University Law Review*, volume 85, 2005, pp. 881-1000.

DANTAS, Ivo. "O Econômico e o Constitucional". São Paulo, *Revista de Direito Administrativo*, n. 200, abr./jun., 1995, pp. 55-69.

DANTAS, San Tiago. "Igualdade perante a Lei e *Due Process of Law*". In: *Problemas de Direito Positivo: Estudos e Pareceres*. 2. ed. Rio: Forense, 2004.
DAVID, René. *O Direito Inglês*. São Paulo: Martins Fontes, 2000.
_____. *Os Grandes Sistemas do Direito Contemporâneo*. 3. ed. São Paulo: Martins Fontes, 1998.
DAVIS, Horace A. *The Judicial Veto*. New York: Da Capo Press, 1971.
DAWSON, John P. "Coke and Ellesmere Disinterred: The Attack on the Chancery in 1616". *Illinois Law Review of Northwestern University*, volume 36, 1941, pp. 127-152.
DEL CLARO, Roberto. "Devido Processo Legal: Direito Fundamental, Princípio Constitucional e Cláusula Aberta do Sistema Processual Civil". São Paulo, *RePro*, n. 126, ago., 2005, pp. 260-294.
_____. "Devido processo substancial?". In: *Estudos de Direito Processual Civil – Homenagem ao Professor Egas Dirceu Moniz de Aragão*. Coordenador Luiz Guilherme Marinoni. São Paulo: RT, 2005. pp. 192-213.
DELLINGER, Walter. "The Indivisibility of Economic Rights and Personal Liberty". *2003-2004 Cato Supreme Court Review*, 2004, pp. 9-21.
DENNING, Alfred. *The Changing Law*. London: Stevens & Sons Limited, 1953.
DICEY, A. V. *Introduction to the Study of the Law of the Constitution*. Indianapolis: Liberty Fund, 1982.
DINAMARCO, Cândido Rangel. *Instituições de Direito Processual Civil*. v. I. São Paulo: Malheiros, 2001.
_____. *A Instrumentalidade do Processo*. 9. ed. São Paulo: Malheiros, 2.001.
_____. "Vocabulário de Direito Processual". In: *Fundamentos do Processo Civil Moderno*. t. I. 3. ed. São Paulo: Malheiros, 2000.

DINIZ, Marcio Augusto de Vasconcelos. *Controle de Constitucionalidade e Teoria da Recepção*. São Paulo: Malheiros, 1995.

DIREITO, Carlos Alberto Menezes. *O Estado Moderno e os Direitos do Homem*. Rio de Janeiro: Freitas Bastos, 1968.

DÓRIA, A. de Sampaio. *Direito Constitucional*. 5. ed. v. 1. t. 2. São Paulo: Max Limonad, [s.d.p.].

_____. *Direito Constitucional: Comentários à Constituição de 1946*. v. 3. São Paulo: Max Limonad, 1960.

DÓRIA, Antonio Roberto Sampaio. *Direito Constitucional Tributário e "Due Process of Law"*. 2. ed. Rio de Janeiro: Forense, 1986.

DORN, James A. "Economic Liberties and the Judiciary". *Cato Journal*, volume 4, number 3, Winter 1985, pp. 661-687.

DORN, James A. & MANNE, Henry G (ed.). *Economic Liberties and the Judiciary*. Fairfax: George Mason University Press, 1987.

DOUGLAS, William O. *Uma Carta Viva de Direitos*. 2. ed. São Paulo: Ibrasa, 1976.

DWORKIN, Ronald. *O Império do Direito*. 1. ed. 2. tir. São Paulo: Martins Fontes, 2003.

_____. *Levando os Direitos a Sério*. São Paulo: Martins Fontes, 2002.

_____. *Uma Questão de Princípio*. 2. ed. São Paulo: Martins Fontes, 2005.

EDLIN, Douglas E. "Rule Britannia". *University of Toronto Law Journal*, volume LII, number 3, Summer 2002.

ELY JR., James W. *The Guardian of Every Other Right: A Constitutional History of Property Rights*. New York: Oxford University Press, 1992.

_____. "The oxymoron reconsidered: myth and reality in the origins of substantive due process". *Constitutional Commentary*, volume 16, issue 2, June 22, 1999, pp. 315-345.

_____. "Property Rights and Judicial Activism". *The Georgetown Journal of Law & Public Policy*, Inaugural volume, 2002, pp.125-127.

_____. "Reflections on *Buchanan v. Warley*, Property Rights and Race". *Vanderbuilt Law Review*, volume 51, 1998, pp. 953-973.

ELY, John Hart. *Democracy and Distrust: A Theory of Judicial review*. Cambridge: Harvard University Press, 1980.

EPSTEIN, Richard A. "Of Citizens and Persons: Reconstructing the Privileges and Immunities Clause of the Fourteenth Amendment". *NYU Journal of Law & Liberty*, volume 1, number 1, 2005, pp. 334-353.

_____. *How Progressives Rewrote the Constitution*. Washington: Cato Institute, 2006.

_____. "Judicial review: Reckoning on Two Kinds of Error". *Cato Journal*, volume 4, number 3, Winter 1985, pp. 711-718.

_____ (ed.). *Liberty, Property, and the Law*. 5.v. New York: Garland Publishing, 2000.

_____. "The 'Necessary' History of Property and Liberty". *Chapman Law Review*, volume 6, number 1, Spring 2003, pp. 1-30.

FARRELL, Martín Diego. *El Derecho Liberal*. Buenos Aires: Abeledo-Perrot, 1998.

FELDMAN, Noah. "The Voidness of Repugnant Statutes: Another Look at the Meaning of *Marbury*". *Proceedings of the American Philosofical Society*, volume 148, number 1, March 2004. pp. 27-37.

FERREIRA, Pinto. *Da Constituição*. 2. ed. Rio de Janeiro: José Konfino, 1956.

_____. *Comentários à Constituição Brasileira*. v. 1. São Paulo: Saraiva, 1989.

_____. *Princípios Gerais do Direito Constitucional Moderno*. 2. v. 4. ed. São Paulo: Saraiva, 1962.

FERREIRA, Marco Aurélio Gonçalves. *O Devido Processo Legal: Um Estudo Comparado*. Rio de Janeiro: Lumen Juris, 2004.

FERREIRA FILHO, Manoel Gonçalves. *Constituição e Governabilidade*. São Paulo: Saraiva, 1995.

_____. *Curso de Direito Constitucional*. 27. ed. São Paulo: Saraiva, 2001.

_____. *Direito Constitucional Econômico*. São Paulo: Saraiva, 1990.

_____. *Estado de Direito e Constituição*. 2. ed. São Paulo: Saraiva, 1999.

FITZGERALD, Peter L. "An English Bill of Rights? Some Observations From Her Majesty's Former Colonies In America". *The Georgetown Law Journal*, volume 70, 1982, pp. 1229-1301.

_____. "Constitutional Crisis Over the Proposed Supreme Court for the United Kingdom". *Temple International & Comparative Law Journal*, volume 18, number 2, 2004, pp. 233-268.

FONSECA, Antonio Cezar Lima da. "Declaração de Inconstitucionalidade". São Paulo, *Revista Trimestral de Direito Público*, n. 5, 1994, pp. 193-206.

FRASER, Antonia. *A Conspiração da Pólvora: Terror e Fé na Revolução Inglesa*. Rio de Janeiro: Record, 2000.

FRIEDMAN, Milton. *Capitalism and Freedom: Fortieth Anniversary Edition*. Chicago: The University of Chicago Press, 2002.

FROHNEN, Bruce (ed.). *The American Republic: Primary Sources*. Indianapolis: Liberty Fund, 2002.

FURMAN, Barry A. "Nebraska Supreme Court Adopts Substantive Due Process Approach in Striking Down Price Control Legislation". *Creighton Law Review*, volume 8, pp. 508-522.

GALLO, Antonio Felipe A. "A Lei como Fonte Principal do Direito Inglês nos Dias de Hoje". São Paulo, Revista dos Tribunais, n. 673, nov., 1991. pp. 31-34.

GARCIA, Maria. *Desobediência Civil*. 2. ed. São Paulo: RT, 2004.

GARCÍA DE ENTERRÍA, Eduardo. *Justicia y seguridad jurídica en un mundo de leyes desbocadas*. Madrid: Civitas, 2000.

_____. *La Lucha contra las Inmunidades del Poder*. 3. ed. Madrid: Civitas, 1995.

GARCÍA DE ENTERRÍA, Eduardo e FERNÁNDEZ, Tomás-Ramón. *Curso de Derecho Administrativo*. t. I. 7. ed. Madrid: Civitas, 1995.

GARCÍA DE ENTERRÍA, Eduardo e MENÉNDEZ, Aurelio Menéndez. *El Derecho, la Ley y el Juez*. Madrid: Civitas, 2000.

GARDINER, Juliet e WENBORN, Neil. *The History Today Companion to British History*. London: Collins & Brown, 1995.

GEST, John Marshall. "The Writings of Sir Edward Coke". *Yale Law Journal*, volume 18, 1908, pp. 504-532.

GHIGLIANI, Alejandro E. *Del "Control" Jurisdiccional de Constitucionalidad*. Buenos Aires: Depalma, 1952.

GILISSEN, John. *Introdução Histórica ao Direito*. 2. ed. Lisboa: Fundação Calouste Gulbenkian, 1995.

GILLMAN, Howard. *The Constitution Besieged: The Rise and Demise of Lochner Era Powers Jurisprudence*. Durham: Duke University Press, 1993.

_____. "De-Lochnerizing *Lochner*". Boston University Law Review, volume 85, number 3, June 2005, pp. 859-865.

GIOFFRÉ, Marcelo A. e MORANDO, Mario J. *Economia y Orden Jurídico*. Buenos Aires: Ad-Hoc, 1994.

GOLDWIN, Robert A. e SCHAMBRA, William A. (ed.). *A Constituição Norte-Americana*. Rio de Janeiro: Forense Universitária, 1986.

GÓES, Gisele Santos Fernandes. *Princípio da Proporcionalidade no Processo Civil*. São Paulo: Saraiva, 2004.

GOLDSWORTHY, Jeffrey. *The Sovereignty of Parliament*. Oxford: Oxford University Press, 1999.

GORDILLO, Agustín. *Princípios Gerais de Direito Público*. São Paulo: RT, 1977.

GOROD, Brianne J. "Does *Lochner* live?: The Disturbing Implications of *Craigmiles v. Giles*". *Yale Law & Policy Review*, volume 21, 2003, pp. 537-545.

GOTTLIEB, Agnes H. *et alii*. *1,000 Years, 1,000 People: Ranking the Men and Women Who Shaped the Millenium*. New York: Kodansha America, 1998.

GOUGH, J. W. *Fundamental law in English Constitutional History*. Littleton: Fred B. Rothman & Co., 1985.

GRINOVER, Ada Pellegrini. *As Garantias Constitucionais do Direito de Ação*. São Paulo: RT, 1973.

_____. *Os Princípios Constitucionais e o Código de Processo Civil*. São Paulo: Bushatsky, 1975.

GUY, J. A. "The Origins of the Petition of Right Reconsidered". In: *Law, Liberty, and Parliament: Selected Essays on the Writings of Sir Edward Coke*. Edited by Allen D. Boyer. Indianapolis: Liberty Fund, 2004.

HAINES, Charles Grove. *The American Doctrine of Judicial review*. 2. ed. New York: Russell & Russell, 1959.

_____. *The Revival of Natural Law Concepts*. Cambridge, Massachusetts: Harvard University Press, 1930.

HALL, Kermit L. (ed.). *The Oxford Companion to the Supreme Court of the United States*. New York: Oxford University Press, 1992.

HALLAM, Henry. *The Constitutional History of England*. 2.v. 5. ed. New York: A. C. Armstrong and Son, 1846.

HAMBURGER, Phillip A. "Revolution and Judicial review: Chief Justice Holt's Opinion in *City of London v. Wood*". *Columbia Law Review*, volume 94, No. 7, November 1994, pp. 2091-2153.

HAMILTON, Walton H. "The Path of Due Process of Law". In: *The Constitution Reconsidered*. Edited by Conyers Read. New York: Columbia University Press, 1938.

HARMON, M. Judd (ed.). *Ensaios sobre a Constituição dos Estados Unidos*. Rio de Janeiro: Forense Universitária, 1978.

HASSALL, W. O. (ed.). *Catalogue of the Library of Sir Edward Coke*. Preface by Samuel Thorne. New Haven: Yale Unniversity Press, 1950.

HAYEK, F. A. *O Caminho da Servidão*. Rio de Janeiro: Biblioteca do Exército, 1994.

HAYEK, Friedrich A. *The Constitution of Liberty*. Chicago: The University of Chicago Press, 1960.

_____. *Direito, Legislação e Liberdade*. 3.v. São Paulo: Visão, 1985.

HELGERSON, Richard. "Writing the Law". In: *Law, Liberty, and Parliament: Selected Essays on the Writings of Sir Edward Coke*. Edited by Allen D. Boyer. Indianapolis: Liberty Fund, 2004.

HESS, Konrad. *A Força Normativa da Constituição*. Porto Alegre: Fabris, 1991.

HILL, Christopher. *The Century of Revolution 1603-1714*. 2. ed. Wokingham: Van Nostrand Reinhold: 1986.

_____. *O Eleito de Deus: Oliver Cromwell e a Revolução Inglesa*. São Paulo: Companhia das Letras, 1988.

_____. *Liberty Against the Law*. London: Penguin Books, 1996.

_____. *O Mundo de Ponta-Cabeça: Idéias radicais durante a Revolução Inglesa de 1640*. São Paulo: Companhia das Letras, 1987.

_____. *Origens Intelectuais da Revolução Inglesa*. São Paulo: Martins Fontes, 1992.

HOBBES, Thomas. *Diálogo entre um Filósofo e um Jurista*. Prefácio de Renato Janine Ribeiro. 2. ed. São Paulo: Landy Editora, 2004.

HOBSON, Charles F. *The Great Chief Justice: John Marshall and the Rule of Law*. Lawrence: University Press of Kansas, 1996.

HOGUE, L. Lynn. "Regulating Business Activity by Means of Substantive Due Process and Equal Protection Doctrines Under the Georgia Constitution: An Analysis and a Proposal". *Georgia Law Review*, volume 3, number 1, Fall/Winter, 1986-1987, pp. 1-17.

HOLDSWORTH, William. "Sir Edward Coke". *Cambridge Law Journal*, volume 5, 1933, pp. 332-346.

_____. *Some Makers of English Law*. Cambridge: Cambridge University Press, 1966.

HOLMES, Oliver Wendell. *O Direito Comum: As Origens do Direito Anglo-Americano*. Rio de Janeiro: O Cruzeiro, 1967.

HOSTETTLER, John. *Sir Edward Coke: A Force for Freedom*. Chichester: Barry Rose Law Publishers Ltd., 1997.

HOWARD, Philip K. *The Death of Common Sense*. New York: Warner Books, 1996.

HOYOS, Arturo. "La Garantia Constitucional Del Debido Proceso Legal". São Paulo, *RePro*, n. 47, jul./set., 1987, pp. 43-91.

HULSEBOSCH, Daniel J. "The Ancient Constitution and the Expanding Empire: Sir Edward's Coke British Jurisprudence". *Law and History Review*, Fall 2003. Disponível em: <http://www.historycooperative.org/journals/lhr/21.3/hulsebosch.html>. Acesso em 10 nov. 2005.

HUMBACH, John A. "Economic Due Process and the Takings Clause". *Pace Environmental Law Review*, volume 4, 1986-1987, pp. 311-347.

HYMAN, Andrew T. "The Little Word 'Due'". *Akron Law Review*, volume 38, number 1, 2005, pp. 1-51.

J.L.H. "Rediscovering Means Analysis in State Economic Substantive Due Process: *Mount Royal Towers, Inc. v. Alabama Board of Health*". *Alabama Law Review*, volume 34, 1983, pp. 161-172.

JACQUES, Paulino. *Curso de Direito Constitucional*. 5. ed. Rio de Janeiro: Forense, 1967.

JAMES, Charles Warburton. *Chief Justice Coke: His Family & Descendants at Holkham*. London: Country Life Ltd., 1929.

JAY, Antony (ed.). *The Oxford Dictionary of Political Quotations*. Oxford: Oxford University Press, 1996.

JEFFERSON, Thomas. *Escritos Políticos*. 2. ed. Coleção "Os Pensadores". São Paulo: Abril Cultural, 1979.

JENKINS, David. "From Unwritten to Written: Transformation in the British Common-Law Constitution". *Vanderbuilt Journal of Transnational Law*, volume 36, number 3, May 2003, pp. 863-960.

JENNINGS, Ivor. *A Constituição Britânica*. Brasília: Editora Universidade de Brasília, 1981.

JOHNSON, Cuthbert William. *The Life of Sir Edward Coke*. 2.v. London: Henry Colburn, 1837.

JONES, W. J. "The Crown and the Courts in England, 1603-1625". In: *Law, Liberty, and* Parliament: *Selected Essays on the Writings of Sir Edward Coke*. Edited by Allen D. Boyer. Indianapolis: Liberty Fund, 2004.

JUDSON, Margaret A. *The Crisis of the Constitution: An Essay in Constitutional and Political Thought in England, 1603-1645*. New Brunswick: Rutgers University Press, 1988.

KEIR, David Lindsay. *The Constitutional History of Modern Britain*. 9. ed. New York: Norton Library, 1969.

KELSEN, Hans. *Jurisdição Constitucional*. São Paulo: Martins Fontes, 2003.

_____. *Teoria Geral do Direito e do Estado*. São Paulo: Martins Fontes, 1995.

KENYON, J. P. *Stuart England*. 2. ed. London: Penguin Books, 1990.

KEYNES, Edward. *Liberty, Property, and Privacy*. University Park: Pennsylvania State University Press, 1996.

KNAPPMAN, Edward W. (ed.). *Great World Trials*. Detroit: Visible Ink Press, 1997.

KRISTOL, Irving *et alii*. *A Ordem Constitucional Americana*. Rio de Janeiro: Forense Universitária, 1987.

KURLAND, Philip B. e LERNER, Ralph (ed.). *The Founders' Constitution*. 5. v. Indianapolis: Liberty Fund, 1987.

LASKI, Harold J. *Parliamentary Government in England*. New York: The Viking Press, 1947.

LEONARD, Gerald. "Holmes on the *Lochner* Court". Boston University Law Review, volume 85, number 3, June 2005, pp. 1001-1015.

LEONI, Bruno. *Liberdade e a Lei*. Porto Alegre: Ortiz/IL-RS/IEE, 1993.

LES BENEDICT, Michael. "Laissez-Faire and Liberty: A Re-Evaluation of the Meaning and Origins of Laissez-Faire Constitutionalism". *Law and History Review*, volume 3, 1985, pp. 293-332.

LEVY, Richard E. "Escaping *Lochner's* Shadow: Toward a Coherent Jurisprudence of Economic Rights". *North Carolina Law Review*, volume 73, 1995, pp. 329-442.

LEWIS, John Underwood. "Sir Edward Coke (1552-1634): His Theory of 'Artificial Reason' as a Context for Modern Basic Legal Theory". In: *Law, Liberty, and Parliament: Selected Essays on the Writings of Sir Edward Coke*. Edited by Allen D. Boyer. Indianapolis: Liberty Fund, 2004.

LIMA, Maria Rosynete Oliveira Lima. *Devido Processo Legal*. Porto Alegre: Fabris, 1999.

LIMONGI, Celso Luiz. "O Devido Processo Legal Substantivo e o Direito Penal". São Paulo, *Revista da Escola Paulista da Magistratura*, v. 2, n. 1, jan./jun., 2001, pp. 151-174.

LINARES, Juan Francisco. *Razonabilidad de las leyes*. 2. ed. Buenos Aires, Astrea, 1989.

LIONBERGER, I. H. "Lord Coke". *Saint Louis Law Review*, volume 4, 1919, pp. 10-17.

LLOYD, Dennis. *A Idéia de Lei*. São Paulo: Martins Fontes, 1985.

LOCKE, John. *Segundo Tratado sobre o Governo*. São Paulo: Editora Martin Claret, 2005.

LOLME, J. L. de. *The Constitution of England*. London: Henry G. Bohn, 1853.

LOUREIRO JUNIOR. *Da Constitucionalidade das Leis*. São Paulo: [s.n.], 1949.
LUCON, Paulo Henrique dos Santos. "Devido Processo Legal Substancial". Palestra apresentada das IV Jornadas Brasileiras de Direito Processual Civil em 8 de agosto de 2001. Disponível em: http://www.cpc.adv.br/Doutrina/Processual_Civil/devido_processo_legal_substancial.htm. Acesso em 23 dez. 2005.
LUND, Nelson R. e MCGINNIS, John O. "Lawrence v. Texas and Judicial Hubris". *Northwestern University School of Law: Public Law and Legal Theory Papers*", paper 16, 2004, pp. 1-69.
LYON, Hastings and BLOCK, Herman. *Edward Coke: Oracle of the Law*. Littleton: Fred B. Rothman & Co., 1992.
MACEDO, Stephen. "Economic Liberty and the Future of Constitutional Self-Government". In: *Liberty, Property, and the Future of Constitutional Development*. Edited by Ellen Frankel Paul and Howard Dickman. Albany: State University of New York Press, 1990.
_____. "Majority Power, Moral Skepticism, and the New Right's Constitution". In: *Economic Liberties and the Judiciary*. Edited by James A. Dorn & Henry G. Manne. Fairfax: George Mason University Press, 1987.
MACEDO JR., Ronaldo Porto. *Carl Schmitt e a Fundamentação do Direito*. São Paulo: Max Limonad, 2001.
MACEY, Jonathan R. "Some Causes and Consequences of the Bifurcated Treatment of Economic Rights and 'Other' Rights Under the United States Constitution". In: *Economic Rights*. Edited by Ellen Frankel Paul, Fred D. Miller, Jr. And Jeffrey Paul. Cambridge: Cambridge University Press, 1993.
MACIEL, Adhemar Ferreira. "O Devido Processo Legal e a Constituição Brasileira de 1988". São Paulo, *RePro*, n. 85, jan./mar., 1997, pp. 175-180.

_____. *Dimensões do Direito Público.* Belo Horizonte: Del Rey, 2000.

MACKEY, R. A. "Coke – Parliamentary Sovereignty or the Supremacy of the Law". *Michigan Law Review,* volume 22, 1923, pp. 215-247.

MADISON, James *et alii. Os Artigos Federalistas: 1787-1788.* Apresentação de Isaac Kramnick, Rio de Janeiro, Nova Fronteira, 1993.

MAITLAND, F. W. *The Constitutional History of England.* Cambridge: Cambridge University Press, 1965.

MALAMENT, Barbara. "The 'Economic Liberalism' of Sir Edward Coke". In: *Law, Liberty, and* Parliament: *Selected Essays on the Writings of Sir Edward Coke.* Edited by Allen D. Boyer. Indianapolis: Liberty Fund, 2004.

MALCOLM, Joyce Lee (ed.). *The Struggle for Sovereignty: Seventeenth Century English Political Tracts.* v. 2. Indianapolis: Liberty Fund, 1999.

MALDEN, Henry Elliot (ed.). *Magna Carta Commemoration Essays.* London: Royal Historical Society, 1917.

MARINONI, Luiz Guilherme. "A jurisdição no Estado Contemporâneo". In: *Estudos de Direito Processual Civil – Homenagem ao Professor Egas Dirceu Moniz de Aragão.* Coordenador Luiz Guilherme Marinoni. São Paulo: RT, 2005.

MARQUES, José Frederico. "A garantia do 'due process of law' no direito tributário". São Paulo, *Revista de Direito Público,* n. 5, jul./set., 1968, pp. 28-33.

MARTEL, Letícia de Campos Velho. *Devido Processo Legal Substantivo: Razão Abstrata, Função e Características de Aplicabilidade.* Rio de Janeiro: Lumen Juris, 2005.

MAUROIS, André. *História de Inglaterra.* Lisboa: Editorial Áster, [s.d.].

MAVRINAC, Albert A. "From *Lochner* to *Brown v. Topeka*: The Court and Conflicting Concepts of the Political Process". *The American Political Science Review*, volume 52, number 3, September 1958, pp. 641-664.

MAXIMILIANO, Carlos. *Hermenêutica e Aplicação do Direito*. 19. ed. Rio de Janeiro: Forense, 2001.

MAY, Thomas Erskine. *Treatise on the Law, Privileges, Proceedings and Usage of Parliament*. 16th ed. London: Butterworths, 1957.

MCCLOSKEY, Robert G. "Economic Due Process and the Supreme Court: An Exhumation and Reburial". In: *The Lanahan Readings in Civil Rights and Civil Liberties*. Edited by David M. O'Brien. Baltimore: Lanahan Publishers, 1999.

MCILWAIN, Charles Howard. *The American Revolution: A Constitutional Interpretation*. Ithaca: Great Seal Books, 1961.

_____. *Constitutionalism Ancient and Modern*. Ithaca: Great Seal Books, 1958.

_____. "Due Process of Law in Magna Carta". *Columbia Law Review*, volume 14, 1914, pp. 27-51.

_____. "The Fundamental law behind the Constitution of the United States". In: *The Constitution Reconsidered*. Edited by Conyers Read. New York: Columbia University Press, 1938.

_____. *The High Court of Parliament and its Supremacy*. New Haven: Yale University Press, 1910.

MCWHIRTER, DARIEN A. *The Legal 100: A Ranking of the Individuals Who Have Most Influenced the Law*. Toronto: Citadel Press, 1998.

MELHORN JR., Donald F. "A moot court exercise: debating judicial review prior to Marbury v. Madison. *Constitutional Commentary*, volume 12, issue n. 3, December 22, 1995, pp. 327-354.

MELLO, José Luiz de Anhaia. *Da Separação de Poderes à Guarda da Constituição*. São Paulo: RT, 1968.

MENDES, Gilmar Ferreira. *Jurisdição Constitucional*. 3. ed. São Paulo: Saraiva, 1999.

MERQUIOR, José Guilherme. *A Natureza do Processo*. São Paulo: Nova Fronteira, 1982.

MEYER, David D. "*Lochner* Redeemed: Family Privacy after *Troxel* and *Carhart*". UCLA Law Review, volume 48, June 2001, pp. 1133-1198.

MIRANDA, Jorge. *Teoria do Estado e da Constituição*. Rio de Janeiro: Forense, 2002.

MONTESQUIEU. *O Espírito das Leis*. 4. ed. São Paulo: Saraiva, 1996.

MORAES, Alexandre de. *Direito Constitucional*. 16. ed. São Paulo: Atlas, 2004.

_____. *Direitos Humanos Fundamentais*. São Paulo: Atlas, 1997.

_____. *Jurisdição Constitucional e Tribunais Constitucionais*. 2. ed. São Paulo: Atlas, 2003.

MORO, Sergio Fernando. *Desenvolvimento e Efetivação Judicial das Normas Constitucionais*. São Paulo: Max Limonad, 2001.

_____. *Jurisdição Constitucional como Democracia*. São Paulo: RT, 2004.

_____. *Legislação Suspeita? Afastamento da Presunção de Constitucionalidade da Lei*. Curitiba: Juruá, 1998.

MORRISON, Trevor W. "Lamenting *Lochner's* Loss: Randy Barnett's Case for a Libertarian Constitution". *Cornell Law Review*, volume 90, number 3, March 2005, pp. 839-872.

MOTTA FILHO, Cândido. *O Conteúdo Político das Constituições*. Rio de Janeiro, [s.n.], 1951.

MOURA, Elizabeth Maria de. *O Princípio do Devido Processo Legal na Constituição Brasileira de 1988 e o Estado Democrático de Direito*. São Paulo: Celso Bastos/IBDC, 2000.

MULLETT, Charles F. "Coke and the American Revolution". *Economica*, number 38, November 1932, pp. 457-471.

MURRAY, Kyle T. "Looking for *Lochner* in All the Wrong Places: The Iowa Supreme Court and Substantive Due Process Review". *Iowa Law Review*, volume 84, 1999, pp. 1141-1181.

NACHWALTER, Michael. "Substantive Due Process in Florida". *Florida Law Review*, volume XXI, 1966, pp. 99-131.

NALINI, José Renato. *Constituição e Estado Democrático*. São Paulo: FTD, 1997.

NERY JUNIOR, Nelson. *Princípios do Processo Civil na Constituição Federal*. 4. ed. São Paulo: RT, 1997.

NOVAIS, Jorge Reis. *Contributo para uma Teoria do Estado de Direito*. Coimbra: Faculdade de Direito da Universidade de Coimbra, 1987.

NUNES, Castro. *Teoria e Prática do Poder Judiciário*. Rio de Janeiro: Forense, 1943.

O'BRIEN. David M. (ed.). *The Lanahan Readings in Civil Rights and Civil Liberties*. Baltimore: Lanahan Publishers, 1999.

O'CONNOR, Sandra Day. *The Majesty of the Law*. New York: Random House, 2004.

OGOREK, Markus. "The Doctrine of Parliamentary Sovereignty in Comparative Perspective". *German Law Journal*, volume 6, number 6, 2005, pp. 967-980.

OLIVEIRA, José Roberto Pimenta. *Os Princípios da Razoabilidade e da Proporcionalidade no Direito Administrativo Brasileiro*. São Paulo: Malheiros, 2006.

OLIVEIRA, Vallisney de Souza. "Expressões do Devido Processo Legal". São Paulo, *RePro*, n. 106, abr./jun., 2002, pp. 297-306.

ORTH, John V. "Did Sir Edward Coke mean what he said? (17th Century English legal scholar on laws 'impossible to be performed'). *Constitutional Commentary*, volume 16, issue 1, March 22, 1999, pp. 33-38.

_____. *Due Process of Law: A Brief History*. Lawrence: University Press of Kansas, 2003.

OSTRENSKY, Eunice. *As Revoluções do Poder*. São Paulo: Alameda, 2005.
OTIS, James. "The Rights of the British Colonies Asserted and Proved". In: The American Republic – Primary Sources. Edited by Bruce Frohnen. Indianapolis: Liberty Fund, 2002.
PAINE, Thomas. *Direitos do Homem*. Bauru: Edipro, 2005.
PALOMBELLA, Gianluigi. *Filosofia do Direito*. São Paulo: Martins Fontes, 2005.
PALU, Oswaldo Luiz. *Controle de Constitucionalidade*. 2. ed. São Paulo: RT, 2001.

_____. *Controle dos Atos de Governo pela Jurisdição*. São Paulo: RT, 2004.

PARSONS JR, Ronald A. & WOODWARD, Sheila S. "The Heart of the Matter: Substantive Due Process in the South Dakota Courts". *South Dakota Law Review*, volume 47, 2002, pp. 185-232.
PAUL, Ellen Frankel & DICKMAN, Howard (ed.). *Liberty, Property, and Government: Constitutional Interpretation Before the New Deal*. New York: State of University of New York Press, 1989.
PEREIRA, Ruitemberg Nunes. *O Princípio do Devido Processo Legal Substantivo*. Rio de Janeiro: Renovar, 2005
PHILLIPS, Michael J. "Another Look at Economic Substantive Due Process". *Wisconsin Law Review*, 1987, pp. 265-324.

_____. *The Lochner Court, Myth and Reality: Substantive Due Process from the 1890s to the 1930s*. Westport: Praeger, 2001.

_____. "The Slow Return of Economic Substantive Due Process". *Syracuse Law Review*, volume 49, 1998, pp. 917-969.

PILON, Roger. "Economic Liberty, the Constitution, and the Higher Law". *George Mason University Law Review*, volume 11, number 2, 1988, pp. 27-34.

_____. "Legislative Activism, Judicial Activism, and the Decline of Private Sovereignty". *Cato Journal*, volume 4, number 3, Winter 1985, pp. 813-833.

_____. "Restoring Constitutional Government". *2001-2002 Cato Supreme Court Review*, 2002, pp. vii-xxii.

PINE, L. G. *Tales of the British Aristocracy*. London: Burke Publishing Co., 1956.

PIOTROWSKI, William. "Commentary Introduction: Democracy and Constitutions: One Without the Other?". *Connecticut Law Review*, volume 37, number 4, Summer 2005, pp. 851-856.

PIPES, Richard. *Propriedade e Liberdade*. Rio de Janeiro: Record, 2001.

PLUCKNETT, Theodore F. T. *"Bonham's Case* and Judicial review". In: *Law, Liberty, and* Parliament: *Selected Essays on the Writings of Sir Edward Coke*. Edited by Allen D. Boyer. Indianapolis: Liberty Fund, 2004.

POLLOT, Mark L. *Grand Theft and Petit Larceny: Property Rights in America*. San Francisco: Pacific Research Institute for Public Policy, 1993.

POMEROY, John Norton. *An Introduction to the Constitutional Law of the United States*. 4. ed. Littleton: Fred B. Rothman, 1997.

PONTES DE MIRANDA. "Defesa, Guarda e Rigidez das Constituições". In: Revista de Direito Administrativo – Seleção Histórica. Rio de Janeiro: Renovar, 1995.

_____. *Democracia, Liberdade, Igualdade*. Campinas: Bookseller, 2002.

POSNER, Richard A. *Law, Pragmatism, and Democracy*. Cambridge: Harvard University Press, 2003.

_____. *Overcoming Law*. Cambridge: Harvard University Press, 1995.

_____. *The Problems of Jurisprudence*. Cambridge: Harvard University Press, 1990.

POULSON, Barry W. "Substantive Due Process and Labor Law". *The Journal of Libertarian Studies*, volume VI, number 3-4, Summer/Fall 1982, pp. 267-276.

POUND, Roscoe. *Justiça conforme a lei*. 2. ed. São Paulo: Ibrasa, 1976.

_____. *Liberdade e Garantias Constitucionais*. 2. ed. São Paulo: Ibrasa, 1976.

_____. "Liberty of Contract". *Yale Law Journal*, volume 18, 1909, pp. 454-487.

POWELL, Jim. *The Triumph of Liberty: A 2,000-Year History, Told Through the Lives of Freedom's Greatest Champions*. New York: The Free Press, 2000.

PRITCHETT, C. Herman. *Congress versus the Supreme Court 1957-1960*. New York: Da Capo Press, 1973.

PUSEY, Merlo J. *The Supreme Court Crisis*. New York: Da Capo Press, 1973.

RAMOS, João Gualberto Garcez. *Curso de Processo Penal Norte-Americano*. São Paulo: RT, 2006.

RANDALL JR, Charles H. "Sir Edward Coke and the Privilege against Self-Incrimination". *South Carolina Law Quarterly*, volume 8, 1956, pp. 417-453.

READ, Conyers (ed.). *The Constitution Reconsidered*. New York: Columbia University Press, 1938.

REALE, Miguel. *Aplicações da Constituição de 1988*. Rio de Janeiro: Forense, 1991.

_____. *Pluralismo e Liberdade*. 2. ed. Rio de Janeiro: Expressão e Cultura, 1998.

REID, John Phillip. *The Ancient Constitution and the Origins of Anglo-American Liberty*. Dekalb: Northern Illinois University Press, 2005.

REINSCH, Paul Samuel. *English Common Law in the Early American Colonies*. New York: Gordon Press, 1987.

"Ressurecting Economic Rights: The Doctrine of Economic Due Process Reconsidered". *Harvard Law Review*, volume 103, 1990, pp. 1363-1383.

RIBEIRO, Renato Janine. "Prefácio". In: HOBBES, Thomas. *Diálogo entre um Filósofo e um Jurista*. 2. ed. São Paulo: Landy Editora, 2004.

RICHARDS, David A. *Foundations of American Constitutionalism*. New York: Oxford University Press, 1989.

RIGAUX, François. *A Lei dos Juízes*. São Paulo: Martins Fontes, 2003.

RIKER, William H. "Civil Rights and Property Rights". In: *Liberty, Property, and the Future of Constitutional Development*. Edited by Ellen Frankel Paul and Howard Dickman. Albany: State University of New York Press, 1990.

ROBINSON, Glen O. "Evolving Conceptions of 'Property' And 'Liberty' in Due Process Jurisprudence". In: *Liberty, Property and Government: Constitutional Interpretation Before the New Deal*. Edited by Ellen Frankel Paul and Howard Dickman. Albany: State University of New York Press, 1989.

ROCHA, LINCOLN MAGALHÃES DA. *A Constituição Americana: Dois Séculos de Direito Comparado*. 2. ed. Rio de Janeiro: Edições Trabalhistas, 1990.

RODRIGUES, Leda Boechat. *A Corte de Warren*. Rio de Janeiro: Civilização Brasileira, 1991.

_____. *A Corte Suprema e o Direito Constitucional Americano*. 2. ed. Rio de Janeiro: Civilização Brasileira, 1992.

_____. *Direito e Política: Os Direitos Humanos no Brasil e nos Estados Unidos*. 2. ed. Rio de Janeiro: Civilização Brasileira, 1991.

ROSCOE, Henry. *Eminent British Lawyers*. London: Longman, Rees, Orme, Brown, and Green, 1831.

RUBIN, Peter J. "Square Pegs and Round Holes: Substantive Due Process, Procedural Due Process, and the Bill of Rights". *Columbia Law Review*, volume 103, May 2003, pp. 833-892.

RUSSELL, Conrad. *The Crisis of Parliaments*. Oxford: Oxford University Press, 1978.

RYAN, Kevin. "Lex et Ratio: Coke, the Rule of Law, and Executive Power". The Vermont Bar Journal, Spring 2005.

SALDANHA, Nelson. "Da Magna Carta ao Poder Constituinte". In: As Tendências Atuais do Direito Público – Estudos em Homenagem ao Professor Afonso Arinos de Melo Franco. Rio de Janeiro: Forense, 1976.

_____. *O Estado Moderno e o Constitucionalismo*. São Paulo: Bushatsky, 1976.

SANDEFUR, Timothy. "The Common Right to Earn a Living". *The Independent Review*, v. VII, n. 1, Summer 2002, pp. 69-90.

SANDERS, Anthony B. "The 'New Judicial Federalism' Before its Time: A Comprehensive Review of Economic Substantive Due Process Under State Constitutional Law Since 1940 and the Reasons for its Decline". *American University Law Review*, Vol. 55, No. 2, December 2005, pp. 1-69.

SCALIA, Antonin. "Economic Affairs as Human Affairs". *Cato Journal*, volume 4, number 3, Winter 1985, pp. 703-709.

SCARMAN, Leslie. *O Direito Inglês: A Nova Dimensão*. Porto Alegre: Fabris, 1978.

SCHWARTZ, Bernard. *The Bill of Rights: A Documentary History*. 2. v. New York, Toronto, London, Sydney: Chelsea House Publishers and McGraw Hill Book Company, 1971.

_____. *Direito Constitucional Americano*. Rio de Janeiro: Forense, 1966.

_____. *O Federalismo Norte-Americano*. Rio de Janeiro: Forense Universitária, 1984.

_____. *The Roots of Freedom: A Constitutional History of England*. New York: Hill and Wang, 1967.

SEGAL, Jeffrey A. & SPAETH, Harold J. *The Supreme Court and the Attitudinal Model*. Cambridge: Cambridge University Press, 1993.

SHAPIRO, Martin. *Courts: A Comparative and Political Analysis.* Chicago: The University of Chicago Press, 1981.

_____. "A Constituição e os Direitos Econômicos". In: *Ensaios sobre a Constituição dos Estados Unidos.* Editado por M. Judd Harmon. Rio de Janeiro: Forense Universitária, 1978.

SHEPPARD, Steve (ed.). *The Selected Writings of Sir Edward Coke.* 3.v. Indianapolis: Liberty Fund, 2003.

SHUGHART II, William F. "Bending before the Storm: The U.S. Supreme Court in Economic Crisis, 1935-1937". *The Independent Review*, v. IX, n. 1, Summer 2004, pp. 53-83.

SIEGAN, Bernard H. *Como elaborar uma Constituição para uma Nação ou República que está despertando para a Liberdade.* Rio de Janeiro: Instituto Liberal, 1993.

_____. *Economic Liberties and the Constitution.* Chicago: University of Chicago Press, 1980.

_____. *Economic Liberties and the Constitution.* 2. ed. New Brunswick: Transaction Publishers, 2006.

_____. "Economic Liberties and the Constitution: Protection at the State Level". *Cato Journal*, volume 4, number 3, Winter 1985, pp. 689-702.

_____. *Property and Freedom.* New Brunswick: Transaction Publishers, 1997.

_____. *Property Rights From Magna Carta to the Fourteenth Amendment.* New Brunswick: Transaction Publishers, 2001.

_____. *Proteção Constitucional aos Direitos Econômicos e de Propriedade.* Rio de Janeiro: Instituto Liberal, 1993.

_____. "Protecting Economic Liberties". *Chapman Law Review*, volume 6, number 1, Spring 2003, pp. 43-121.

_____. *The Supreme Court's Constitution.* 3. ed. New Brunswick: Transaction Publishers, 1993.

SILVA, José Afonso da. *Curso de Direito Constitucional Positivo.* 15. ed. São Paulo: Malheiros, 1998.

_____. "Prefácio". In: CASTRO, Carlos Roberto Siqueira. *O Devido Processo Legal e os Princípios da Razoabilidade e da Proporcionalidade*. 3. ed. Rio de Janeiro: Forense, 2005.

SILVA, Virgílio Afonso da. *A Constitucionalização do Direito – Os direitos fundamentais nas relações entre particulares*. São Paulo: Malheiros, 2005.

_____. "O Proporcional e o Razoável". São Paulo, *Revista dos Tribunais*, n. 798, abr., 2002, pp. 23-50.

SILVA FILHO, Derly Barreto e. *Controle dos Atos Parlamentares pelo Poder Judiciário*. São Paulo: Malheiros, 2003.

SILVEIRA, Paulo Fernando. *Devido Processo Legal*. 3. ed. Belo Horizonte: 2001.

SMITH, David. "Economic Substantive Due Process in Arizona: A Survey". *Arizona State Law Journal*, volume 20, 1988, pp. 327-344.

SMITH II, George P. "Dr. Bonham's Case and the Modern Significance of Lord Coke's Influence". *Washington Law Review*, volume 41, 1966, pp. 297-314.

_____. "Marbury v. Madison, Lord Coke and Dr. Bonham: Relics of the Past, Guidelines for the Present – Judicial Review in Transition?". *University of Puget Sound Review*, volume 2, 1978, pp. 255-267.

SMITH, Thomas. *De Republica Anglorum*. London: Henrie Midleton, 1583.

SNOWISS, Sylvia. *Judicial review and the Law of the Constitution*. New Haven and London: Yale University Press, 1990.

THE SOCIETY FOR THE DIFFUSION OF USEFUL KNOWLEDGE. *Sir Edward Coke*. London: Baldwin and Cradock, 1828.

SOSSIN, Lorne. "The Rule of Law and the Justiciability of Prerogative Powers: A Comment on Black v. Chrétien". *McGill Law Journal*, volume 47, 2002, pp. 435-456.

SOUSA, José Pedro Galvão de. *O Totalitarismo nas Origens da Moderna Teoria do Estado*. São Paulo: [s.n.], 1972.

SPENCER, Herbert. *The Man Versus the State*. Indianapolis: Liberty Fund, 1982.

"State Economic Substantive Due Process: A Proposed Approach". *Yale Law Journal*, volume 88, 1979, pp. 1487-1510.

STERN, Alfredo. *História da Revolução Inglesa*. [s.l.]: [s.n.], [s.d.].

STEVENS, Robert. "The Independence of the Judiciary: The Case of England". *Southern California Law Review*, volume 72, 1999, pp. 597-624.

STEWART, Cynthia. *The evolution and interpretation of due process of law*. Ann Arbor: UMI/ProQuest, 2005.

STONE, Lawrence. *Causas da Revolução Inglesa 1529-1642*. Bauru: EDUSC, 2000.

STONER JR., James R. *Common Law and Liberal Theory: Coke, Hobbes, and the Origins of American Constitucionalism*. Lawrence: University Press of Kansas, 1992.

STRECK, Lenio Luiz. "Apresentação". In: TRIBE, Laurence e DORF, Michael. *Hermenêutica Constitucional*. Belo Horizonte: Del Rey, 2006.

_____. *Jurisdição Constitucional e Hermenêutica*. 2. ed. Rio de Janeiro: Forense, 2004.

STRONG, Frank R. *Substantive Due Process of Law: A Dichotomy of Sense and Nonsense*. Durham: Carolina Academic Press, 1986.

STRUVE, Guy Miller. "The Less-Restrictive-Alternative Principle and Economic Due Process". *Harvard Law Review*, volume 80, 1966, pp. 1463-1488.

STUBBS, William. *The Constitutional History of England*. 3.v. 4. ed. Oxford: Clarendon Press, 1883.

STUMM, Raquel Denize. *Princípio da Proporcionalidade no Direito Constitucional Brasileiro*. Porto Alegre: Livraria do Advogado, 1995.

SUANNES, Adauto. *Os Fundamentos Éticos do Devido Processo Penal*. 2. ed. São Paulo: RT, 2004.

"Substantive Due Process Comes Home to Roost: Fundamental Rights, *Griswold* to *Bowers*". *Women's Rights Law Reporter*, volume 10, number 2-3, Winter 1988, pp. 177-208.

SUNDFELD, Carlos Ari. *Direito Administrativo Ordenador*. 1. ed. 2. tir. São Paulo: Malheiros, 1997.

_____. *Fundamentos de Direito Público*. 4. ed. 7. tir. São Paulo: Malheiros, 2006.

_____. "Princípio da Impessoalidade e Abuso do Poder de Legislar". São Paulo, *Revista Trimestral de Direito Público*, n. 5, 1994, pp. 152-178.

SUNSTEIN, Cass R. "O Constitucionalismo após o *New Deal*". In: *Regulação Econômica e Democracia*. Coordenador: Paulo Mattos. São Paulo: Editora 34, 2004. pp. 131-242.

TÁCITO, Caio. "A Razoabilidade das Leis". São Paulo, *Revista Trimestral de Direito Público*, n. 13, 1996, pp. 227-232.

TAVARES, André Ramos. *Tribunal e Jurisdição Constitucional*. São Paulo: Celso Bastos/IBDC, 1998.

TAYLOR, John. "Construction Construed, and Constitution Vindicated". In: *Democracy, Liberty, and Property*. Edited by Francis W. Coker. New York: The Macmillan Company, 1949.

TEIXEIRA, J. H. Meirelles. *Curso de Direito Constitucional*. Rio de Janeiro: Forense Universitária, 1991.

TELLES JUNIOR, Goffredo. *Iniciação na Ciência do Direito*. São Paulo: Saraiva, 2001.

THORNE, S. E. "The Constitution and the Courts: a Reexamination of the Famous Case of Dr. *Bonham*". In: *The Constitution Reconsidered*. Edited by Conyers Read. New York: Columbia University Press, 1938.

THORNE, Samuel E. *Sir Edward Coke 1552-1952*. Selden Society Lecture. London: Bernard Quaritch, 1957.

TIGAR, Michael E. e LEVY, Madeleine R. *O Direito e a Ascensão do Capitalismo*. Rio de Janeiro: Zahar Editores, 1978.
TITE, Colin G. C. *Impeachment and Parliamentary Judicature in Early Stuart England*. London: The Athlone Press, 1974.
TOCQUEVILLE, Alexis de. *A Democracia na América: Leis e Costumes*. São Paulo: Martins Fontes, 1998.
TREANOR, William Michael. "Judicial review before *Marbury*". Stanford Law Review. No prelo. Disponível em: http://ssrn.com/abstract=722443. Acesso em: 10 nov. 2005.
TRIBE, Laurence H. *American Constitutional Law*. v. 1. 3. ed. New York: Foundation Press, 2000.
TRIBE, Laurence e DORF, Michael. *Hermenêutica Constitucional*. Belo Horizonte: Del Rey, 2006.
TURNER, Jesse. "Concerning Divers Notable Stirs Between Sir Edward Coke and his Lady". *American Law Review*, volume 51, 1917, pp. 883-902.
TUSSUSOV, Gabriella. "A Modern Look at Substantive Due Process: Judicial Review of State Economic Regulation Under the New York and Federal Constitutions". *New York Law School Law Review*, volume 33, 1988, pp. 529-567.
TWISS, Benjamin R. *Lawyers and the Constitution: How Laissez Faire Came to the Constitution*. Westport: Greenwood Press, 1973.
USHER, Roland G. "Sir Edward Coke". *Saint Louis Law Review*, volume 15, 1929, pp. 325-332.
VALLADÃO, Haroldo. *História do Direito Especialmente do Direito Brasileiro*. 4. ed. Rio de Janeiro: Freitas Bastos, 1980.
VIEIRA, Oscar Vilhena. *A Constituição e sua Reserva de Justiça*. São Paulo: Malheiros, 1999.
_____. *Direitos Fundamentais: uma leitura da jurisprudênciado STF*. São Paulo: Malheiros, 2006.
_____. *Supremo Tribunal Federal – Jurisprudência Política*. 2. ed. São Paulo: Malheiros, 2002.

VIGORITI, Vincenzo. *Garanzie Costituzionali del Processo Civile*. Milano: Giuffrè, 1973.

VILE, M. J. C. *Constitutionalism and the Separation of Powers*. 2. ed. Indianapolis: Liberty Fund, 1998.

WAGNER, Donald O. "Coke and the Rise of Economic Liberalism". *The Economic History Review*, volume 6, number 1, October, 1935, pp. 30-44.

WAMBIER, Luiz Rodrigues. "Anotações sobre o Princípio do Devido Processo Legal". São Paulo, *RePro*, n. 63, jul./set., 1991, pp. 54-63.

WATT, Francis. "Lord Coke as a Person". *Juridical Review*, volume XXVII, number 3, 1915, pp. 250-266.

WECHSLER, Herbert. "Toward Neutral Principles of Constitutional Law". *Harvard Law Review*, volume 73, number 1, November 1959, pp. 1-35.

WEINBERGER, Andrew D. *Liberdade e Garantias – A Declaração de Direitos*. Rio de Janeiro: Forense, 1965.

WESTIN, Alan F. Introdução. In: BEARD, Charles. *A Suprema Corte e a Constituição*. Rio de Janeiro: 1965.

WHEARE, K. C. *Modern Constitutions*. London: Oxford University Press, 1952.

WHITE, G. Edward. *Earl Warren: A Public Life*. New York: Oxford University Press, 1982.

WHITE, Stephen D. *Sir Edward Coke and the Grievances of the Commonwealth*. Manchester: Manchester University Press, 1979.

WHITTINGTON, Keith E. "Congress Before the *Lochner* Court". *Boston University Law Review*, volume 85, 2005, pp. 821-858.

WILSON, Woodrow. *Governo Constitucional dos Estados Unidos*. São Paulo: Ibrasa, 1963.

WONNELL, Christopher T. "*Lochner v. New York* as Economic Theory. Law and Economics Research Paper No. 9. University of San Diego: School of Law. Disponível em: http://papers.ssrn.com/paper.taf?abstract_id=259857. Acesso em 20 jan. 2006.

WOOLRYCH, Humphry W. *The Life of the Right Honourable Sir Edward Coke*. South Hackensack: Rothman Reprints Inc., 1972.

WOOD, Virginia. *Due Process of Law*. Baton Rouge: Louisiana State University Press, 1951.

WOODWARD, Bob e ARMSTRONG, Scott. *Por detrás da Suprema Corte*. São Paulo: Saraiva, 1985.

WORMUTH, Francis D. *The Royal Prerogative*. Ithaca: Cornell University Press, 1939.

_____. *The Origins of Modern Constitutionalism*. New York: Harper & Brothers, 1949.

YOSHIKAWA, Eduardo Henrique de Oliveira. "Inconstitucionalidade da citação por edital na ação popular (artigo 7º, § 2º, II, da Lei nº 4.717/65". *Revista Dialética de Direito Processual* nº 33, São Paulo: Dialética, dez. 2005. pp. 11-17.

_____. "Indisponibilidade de bens na execução do crédito fiscal (artigo 185-A do Código Tributário Nacional". *Revista Dialética de Direito Processual* nº 28, São Paulo: Dialética, jul. 2005. pp. 45-57.

Impressão e Acabamento